Le livre de Noël

Les Éditions Transcontinental
1100, boul. René-Lévesque Ouest, 24ᵉ étage
Montréal (Québec) H3B 4X9
Téléphone : 514 392-9000 ou 1 800 361-5479
www.livres.transcontinental.ca

Catalogage avant publication de Bibliothèque
et Archives nationales du Québec et Bibliothèque et Archives Canada

Vedette principale au titre : *Le livre de Noël*
Comprend un index.

1. Cuisine de Noël. 2. Décorations de Noël. 3. Bricolage. I. Titre : Coup de pouce.
TX739.2.C45L58 2007   641.5'686   C2007-942162-8

Rédactrice en chef de la bannière Coup de pouce : Mélanie Thivierge
Recherche et conception éditoriale : Elizabeth Baird, Karen Kirk, Jo Calvert
Responsable cuisine : Louise Faucher
Coordonnatrice de la production : Marie-Suzanne Menier
Conception graphique : Michael Erb
Mise en pages : Studio Andrée Robillard
Photo de Mélanie Thivierge en page 5 : François Brunelle
Impression : Transcontinental Interglobe

Imprimé au Canada
© Les Éditions Transcontinental, 2007
Dépôt légal – Bibliothèque et Archives nationales du Québec, 4ᵉ trimestre 2007
Bibliothèque et Archives Canada

Tous droits de traduction, de reproduction et d'adaptation réservés

Nous reconnaissons, pour nos activités d'édition, l'aide financière
du gouvernement du Canada par l'entremise du Programme d'aide
au développement de l'industrie de l'édition (PADIÉ).
Nous remercions également la SODEC de son appui financier
(programmes Aide à l'édition et Aide à la promotion).

Pour connaître nos autres titres, consultez le **www.livres.transcontinental.ca**.
Pour bénéficier de nos tarifs spéciaux s'appliquant aux bibliothèques d'entreprise
ou aux achats en gros, informez-vous au **1 866 800-2500**.

COUP de POUCE

Le livre de Noël

Recettes savoureuses, bricolage inspiré, idées déco géniales :
le guide essentiel pour un Noël **inoubliable**

Les Éditions
Transcontinental

C'est bien connu, au Québec, les célébrations de fin d'année se déroulent dans la cuisine. On aime y confectionner des petits plats, en compagnie d'êtres chers, et y prendre l'apéro en dégustant de délicieux hors-d'œuvre, pendant qu'un membre de la famille dresse la table avec attention et qu'un autre invite chacun des convives à y prendre place. On aime les odeurs qui émanent du four et parfument la maison, le cliquetis des fourchettes, le tintement des verres... On aime trinquer à la santé et à la prospérité, refaire le monde, arrêter le temps, le temps d'une soirée.

Telle une parenthèse au cœur d'un quotidien au rythme rapide, la période des fêtes nous invite à mettre la pédale douce côté obligations et à se donner le loisir de goûter à des bonheurs tout simples. Ce qui rend cette période vraiment unique, ce sont sans contredit les repas que nous cuisinons et que nous partageons. Plus élaborées, plus raffinées, plus copieuses, plus gourmandes qu'à tout autre moment, les bonnes bouffes sont, à Noël, une réjouissance pour quiconque apprécie les plaisirs de la table. On élabore un menu chic, on choisit des ingrédients de qualité, on laisse mariner, mijoter, décanter... Au final, on savoure, au sens propre comme au figuré, le plaisir d'un repas partagé avec famille et amis.

Pour conférer à cette période toute la simplicité dont elle devrait être enrobée, rien ne vaut l'inspiration puisée à même une source qu'on sait fiable, précise, accessible et riche en informations. C'est dans cet esprit que *Coup de pouce* a déployé toutes ses ressources pour vous concocter ce livre de référence généreux et complet. Plus de 200 recettes, des idées de décoration et de bricolage à faire avec les petits, des trucs, des conseils : vous y trouverez tout ce qu'il faut pour organiser un réveillon inoubliable sans tracas... Et vous y reviendrez, année après année !

Joyeux temps des fêtes !

Mélanie

Mélanie Thivierge
Rédactrice en chef de la bannière Coup de pouce

Chapitre un

QUE LA FÊTE
COMMENCE !

Mini-coupes feuilletées à la salade de crevettes

DONNE 48 MINI-COUPES FEUILLETÉES.

- PRÉPARATION : 15 min • CUISSON : aucune
- **Par mini-coupe :** CALORIES : 36 • PROTÉINES : 1 g
- MATIÈRES GRASSES : 2 g (1 g sat.) • CHOLESTÉROL : 12 mg
- GLUCIDES : 2 g • FIBRES : traces • SODIUM : 49 mg

8 oz	crevettes cuites (environ 48 crevettes)	250 g
⅓ t	coriandre fraîche, hachée	80 ml
2 c. à tab	huile végétale	30 ml
2 c. à tab	vinaigre de cidre	30 ml
1 c. à tab	moutarde de Meaux (moutarde à l'ancienne)	15 ml
1	gousse d'ail hachée finement	1
¼ c. à thé	sel	1 ml
¼ c. à thé	poivre noir du moulin	1 ml
¼ c. à thé	sauce tabasco	1 ml
½	mangue coupée en dés	½
1	oignon vert haché finement	1
1	avocat coupé en dés	1
48	mini-coupes feuilletées (voir recette, p. 11)	48

1. Dans un bol, mélanger les crevettes, la coriandre, l'huile, le vinaigre de cidre, la moutarde de Meaux, l'ail, le sel, le poivre, la sauce tabasco, la mangue, l'oignon vert et l'avocat. À l'aide d'une cuiller, répartir la salade de crevettes dans les mini-coupes feuilletées.

VARIANTE

Mini-coupes feuilletées à la salade de tomates cerises et au fromage de chèvre

Ne pas préparer la salade de crevettes. Dans un bol, mélanger 2 c. à tab (30 ml) d'huile d'olive, 1 c. à tab (15 ml) de vinaigre de vin, 1 gousse d'ail hachée finement, 2 c. à thé (10 ml) de thym frais, haché (ou ¼ c. à thé/ 1 ml de thym séché), ¼ c. à thé (1 ml) de sel et ¼ c. à thé (1 ml) de poivre noir du moulin. Ajouter 2 t (500 ml) de tomates cerises coupées en quatre et 2 c. à tab (30 ml) de persil frais, haché. À l'aide d'une cuiller, répartir la moitié d'une petite bûchette de fromage de chèvre ramolli (4 ½ oz/130 g) dans les mini-coupes feuilletées. Garnir de salade de tomates cerises.

Mini-coupes feuilletées au rosbif

Ces bouchées sont meilleures préparées avec du rosbif saignant.

DONNE 48 MINI-COUPES FEUILLETÉES.

- PRÉPARATION : 25 min • CUISSON : aucune
- **Par mini-coupe :** CALORIES : 40 • PROTÉINES : 2 g
- MATIÈRES GRASSES : 3 g (2 g sat.) • CHOLESTÉROL : 11 mg
- GLUCIDES : 2 g • FIBRES : traces • SODIUM : 46 mg

⅔ t	fromage à la crème ramolli	160 ml
2 c. à tab	raifort en crème	30 ml
1 ½ c. à thé	moutarde de Meaux (moutarde à l'ancienne) ou moutarde de Dijon	7 ml
½ c. à thé	sauce Worcestershire	2 ml
48	mini-coupes feuilletées (voir recette, p. 11)	48
48	tranches fines de concombre anglais, coupées en deux (1 concombre d'environ 4 po/10 cm)	48
8 oz	rosbif, le gras enlevé, coupé en tranches fines de 2 po x 1 ½ po (5 cm x 4 cm)	250 g

1. Dans un petit bol, mélanger le fromage à la crème, le raifort, la moutarde de Meaux et la sauce Worcestershire. Déposer environ ½ c. à thé (2 ml) de la préparation au fromage dans chaque mini-coupe feuilletée. Mettre une demi-tranche de concombre sur deux des côtés de la mini-coupe. Plier les tranches de rosbif en deux sur la longueur, les chiffonner et les glisser entre les demi-tranches de concombre.

De gauche à droite :

Mini-coupes feuilletées à la salade
de crevettes

Mini-coupes feuilletées au rosbif

Mini-coupes feuilletées à la salade
de crabe thaïe

Mini-coupes feuilletées à la salade de crabe thaïe

DONNE 48 MINI-COUPES FEUILLETÉES.

- PRÉPARATION : 20 min • CUISSON : aucune
- **Par mini-coupe :** CALORIES : 37 • PROTÉINES : 2 g
- MATIÈRES GRASSES : 2 g (1 g sat.) • CHOLESTÉROL : 6 mg
- GLUCIDES : 3 g • FIBRES : traces • SODIUM : 79 mg

3 c. à tab	huile végétale	45 ml
3 c. à tab	jus de lime ou de citron	45 ml
2 c. à tab	sucre	30 ml
2 c. à thé	sauce de poisson ou sauce soja	10 ml
1 ½ c. à thé	beurre d'arachides	7 ml
1	gousse d'ail hachée finement	1
1	trait de sauce tabasco	1
8 oz	chair de crabe fraîche ou surgelée, décongelée	250 g
⅔ t	concombre anglais haché finement	160 ml
⅔ t	poivron rouge haché finement	160 ml
3 c. à tab	oignon vert haché finement	45 ml
3 c. à tab	basilic (ou menthe) frais, haché finement	45 ml
48	mini-coupes feuilletées (voir recette, ci-contre)	48
2 c. à tab	arachides hachées finement	30 ml

1. Dans un grand bol, mélanger l'huile, le jus de lime, le sucre, la sauce de poisson, le beurre d'arachides, l'ail et la sauce tabasco jusqu'à ce que le sucre soit dissous. Égoutter la chair de crabe dans une passoire et retirer le cartilage, au besoin. Presser délicatement pour éliminer l'excédent de liquide. Mettre le crabe dans le bol, puis ajouter le concombre, le poivron rouge, l'oignon vert et le basilic. Bien mélanger.

2. À l'aide d'une cuiller, répartir la salade de crabe dans les mini-coupes feuilletées. Parsemer des arachides.

Mini-coupes feuilletées

Ces coupes de pâte feuilletée permettent de présenter joliment les hors-d'œuvre. On peut aussi les remplir de crème glacée, de fruits, de noix et de sauce au chocolat, et les servir au dessert. Utiliser des moules à muffins d'au moins ¾ po (2 cm) de profondeur.

DONNE 48 MINI-COUPES FEUILLETÉES.

- PRÉPARATION : 30 min • CUISSON : 10 min
- **Par mini-coupe :** CALORIES : 18 • PROTÉINES : traces
- MATIÈRES GRASSES : 1 g (1 g sat.) • CHOLESTÉROL : 3 mg
- GLUCIDES : 2 g • FIBRES : aucune • SODIUM : 25 mg

6	feuilles de pâte phyllo	6
¼ t	beurre fondu	60 ml

1. Sur une surface de travail, étendre une feuille de pâte phyllo (couvrir le reste des feuilles de pâte d'un linge humide pour les empêcher de sécher). Badigeonner la feuille de pâte d'un peu du beurre fondu. Couvrir d'une deuxième feuille de pâte et la badigeonner d'un peu du beurre fondu. Répéter ces opérations avec une troisième feuille de pâte phyllo.

2. Couper les feuilles de pâte phyllo super-posées en quatre lanières sur la longueur et en six lanières sur la largeur (vous devriez obtenir 24 carrés). Déposer les carrés de pâte phyllo dans 24 moules à mini-muffins ou à tartelettes légèrement beurrés, en les pressant délicate-ment dans le fond et sur la paroi des moules.

3. Cuire au centre du four préchauffé à 400°F (200°C) pendant 5 minutes ou jusqu'à ce que les mini-coupes soient dorées. Déposer les moules sur une grille et laisser refroidir. Procéder de la même manière avec le reste des feuilles de pâte phyllo et du beurre fondu de façon à obtenir 48 mini-coupes. (Vous pouvez préparer les mini-coupes à l'avance et les mettre côte à côte dans un contenant hermétique. Elles se conserveront jusqu'à 2 jours à la température ambiante ou jusqu'à 1 mois au congélateur. Réchauffer les mini-coupes congelées pendant 3 minutes au four préchauffé à 350°F/180°C.)

Craquelins au cheddar

Un cheddar fort, de préférence vieilli pendant au moins trois ans, donnera un goût plus prononcé à ces craquelins.

DONNE ENVIRON 38 CRAQUELINS.

• PRÉPARATION : 25 min • RÉFRIGÉRATION : 4 h
• CUISSON : 40 à 45 min • **Par craquelin :** CALORIES : 49
• PROTÉINES : 2 g • MATIÈRES GRASSES : 3 g (2 g sat.)
• CHOLESTÉROL : 10 mg • GLUCIDES : 3 g • FIBRES : traces
• SODIUM : 83 mg

2 t	cheddar extra-fort râpé	500 ml
¼ t	beurre ramolli	60 ml
½ c. à thé	moutarde en poudre	2 ml
½ c. à thé	sel	2 ml
¼ c. à thé	piment de Cayenne	1 ml
¼ c. à thé	muscade moulue	1 ml
1 t	farine	250 ml
½ c. à thé	poudre à pâte	2 ml
1 c. à tab	eau	15 ml
2 c. à tab	graines de pavot ou graines de sésame noires	30 ml

1. Au robot culinaire, mélanger le cheddar, le beurre, la moutarde, le sel, le piment de Cayenne et la muscade jusqu'à ce que la préparation soit lisse et légère. Ajouter la farine, la poudre à pâte et l'eau. En actionnant et en arrêtant successivement l'appareil, mélanger jusqu'à ce que les ingrédients secs soient bien incorporés (racler la paroi du récipient de temps à autre).

2. Sur une surface légèrement farinée, pétrir la pâte jusqu'à ce qu'elle commence à se tenir, sans plus, puis la façonner en un rouleau de 1 ½ po (4 cm) de diamètre. Étendre les graines de pavot sur une feuille de papier ciré et y rouler le rouleau de pâte de manière à bien l'enrober. Envelopper la pâte d'une pellicule de plastique et réfrigérer pendant environ 4 heures ou jusqu'à ce qu'elle soit ferme. (Vous pouvez préparer la pâte à l'avance. Elle se conservera jusqu'à 4 jours au réfrigérateur.)

3. Couper le rouleau de pâte refroidi en tranches de ¼ po (5 mm) d'épaisseur et les déposer sur des plaques de cuisson tapissées de papier-parchemin. Déposer une plaque de cuisson sur la grille supérieure du four préchauffé à 275°F (135°C) et une autre sur la grille inférieure. Cuire de 40 à 45 minutes ou jusqu'à ce que les craquelins soient dorés (intervertir et tourner les plaques à la mi-cuisson). Déposer les plaques de cuisson sur des grilles et laisser refroidir. (Vous pouvez préparer les craquelins à l'avance et les mettre dans un contenant hermétique. Ils se conserveront jusqu'à 5 jours à la température ambiante ou jusqu'à 1 mois au congélateur.)

Pailles aux anchois

DONNE 12 PAILLES.

• PRÉPARATION : 25 min • CONGÉLATION : 15 min
• CUISSON : 15 min • **Par paille :** CALORIES : 86
• PROTÉINES : 2 g • MATIÈRES GRASSES : 5 g (2 g sat.)
• CHOLESTÉROL : 25 mg • GLUCIDES : 7 g • FIBRES : 1 g
• SODIUM : 162 mg

8	filets d'anchois de 4 po (10 cm) de longueur	8
¼ c. à thé	piment de Cayenne	1 ml
1	œuf	1
1 c. à tab	eau	15 ml
½	paquet de pâte feuilletée, fraîche ou surgelée, décongelée (397 g ou 411 g)	½

1. Rincer les filets d'anchois et les éponger à l'aide d'essuie-tout. Dans un bol, mélanger les anchois et le piment de Cayenne. Réserver. Dans un petit bol, mélanger l'oeuf et l'eau. Réserver.

2. Sur une grande plaque de cuisson tapissée de papier-parchemin, dérouler la pâte feuilletée. Badigeonner légèrement le rectangle de pâte de la préparation à l'œuf réservée. Placer la plaque de façon que l'un des côtés étroits du rectangle de pâte soit devant soi. Sur le côté droit du rectangle,

disposer les filets d'anchois horizontalement, en les espaçant d'environ ½ po (1 cm), de manière que l'une des extrémités des filets touche le côté long du rectangle et que l'autre soit au centre. Rabattre la moitié gauche du rectangle de pâte sur les filets d'anchois. Presser fermement et sceller. Congeler pendant environ 15 minutes ou jusqu'à ce que la pâte soit ferme.

3. Badigeonner la pâte du reste de la préparation à l'œuf. À l'aide d'un couteau dentelé ou d'une roulette à pizza, égaliser les extrémités du rectangle. Couper le rectangle en 12 lanières sur la longueur et les séparer.

4. Cuire au centre du four préchauffé à 425°F (220°C) pendant environ 15 minutes ou jusqu'à ce que les pailles soient dorées. (Vous pouvez préparer les pailles à l'avance, les laisser refroidir et les mettre dans un contenant hermétique. Elles se conserveront jusqu'à 2 jours à la température ambiante. Réchauffer au four préchauffé à 425°F/220°C pendant 5 minutes.)

Roulades feuilletées aux anchois

Les canapés de pâte feuilletée impressionnent toujours les convives. Rapide et facile à préparer, notre recette de pâte maison leur donnera une allure professionnelle sans exiger trop de travail (on peut aussi utiliser une pâte feuilletée du commerce, au besoin).

DONNE ENVIRON 48 ROULADES.

• PRÉPARATION : 30 min • CUISSON : 10 à 15 min
• **Par roulade :** CALORIES : 58 • PROTÉINES : 1 g
• MATIÈRES GRASSES : 5 g (3 g sat.) • CHOLESTÉROL : 13 mg
• GLUCIDES : 3 g • FIBRES : traces • SODIUM : 69 mg

1 lb	pâte feuilletée express (voir recette, p. 15)	500 g
3 c. à tab	beurre fondu	45 ml
3 c. à tab	pâte d'anchois ou filets d'anchois rincés et hachés finement	45 ml
¼ t	persil frais, haché	60 ml
¼ t	ciboulette fraîche, hachée	60 ml
3 c. à tab	basilic ou origan frais, haché	45 ml
1 c. à thé	poivre noir du moulin	5 ml

1. Sur une surface légèrement farinée, abaisser la pâte feuilletée en deux carrés de 10 po (25 cm) de côté.

2. Dans un bol, mélanger le beurre et la pâte d'anchois. Étendre ce mélange sur les deux carrés de pâte. Parsemer du persil, de la ciboulette, du basilic et du poivre et rouler les carrés en serrant. À l'aide d'un couteau dentelé, couper les rouleaux en tranches de ¼ po (5 mm) d'épaisseur. Mettre les tranches sur des plaques de cuisson tapissées de papier-parchemin, en les espaçant d'environ 1 po (2,5 cm).

3. Déposer une plaque de cuisson sur la grille supérieure du four préchauffé à 425°F (220°C) et une autre sur la grille inférieure. Cuire de 10 à 15 minutes ou jusqu'à ce que les roulades soient dorées (intervertir et tourner les plaques à la mi-cuisson). Déposer les plaques sur des grilles et laisser refroidir. (Vous pouvez préparer les roulades à l'avance et les mettre dans un contenant hermétique, en séparant chaque étage d'une feuille de papier ciré. Elles se conserveront jusqu'à 2 jours à la température ambiante ou jusqu'à 2 semaines au congélateur. Réchauffer les roulades congelées de 5 à 10 minutes au four préchauffé à 375°F/190°C.)

VARIANTE

Roulades feuilletées au saumon fumé

Ne pas préparer la garniture aux anchois. Dans un bol, mélanger ⅔ t (160 ml) de fromage à la crème, ¼ t (60 ml) de saumon fumé haché finement, 4 c. à thé (20 ml) d'aneth frais, haché, et ¼ c. à thé (1 ml) de poivre noir du moulin. Étendre la garniture au saumon fumé sur les carrés de pâte en laissant une bordure de ½ po (1 cm).

> *Accrocher une couronne*

Contrairement aux anciennes portes en bois, les portes extérieures modernes ne permettent pas d'accrocher une couronne avec un simple clou, tout particulièrement celles qui sont munies d'une grande fenêtre, véritable défi pour le bricoleur. Cependant, il existe une solution simple : le crochet en deux parties, composé d'un crochet extérieur retenu contre le verre par un puissant aimant placé à l'intérieur (par exemple, le *Hanger Knob* de Lee Valley). Il peut supporter un poids de 1,3 kg (presque 3 lb). Il suffit d'accrocher la couronne au crochet à l'aide d'un ruban.

Si la porte est en bois, on enfoncera un petit clou à tête plate dans le haut de la porte après l'avoir passé dans le bout replié d'un large ruban décoratif. Passer l'autre bout du ruban autour de la couronne et faire un joli nœud.

Pâte feuilletée express

Bien sûr, la pâte feuilletée maison est bien meilleure, mais quand on n'a pas le temps de la préparer, un paquet de pâte feuilletée fraîche ou surgelée, décongelée, de 397 g ou 411 g fait très bien l'affaire.

DONNE 1 LB (500 G) DE PÂTE FEUILLETÉE.

- PRÉPARATION : 30 min • CUISSON : aucune
- RÉFRIGÉRATION : 1 h • **Par ¼ lb (125 g)** : CALORIES : 595
- PROTÉINES : 6 g • MATIÈRES GRASSES : 47 g (29 g sat.)
- CHOLESTÉROL : 122 mg • GLUCIDES : 40 g • FIBRES : 1 g
- SODIUM : 765 mg

1 t	beurre non salé froid	250 ml
1 ⅔ t	farine	410 ml
¾ c. à thé	sel	4 ml
⅓ t	eau froide	80 ml

1. Couper le beurre en dés de ½ po (1 cm) et en réserver ¾ t (180 ml) au réfrigérateur.

2. Au robot culinaire, mélanger la farine et le sel. Ajouter le reste du beurre et mélanger en actionnant et en arrêtant successivement l'appareil pendant environ 10 secondes ou jusqu'à ce que la préparation ait la texture d'une chapelure fine. Ajouter le beurre réservé et mélanger en actionnant et en arrêtant l'appareil quatre ou cinq fois pour réduire le beurre en petits morceaux. Verser l'eau froide uniformément sur la préparation de beurre (ne pas la verser par l'orifice du couvercle). Mélanger en actionnant et en arrêtant l'appareil de six à huit fois ou jusqu'à ce que la pâte se détache de la paroi du récipient (elle ne doit pas former une boule).

3. Sur une surface farinée, pétrir la pâte légèrement et l'aplatir en un rectangle. Mettre la pâte entre deux feuilles de papier ciré farinées et l'abaisser en un rectangle de 15 po x 12 po (38 cm x 30 cm).

4. Retirer le papier ciré du dessus. En commençant par l'un des côtés longs et en s'aidant du papier ciré du dessous pour soulever la pâte, replier le tiers de la pâte vers le centre, puis replier l'autre tiers par-dessus de manière à former un rectangle de 15 po x 4 po (38 cm x 10 cm). En commençant par l'un des côtés courts, rouler fermement le rectangle de pâte comme un gâteau roulé. Plier les extrémités du rouleau de pâte vers l'intérieur. Aplatir la pâte en un carré de 5 po (13 cm) de côté, l'envelopper d'une pellicule de plastique et réfrigérer pendant environ 1 heure ou jusqu'à ce qu'elle soit ferme. (Vous pouvez préparer la pâte feuilletée à l'avance. Elle se conservera jusqu'à 5 jours au réfrigérateur et jusqu'à 2 semaines au congélateur, dans un contenant hermétique.)

Mini-pizzas aux oignons caramélisés

DONNE ENVIRON 72 MINI-PIZZAS.

- PRÉPARATION : 45 min • CUISSON : 35 minutes
- TEMPS DE REPOS : 20 min • **Par mini-pizza** : CALORIES : 36
- PROTÉINES : 1 g • MATIÈRES GRASSES : 2 g (1 g sat.)
- CHOLESTÉROL : 3 mg • GLUCIDES : 4 g • FIBRES : traces
- SODIUM : 65 mg

4 c. à thé	huile d'olive	20 ml
2	oignons espagnols coupés en lanières fines	2
2	poivrons rouges coupés en lanières fines	2
3	gousses d'ail hachées finement	3
1 c. à tab	origan séché	15 ml
1	pincée de sucre	1
1 c. à tab	vinaigre balsamique ou vinaigre de vin rouge	15 ml
1 lb	pâte à pizza réfrigérée ou surgelée, décongelée	500 g
24	olives noires conservées dans l'huile, égouttées, dénoyautées et coupées en tranches	24
2 c. à tab	filets d'anchois hachés (facultatif)	30 ml
1 ½ t	gruyère ou parmesan râpé	375 ml
¼ t	persil frais, haché	60 ml

1. Dans un poêlon, chauffer l'huile à feu moyen. Ajouter les oignons, les poivrons rouges, l'ail, l'origan et le sucre et cuire, en brassant de temps à autre, pendant environ 20 minutes ou jusqu'à ce que les oignons soient dorés. Ajouter le vinaigre balsamique et mélanger. (Vous pouvez préparer la garniture aux oignons à l'avance et la mettre dans un contenant hermétique. Elle se conservera jusqu'à 2 jours au réfrigérateur.)

2. Entre-temps, sur une surface légèrement farinée, dégonfler la pâte avec le poing et la pétrir délicatement. Diviser la pâte en deux portions et façonner chacune en un rouleau. Couper chaque rouleau en six portions et façonner chaque portion en une boule. Couvrir les boules de pâte et laisser reposer pendant 20 minutes.

3. Sur une surface légèrement farinée, abaisser chaque boule de pâte en un cercle de 5 po (13 cm) de diamètre. Déposer les cercles de pâte sur deux plaques de cuisson légèrement huilées. Répartir la garniture aux oignons sur les cercles de pâte et l'étendre jusqu'au bord. Parsemer des olives, des anchois, si désiré, et du fromage. (Vous pouvez préparer les mini-pizzas jusqu'à cette étape et les couvrir, sans serrer. Elles se conserveront jusqu'à 1 heure au réfrigérateur.)

4. Cuire au centre du four préchauffé à 450°F (230°C) pendant environ 15 minutes ou jusqu'à ce que les mini-pizzas soient légèrement dorées. Au moment de servir, les parsemer du persil et couper chacune en six pointes.

VARIANTES

Mini-pizzas aux champignons porcini

Ne pas préparer la garniture aux oignons caramélisés. Faire tremper 2 paquets de champignons porcini séchés (14 g chacun) dans l'eau chaude pendant 20 minutes. Égoutter les champignons et les presser pour extraire l'excédent de liquide (réserver le liquide de trempage pour un usage ultérieur). Dans un poêlon, chauffer 1 c. à thé (5 ml) d'huile d'olive à feu moyen. Ajouter les champignons, 2 gousses d'ail hachées finement, 1 pincée de sel et 1 pincée de poivre noir du moulin. Cuire pendant environ 5 minutes ou jusqu'à ce que les champignons soient secs et légèrement croustillants. Étendre 2 c. à tab (30 ml) de pesto au basilic sur chaque cercle de pâte et les garnir de la préparation aux champignons. Parsemer de 1 ½ t (375 ml) de fromage mozzarella ou provolone râpé et de 2 c. à tab (30 ml) de persil ou de basilic frais, haché.

Mini-pizzas à la puttanesca

Ne pas préparer la garniture aux oignons caramélisés. Égoutter 1 boîte de tomates en dés (28 oz/796 ml) (réserver le jus pour un usage ultérieur). Dans un poêlon, chauffer 1 c. à thé (5 ml) d'huile d'olive. Ajouter les tomates, 1 t (250 ml) d'aubergine coupée en dés, ½ t (125 ml) d'olives noires dénoyautées et coupées en quatre, 3 gousses d'ail hachées finement, 1 c. à tab (15 ml) de câpres, 1 c. à thé (5 ml) d'origan séché, ¼ c. à thé (1 ml) de sel et ¼ c. à thé (1 ml) de poivre. Laisser mijoter pendant environ 5 minutes ou jusqu'à ce que le liquide se soit évaporé. Répartir la préparation aux tomates sur les cercles de pâte. Parsemer de 1 ½ t (375 ml) de fromage mozzarella râpé.

> *Foyer givré*

La flamme des bougies placées
sur de grands chandeliers
blancs apporte un éclat doré
aux murs de la pièce. Des
lampions posés sur les volutes
de l'écran de fer forgé donnent
vie au faux foyer, dont
l'encadrement est composé
d'une mosaïque de morceaux
de vaisselle ancienne. Les
arbres placés symétriquement,
ainsi que la guirlande et
la couronne, ressortent sur
le fond pâle.

> *Bougies sur fond de canneberges*

Ce centre de table festif, qui ne
demande que quelques minutes à
réaliser, éclairera joliment la table.
Remplir au quart ou au tiers un nombre
impair de récipients en verre ou en
cristal avec des canneberges fraîches
ou séchées. Placer une bougie dans
chacun et ajouter quelques
canneberges supplémentaires autour.

Mini-boulettes de porc, sauce aigre-douce

Il suffit de congeler les boulettes en sauce quelques jours ou semaines à l'avance, et voilà un hors-d'œuvre prêt à servir en quelques minutes ! On peut aussi préparer ces mini-boulettes avec du poulet ou du bœuf haché maigre.

DONNE ENVIRON 34 MINI-BOULETTES.

- PRÉPARATION : 40 min • CUISSON : 50 min
- **Par mini-boulette :** CALORIES : 52 • PROTÉINES : 3 g
- MATIÈRES GRASSES : 3 g (1 g sat.) • CHOLESTÉROL : 13 mg
- GLUCIDES : 4 g • FIBRES : traces • SODIUM : 64 mg

MINI-BOULETTES DE PORC

1	œuf	1
¼ t	chapelure	60 ml
¼ t	oignons verts hachés finement	60 ml
2 c. à tab	carotte râpée	30 ml
1 c. à thé	gingembre frais, râpé	5 ml
¼ c. à thé	sel	1 ml
¼ c. à thé	poivre noir du moulin	1 ml
1 lb	porc haché maigre	500 g

SAUCE AIGRE-DOUCE

1 t	jus d'ananas	250 ml
⅓ t	ketchup	80 ml
¼ t	vinaigre de cidre	60 ml
¼ t	sirop d'érable	60 ml
1 c. à tab	fécule de maïs	15 ml
1 c. à tab	huile d'olive	15 ml
1	petit oignon, haché finement	1
1	gousse d'ail hachée finement	1
2 c. à thé	gingembre frais, râpé	10 ml

PRÉPARATION DES MINI-BOULETTES

1. Dans un grand bol, battre l'œuf à l'aide d'une fourchette. Ajouter la chapelure, la moitié des oignons verts, la carotte, le gingembre, le sel et le poivre. Ajouter le porc haché et bien mélanger. Façonner la préparation au porc, 1 c. à tab (15 ml) à la fois, en environ 34 boulettes. Mettre les mini-boulettes sur une plaque de cuisson tapissée de papier d'aluminium. Cuire au centre du four préchauffé à 375°F (190°C) pendant environ 15 minutes ou jusqu'à ce qu'elles aient perdu leur teinte rosée à l'intérieur

PRÉPARATION DE LA SAUCE

2. Entre-temps, dans un bol, mélanger le jus d'ananas, le ketchup, le vinaigre de cidre, le sirop d'érable et la fécule de maïs. Réserver.

3. Dans une grande casserole, chauffer l'huile à feu moyen. Ajouter l'oignon, l'ail et le gingembre et cuire, en brassant souvent, pendant 4 minutes. Ajouter le mélange de jus d'ananas réservé et porter à ébullition. Réduire le feu et laisser mijoter, en brassant de temps à autre, pendant environ 5 minutes ou jusqu'à ce que la sauce ait épaissi.

4. Ajouter les mini-boulettes de porc et mélanger pour bien les enrober. (Vous pouvez préparer les mini-boulettes et la sauce à l'avance, les mettre dans un contenant hermétique, les laisser refroidir pendant 30 minutes sans les couvrir, puis les réfrigérer jusqu'à ce qu'elles soient froides. Déposer une pellicule de plastique directement sur la préparation de mini-boulettes et couvrir. Elles se conserveront jusqu'à 2 semaines au congélateur. Laisser dégeler au réfrigérateur. Ajouter 5 minutes au temps de cuisson.)

5. Mettre les mini-boulettes dans un plat allant au four. Couvrir et cuire au four préchauffé à 350°F (180°C) pendant 25 minutes (remuer une fois en cours de cuisson). Au moment de servir, parsemer les mini-boulettes du reste des oignons verts.

Mini-gâteaux au fromage aux champignons

Les moules individuels à mini-gâteaux, qu'on trouve dans les boutiques d'accessoires de cuisine, sont essentiels pour préparer ces mignons hors-d'œuvre de forme circulaire. Arrosés d'un filet d'huile de noisette et déposés sur un lit de verdures mélangées ou de cresson, ils feront une entrée remarquée!

DONNE 12 MINI-GÂTEAUX AU FROMAGE.

- PRÉPARATION : 45 min • CUISSON : 25 min
- RÉFRIGÉRATION : 2 h • **Par mini-gâteau :** CALORIES : 180
- PROTÉINES : 4 g • MATIÈRES GRASSES : 16 g (9 g sat.)
- CHOLESTÉROL : 59 mg • GLUCIDES : 7 g • FIBRES : 1 g
- SODIUM : 270 mg

CROÛTES AUX NOISETTES

¼ t	beurre ramolli	60 ml
½ t	farine	125 ml
¼ t	noisettes hachées finement	60 ml
¼ c. à thé	sel	1 ml

GARNITURE AU FROMAGE À LA CRÈME

1	paquet de fromage à la crème ramolli (8 oz/250 g)	1
1	œuf	1
½ c. à thé	sauce tabasco	2 ml
¼ c. à thé	sel	1 ml
¼ c. à thé	poivre noir du moulin	1 ml
⅔ t	crème sure	160 ml

GARNITURE AUX CHAMPIGNONS

1 c. à tab	beurre	15 ml
3 t	chapeaux de champignons shiitake coupés en tranches fines (8 oz/250 g)	750 ml
1	échalote française hachée finement ou	1
½	oignon haché finement	½
1	gousse d'ail hachée finement	1
½ c. à thé	sauge séchée	2 ml
¼ c. à thé	sel	1 ml
1 c. à tab	persil frais, haché finement	15 ml
2 c. à tab	huile de noisette (facultatif)	30 ml

PRÉPARATION DES CROÛTES

1. Dans un bol, à l'aide d'un batteur électrique, battre le beurre jusqu'à ce qu'il soit léger. Ajouter la farine, les noisettes et le sel et mélanger à l'aide d'une cuiller. Presser la préparation aux noisettes dans le fond de 12 moules à mini-gâteaux au fromage d'une capacité de ½ t (125 ml) chacun. Cuire au centre du four préchauffé à 350°F (180°C) pendant environ 10 minutes ou jusqu'à ce que les croûtes soient dorées. Déposer les moules sur une grille et laisser refroidir.

PRÉPARATION DE LA GARNITURE AU FROMAGE À LA CRÈME

2. Dans un grand bol, à l'aide du batteur électrique (utiliser des fouets propres), battre le fromage à la crème jusqu'à ce qu'il ait gonflé. Ajouter l'œuf, la sauce tabasco, le sel et le poivre en battant. Incorporer la crème sure de la même manière. Répartir la garniture au fromage à la crème sur les croûtes refroidies. Cuire au centre du four préchauffé à 325°F (160°C) pendant environ 12 minutes ou jusqu'à ce que le pourtour des mini-gâteaux ait pris et que le centre soit encore légèrement gélatineux.

3. Tremper la lame d'un couteau dans l'eau chaude et la passer sur le pourtour des mini-gâteaux pour les détacher des moules. Démouler et laisser refroidir sur la grille. Couvrir et réfrigérer pendant environ 2 heures ou jusqu'à ce que la garniture au fromage ait pris. (Vous pouvez préparer les mini-gâteaux jusqu'à cette étape. Ils se conserveront jusqu'à 2 jours au réfrigérateur.)

PRÉPARATION DE LA GARNITURE AUX CHAMPIGNONS

4. Dans un grand poêlon, faire fondre le beurre à feu moyen-vif. Ajouter les champignons, l'échalote, l'ail, la sauge et le sel et cuire, en brassant, pendant environ 3 minutes ou jusqu'à ce que tout le liquide des champignons se soit évaporé. Ajouter le persil et mélanger. (Vous pouvez préparer la garniture aux champignons à l'avance et la couvrir. Elle se conservera jusqu'à

4 heures à la température ambiante.) À l'aide d'une cuiller, couvrir les mini-gâteaux de la garniture aux champignons. Arroser de l'huile de noisette, si désiré.

VARIANTE

Carrés de gâteau au fromage aux champignons

Cuire la croûte aux noisettes pendant 18 minutes dans un moule en métal de 8 po (20 cm) de côté tapissé de papier-parchemin. Verser la garniture au fromage à la crème sur la croûte refroidie et cuire pendant 35 minutes. Laisser refroidir et réfrigérer. À l'aide d'un couteau bien aiguisé, couper le gâteau au fromage en carrés (essuyer la lame après chaque carré). Préparer la garniture aux champignons tel qu'indiqué.

Piments chilis farcis au fromage

Ces piments farcis ne sont pas aussi épicés qu'on pourrait le croire, car on en a retiré les graines et les membranes.

DONNE 20 BOUCHÉES.

• PRÉPARATION : 25 min • CUISSON : 20 min
• **Par bouchée :** CALORIES : 74 • PROTÉINES : 3 g
• MATIÈRES GRASSES : 4 g (2 g sat.) • CHOLESTÉROL : 11 mg
• GLUCIDES : 9 g • FIBRES : 1 g • SODIUM : 78 mg

10	piments chilis frais (de type jalapeño) (8 oz/250 g en tout)	10
½ t	cheddar râpé	125 ml
¼ t	fromage à la crème léger, ramolli	60 ml
¼ t	salsa	60 ml
¾ t	mie de pain frais, émiettée	180 ml
2 c. à tab	persil frais, haché	30 ml
2 c. à tab	beurre fondu	30 ml

1. Couper les piments chilis en deux sur la longueur en laissant les queues intactes. Les épépiner et retirer les membranes.

2. Dans un bol, mélanger le cheddar, le fromage à la crème et la salsa. Ajouter ¼ t (60 ml) de la mie de pain et mélanger. Garnir les demi-piments chilis de la préparation au fromage.

3. Dans un petit bol, mélanger le reste de la mie de pain, le persil et le beurre. Répartir ce mélange sur la garniture. Déposer les demi-piments chilis sur une plaque de cuisson. (Vous pouvez préparer les piments chilis jusqu'à cette étape et les couvrir. Ils se conserveront jusqu'au lendemain au réfrigérateur.)

4. Cuire au four préchauffé à 375°F (190°C) pendant 20 minutes ou jusqu'à ce que la garniture soit dorée et croustillante.

Planification de la fête

❯ Selon le type de réception

Sans cérémonie : servir deux ou trois sortes d'amuse-gueule, quelques boissons sans alcool, du vin et de la bière. **Plus classique :** prévoir du café, du thé et du punch (en versions alcoolisée et sans alcool) avec quelques hors-d'œuvre. **Pour un 5 à 7 :** offrir une grande quantité de hors-d'œuvre et de boissons alcoolisées ou non, selon votre budget.

❯ Les indispensables

● Prévoir suffisamment de verres pour que chacun de vos invités puisse en changer au moins une fois pendant la soirée.

● Compter ½ lb (250 g) de glaçons par personne pour les deux premières heures de la soirée et 1 lb (500 g) par personne si la soirée dure plus de trois heures.

● Calculer trois serviettes de table en papier et trois petites assiettes par personne.

● Se procurer, chez Dollarama par exemple, des porte-verres qui se fixent aux assiettes, très pratiques quand on veut se déplacer. Prévoir également de petites babioles (achetées ou fabriquées maison) que l'on accroche aux verres à vin pour repérer le sien.

❯ Le menu

● Miser sur la variété en jouant aussi bien sur les formes et les couleurs que sur les sortes de hors-d'œuvre.

● Proposer des bouchées faciles à manger, surtout quand on tient déjà un verre dans une main.

● Attention aux allergies alimentaires, notamment aux noix et aux fruits de mer. Éviter ces aliments si vos convives y sont sensibles.

Pour un cocktail chic ou un 5 à 7 décontracté,
voici de bons trucs pour recevoir comme une pro.

● Prévoir des boissons non alcoolisées (eau minérale, jus, boissons gazeuses, lait de poule, punch), du vin blanc (chardonnay ou sauvignon), du vin rouge (merlot ou cabernet sauvignon) et les alcools nécessaires à la préparation de cocktails.

> Ambiance de fête
● Installer nourriture et boissons à bonne distance. Les invités se déplaceront pour se servir.
● Faire circuler les plats : les convives absorbés par leur conversation apprécieront.
● Côté musique, utiliser vos CD ou demander à un ami de jouer le rôle de D.J.

> Quantité d'alcool
● Si vous offrez surtout du vin, prévoir au moins une demi-bouteille par personne. Si vous servez du vin, de la bière et du champagne, prévoir deux verres par personne de chacune de ces boissons. Pour un cocktail ou un 5 à 7, offrir deux verres par personne par heure pendant les deux premières heures et un par heure pour les suivantes.

> Quantité de nourriture
● Pour un cocktail ou un 5 à 7, offrir cinq hors-d'œuvre par personne par heure. Si on sert les hors-d'œuvre avant un grand repas, préparer de deux à cinq bouchées par convive.
● Commencer avec les tartinades, les trempettes, les crudités, les noix assaisonnées et les hors-d'œuvre préparés quelques heures à l'avance et qui conservent leur fraîcheur.

● Ensuite, servir les hors-d'œuvre qui demandent à être préparés à la dernière minute (pour un maximum de fraîcheur ou parce qu'ils doivent être bien chauds). Disposer pâtés et terrines dans des assiettes avec de petites corbeilles de craquelins et de pain, ou en garnir des craquelins. Remplir de petites coupes de pâte feuilletée de différentes garnitures.
● Pour éviter tout problème, on ne devrait pas laisser les bouchées à la température ambiante plus de 2 heures. Notre truc : préparer de petits plateaux pour chaque variété de hors-d'œuvre et les conserver au réfrigérateur. Au début de la soirée, servir seulement la quantité nécessaire. Lorsqu'il en manque, sortir un plateau déjà prêt au lieu de remplir de nouveau un plateau qui a passé quelque temps à la température ambiante.
● Décorer les assiettes de service de raisins verts ou rouges, de fines herbes, de tomates cerises, de cerises, de grenades, de caramboles, d'oranges sanguines, de melons sucrés, de kiwis ou de kumquats.

> Le départ
● Servir du café à ceux qui partent et leur offrir truffes et bonbons dans de jolis contenants.
● S'assurer que les invités qui ont consommé de l'alcool retourneront chez eux en toute sécurité. Leur proposer un chauffeur sobre ou appeler un taxi.

Mini-brochettes de bifteck et de champignons

Les champignons séchés réduits en poudre donnent beaucoup de saveur à ces mini-brochettes. On peut choisir les champignons porcini (ou bolets) séchés, qui sont les plus savoureux (dans les épiceries italiennes), ou encore les shiitake, les morilles ou autres champignons séchés qu'on trouve dans les épiceries asiatiques.

DONNE ENVIRON 38 MINI-BROCHETTES.

• PRÉPARATION : 30 min • REPOS : 10 min • CUISSON : 10 min
• **Par mini-brochette :** CALORIES : 32 • PROTÉINES : 3 g
• MATIÈRES GRASSES : 2 g (1 g sat.) • CHOLESTÉROL : 9 mg
• GLUCIDES : 1 g • FIBRES : traces • SODIUM : 63 mg

1 ¼ lb	bifteck de filet mignon ou de contre-filet, coupé en cubes de 1 po (2,5 cm)	625 g
2 c. à tab	brandy	30 ml
1	paquet de champignons porcini séchés (14 g)	1
½ c. à thé	sel	2 ml
½ c. à thé	poivre noir du moulin	2 ml
2 c. à tab	beurre	30 ml
2 t	petits champignons blancs, les pieds enlevés (environ 8 oz/250 g en tout)	500 ml
1 c. à thé	thym frais, haché ou	5 ml
¼ c. à thé	thym séché	1 ml
2 c. à thé	sauce soja	10 ml
¼ c. à thé	sucre	1 ml
1 c. à tab	ciboulette fraîche, hachée	15 ml

1. Mettre les cubes de bifteck dans un bol. Ajouter la moitié du brandy et mélanger pour bien enrober la viande. Laisser reposer pendant 10 minutes.

2. Dans un moulin à café propre ou dans un mortier avec un pilon, réduire les champignons séchés en poudre fine. Mettre les champignons en poudre dans un plat peu profond. Ajouter le sel et le poivre et mélanger. Ajouter les cubes de bifteck, quelques-uns à la fois, et les retourner pour bien les enrober.

3. Dans un grand poêlon, faire fondre la moitié du beurre à feu moyen-vif. Ajouter les cubes de bifteck, en deux fois, et les faire dorer de tous les côtés pendant environ 1 minute. Réserver les cubes de bifteck dans une assiette. Essuyer le poêlon à l'aide d'essuie-tout et faire fondre le reste du beurre à feu moyen. Ajouter les champignons blancs et le thym et cuire, en brassant, pendant 3 minutes. Ajouter la sauce soja, le sucre et le reste du brandy et poursuivre la cuisson, en brassant, pendant environ 30 secondes ou jusqu'à ce que les champignons soient glacés et que le liquide se soit évaporé. Laisser refroidir.

4. Enfiler les cubes de bifteck et les champignons sur de petites brochettes de bois ou sur des cure-dents (mettre 1 cube de bifteck et 1 champignon sur chaque brochette). Déposer les mini-brochettes sur une plaque de cuisson munie de rebords. (Vous pouvez préparer les mini-brochettes jusqu'à cette étape et les couvrir d'une pellicule de plastique. Elles se conserveront jusqu'à 8 heures au réfrigérateur.)

5. Cuire au four préchauffé à 450°F (230°C) pendant environ 5 minutes ou jusqu'à ce que les mini-brochettes soient chaudes. Au moment de servir, déposer les mini-brochettes dans une assiette de service chaude. Parsemer de la ciboulette.

Côtelettes d'agneau au romarin et au citron

Servir ce plat accompagné d'un petit bol de sel de mer à saupoudrer sur les côtelettes au moment de manger. Avec leur os long et dégagé, ces côtelettes qui proviennent de carrés d'agneau parés à la française se manipulent bien. Pour se faciliter la tâche, on peut demander à notre boucher de les parer pour nous.

DONNE 18 CÔTELETTES.

- PRÉPARATION : 10 min • TEMPS DE MARINADE : 2 h
- CUISSON : 6 à 8 min • **Par côtelette :** CALORIES : 105
- PROTÉINES : 6 g • MATIÈRES GRASSES : 9 g (3 g sat.)
- CHOLESTÉROL : 24 mg • GLUCIDES : traces • FIBRES : traces
- SODIUM : 62 mg

3 c. à tab	huile d'olive	45 ml
2 c. à tab	romarin frais, haché finement ou	30 ml
2 c. à thé	romarin séché	10 ml
2 c. à thé	zeste de citron râpé	10 ml
2 c. à tab	jus de citron	30 ml
3	gousses d'ail hachées finement	3
½ c. à thé	poivre noir du moulin	2 ml
18	côtelettes d'agneau (2 carrés d'agneau parés à la française ou environ 2 lb/1 kg en tout)	18
½ c. à thé	sel	2 ml

1. Dans un plat en verre peu profond, mélanger l'huile, le romarin, le zeste et le jus de citron, l'ail et le poivre. Ajouter les côtelettes d'agneau et les retourner pour bien les enrober. Couvrir et laisser mariner pendant 2 heures au réfrigérateur (retourner les côtelettes de temps à autre). (Vous pouvez préparer les côtelettes jusqu'à cette étape. Elles se conserveront jusqu'à 12 heures au réfrigérateur.)

2. Parsemer les côtelettes du sel et les déposer dans une lèchefrite ou sur une plaque de cuisson tapissée de papier d'aluminium. Cuire sous le gril préchauffé du four, à 6 po (15 cm) de la source de chaleur, de 6 à 8 minutes pour une viande mi-saignante ou jusqu'au degré de cuisson désiré (retourner les côtelettes une fois en cours de cuisson).

Hors-d'œuvre express

❯ Couper des tomates cerises en deux et glisser un morceau de bocconcini entre les moitiés. Enfiler sur de petites brochettes et servir avec un mélange de vinaigre balsamique et d'huile d'olive comme trempette.

❯ Enrouler de fines tranches de prosciutto autour de dattes dénoyautées ou de figues séchées. Si désiré, cuire sous le gril préchauffé du four jusqu'à ce que le prosciutto soit croustillant.

❯ Couper des poitrines de poulet en cubes et les mélanger à une sauce au miel et à l'ail du commerce. Cuire sous le gril préchauffé du four jusqu'à ce que le poulet ait perdu sa teinte rosée à l'intérieur. Enfiler les cubes de poulet sur de petites brochettes en alternant avec des cubes d'ananas, de mangue ou de cantaloup.

❯ Couper des mini-pitas en deux et garnir chaque pochette d'hummus (purée de pois chiches) ou de baba gannouj (purée d'aubergine) du commerce. Parsemer de petits cubes de concombre et de tomate.

❯ Couvrir des tranches de pain baguette grillées d'une tranche de brie et d'une tranche de fraise ou de figue fraîche, ou d'un peu de chutney à la mangue. Garnir d'une demi-pacane grillée.

Brochettes de poulet au sumac, sauce au yogourt

Le sumac, une épice très populaire dans la cuisine du Moyen-Orient, confère une saveur acidulée aux plats. On peut le remplacer par 1 c. à thé (5 ml) de zeste de citron et 1 c. à thé (5 ml) de paprika.

DONNE 20 BROCHETTES.

- PRÉPARATION : 25 min • TEMPS D'ÉGOUTTAGE : 1 h
- CUISSON : 5 min • **Par brochette** : CALORIES : 44
- PROTÉINES : 4 g • MATIÈRES GRASSES : 2 g (1 g sat.)
- CHOLESTÉROL : 12 mg • GLUCIDES : 1 g • FIBRES : aucune
- SODIUM : 73 mg

SAUCE AU YOGOURT ET AU CITRON

1 t	yogourt nature à la grecque	250 ml
1 c. à tab	persil frais, haché	15 ml
½ c. à thé	zeste de citron râpé	2 ml
1 c. à thé	jus de citron	5 ml
¼ c. à thé	sel	1 ml
¼ c. à thé	poivre noir du moulin	1 ml

BROCHETTES AU SUMAC

2 c. à tab	huile d'olive	30 ml
1 c. à tab	sumac moulu	15 ml
1 c. à tab	persil frais, haché	15 ml
2	gousses d'ail hachées finement	2
1	pincée de piment de Cayenne	1
12 oz	poitrines de poulet désossées, la peau et le gras enlevés, coupées sur la largeur en lanières de ¼ po (5 mm) d'épaisseur	375 g
¼ c. à thé	sel	1 ml

PRÉPARATION DE LA SAUCE

1. Mettre le yogourt dans une passoire fine tapissée d'une double épaisseur d'étamine (coton à fromage) placée sur un bol. Couvrir et laisser égoutter au réfrigérateur pendant 1 heure ou jusqu'à ce que le yogourt ait réduit à ½ t (125 ml).

2. Dans un bol, mélanger le yogourt égoutté, le persil, le zeste et le jus de citron, le sel et le poivre. (Vous pouvez préparer la sauce à l'avance et la couvrir. Elle se conservera jusqu'à 2 jours au réfrigérateur.)

PRÉPARATION DES BROCHETTES

3. Dans un autre bol, mélanger l'huile, le sumac, le persil, l'ail et le piment de Cayenne. Ajouter les lanières de poulet et les retourner pour bien les enrober.

4. Enfiler les lanières de poulet sur 20 brochettes de bois de 6 à 8 po (15 à 20 cm) de longueur préalablement trempées dans l'eau (en mettre une par brochette). (Vous pouvez préparer les brochettes à l'avance et les couvrir. Elles se conserveront jusqu'à 4 heures au réfrigérateur.)

5. Mettre les brochettes de poulet sur une plaque de cuisson tapissée de papier d'aluminium huilé. Cuire sous le gril préchauffé du four à 6 po (15 cm) de la source de chaleur pendant environ 5 minutes ou jusqu'à ce que le poulet ait perdu sa teinte rosée à l'intérieur. Parsemer du sel. Servir avec la sauce au yogourt et au citron.

› *Couronne de rubans*

Des nœuds de ruban lustré forment une couronne particulièrement chatoyante. Couper environ 80 longueurs de 61 cm de ruban à bords métalliques (de 39 mm de largeur). Enrouler chacune autour d'un cercle à broder (ou d'une couronne en styromousse) de 30 cm de diamètre et former un nœud sur le devant. Avec des ciseaux bien aiguisés, couper les extrémités des rubans en diagonale. Pour obtenir un effet luxuriant, bien arrondir toutes les boucles.

› *Seau à vin*

Ce seau attrayant permettra de rafraîchir le vin en beauté (convient aux bouteilles de 750 ml).

• Deux jours à l'avance, verser de l'eau à hauteur de 2,5 cm dans un carton de lait ou de jus de 2 L et mettre au congélateur pour la nuit. Placer une bouteille de vin vide de 750 ml sur la glace en la centrant, puis verser de l'eau à hauteur de 10 ou 15 cm entre la bouteille et les parois du carton. Ajouter dans l'eau des feuilles, des fleurs ou des petits fruits, bouts coupés tournés vers le bas (les extrémités des feuilles peuvent dépasser de l'eau), et mettre au congélateur pour la nuit.

• Verser de l'eau tiède dans la bouteille pour la dégager. Enlever le carton, mettre le seau glacé sur une soucoupe pour recueillir l'eau et y insérer une bonne bouteille de vin.

Crevettes au sésame, sauce au wasabi

Cuites sous le gril, ces crevettes sont délicieusement croustillantes. Pour gagner du temps, on peut préparer à l'avance la sauce, les crevettes et l'enrobage. La pâte de wasabi prête à utiliser se vend dans la plupart des supermarchés. Si on n'en trouve pas, on peut la préparer soi-même en mélangeant 4 c. à thé (20 ml) de poudre de wasabi et 2 c. à thé (10 ml) d'eau.

DONNE ENVIRON 30 BOUCHÉES.

- PRÉPARATION : 25 min • CUISSON : 4 min
- **Par bouchée** : CALORIES : 44 • PROTÉINES : 3 g
- MATIÈRES GRASSES : 3 g (trace sat.) • CHOLESTÉROL : 19 mg
- GLUCIDES : 1 g • FIBRES : traces • SODIUM : 74 mg

SAUCE AU WASABI

½ t	mayonnaise légère	125 ml
2 c. à thé	pâte de wasabi	10 ml
1 c. à tab	jus de lime	15 ml
1 c. à thé	ciboulette (ou oignon vert) fraîche, hachée finement	5 ml
1 c. à thé	huile de sésame	5 ml

CREVETTES AU SÉSAME

½ t	graines de sésame	125 ml
½ t	mie de pain frais, émiettée	125 ml
¼ c. à thé	sel	1 ml
2	blancs d'œufs	2
1 lb	grosses crevettes crues avec la queue, fraîches ou surgelées, décongelées, décortiquées et déveinées	500 g

PRÉPARATION DE LA SAUCE

1. Dans un petit bol, mélanger 1 c. à tab (15 ml) de la mayonnaise et la pâte de wasabi jusqu'à ce que la préparation soit lisse. Ajouter le reste de la mayonnaise, 1 c. à tab (15 ml) à la fois, et mélanger. Ajouter le jus de lime, la ciboulette et l'huile de sésame et mélanger. Réserver.

PRÉPARATION DES CREVETTES

2. Dans un plat peu profond, mélanger les graines de sésame, la mie de pain et le sel. Réserver. Dans un bol, à l'aide d'un batteur électrique, battre les blancs d'œufs jusqu'à ce qu'ils soient mousseux. Ajouter les crevettes et les retourner pour bien les enrober. Passer les crevettes, une à la fois, dans le mélange de graines de sésame en pressant et en les retournant pour bien les enrober. Mettre les crevettes sur une plaque de cuisson huilée.

3. Cuire sous le gril préchauffé du four à 4 po (10 cm) de la source de chaleur environ 2 minutes de chaque côté ou jusqu'à ce que les crevettes soient rosées à l'intérieur et dorées à l'extérieur. Servir avec la sauce au wasabi.

Pour décortiquer les crevettes, tenir chacune par la queue, ouvrir la carapace entre les pattes et dégager la crevette en conservant la queue intacte. À l'aide d'un petit couteau, tirer délicatement la veine bleue au centre de la crevette.

Ailes de poulet piquantes, mayonnaise aux câpres et au citron

Pour une version plus douce, omettre le piment de Cayenne dans la recette des ailes de poulet et dans la mayonnaise qui l'accompagne.

DONNE DE 25 À 30 HORS-D'ŒUVRE.

- PRÉPARATION : 10 min • TEMPS DE MARINADE : 2 h
- CUISSON : 37 min • **Par hors-d'œuvre : CALORIES : 45**
- PROTÉINES : 3 g • MATIÈRES GRASSES : 3 g (1 g sat.)
- CHOLESTÉROL : 10 mg • GLUCIDES : 1 g • FIBRES : aucune
- SODIUM : 68 mg

2 c. à tab	xérès sec	30 ml
1 c. à tab	jus de citron	15 ml
1 c. à tab	huile d'olive	15 ml
2 c. à thé	paprika fumé ou doux	10 ml
½ c. à thé	sel	2 ml
½ c. à thé	thym séché	2 ml
¼ c. à thé	piment de Cayenne	1 ml
2	gousses d'ail hachées finement	2
2 lb	ailes de poulet, les bouts coupés (25 à 30 ailes de poulet)	1 kg
	mayonnaise aux câpres et au citron (voir recette, ci-contre)	

1. Dans un grand bol, mélanger le xérès, le jus de citron, l'huile, le paprika, le sel, le thym, le piment de Cayenne et l'ail. Ajouter les ailes de poulet et les retourner pour bien les enrober. Couvrir et laisser mariner au réfrigérateur pendant 2 heures. (Vous pouvez préparer les ailes de poulet jusqu'à cette étape. Elles se conserveront jusqu'au lendemain au réfrigérateur.)

2. Étaler les ailes de poulet sur une grille placée sur une plaque de cuisson tapissée de papier d'aluminium. Cuire au four préchauffé à 400°F (200°C) pendant 20 minutes. Retourner les ailes de poulet et poursuivre la cuisson pendant environ 15 minutes ou jusqu'à ce que le jus qui s'écoule du poulet lorsqu'on le pique à la fourchette soit clair. Poursuivre la cuisson sous le gril du four de 1 à 2 minutes de chaque côté ou jusqu'à ce que les ailes soient dorées et croustillantes. Servir avec la mayonnaise aux câpres et au citron.

Mayonnaise aux câpres et au citron

DONNE ENVIRON ⅓ T (80 ML) DE MAYONNAISE.

- PRÉPARATION : 10 min • CUISSON : aucune
- **Par portion de 1 c. à thé (5 ml) : CALORIES : 12**
- PROTÉINES : aucune • MATIÈRES GRASSES : 1 g (aucun sat.)
- CHOLESTÉROL : 1 mg • GLUCIDES : 1 g • FIBRES : aucune
- SODIUM : 38 mg

¼ t	mayonnaise légère	60 ml
¼ c. à thé	zeste de citron râpé	1 ml
4 c. à thé	jus de citron	20 ml
2 c. à thé	câpres hachées	10 ml
1	gousse d'ail hachée finement	1
¼ c. à thé	paprika fumé ou doux	1 ml
1	pincée de piment de Cayenne	1

1. Dans un bol, mélanger la mayonnaise, le zeste et le jus de citron, les câpres, l'ail, le paprika et le piment de Cayenne.

Servir le champagne avec classe

Pas besoin de faire voler le bouchon à l'autre bout de la pièce : vous risqueriez de perdre le précieux élixir et de causer des accidents. Il suffit de respecter quelques règles simples :

❯ On évite d'agiter la bouteille inutilement.

❯ On retire l'attache de métal.

❯ On incline la bouteille à 45° et on la dirige vers un mur, au cas où...

❯ En plaçant un linge à vaisselle sur le bouchon pour avoir une meilleure prise, on tire fermement sans donner de coups. Le bouchon sautera tout en douceur.

❯ Le champagne se boit dans une flûte ou un verre tulipe, car leur forme élancée ralentit la montée des bulles, préservant ainsi le délicieux pétillant. Pour éviter les fausses notes, il suffit de pencher le verre et de verser le champagne le long de la paroi, en ne remplissant le verre qu'à la moitié.

❯ Pour refroidir le champagne, placer la bouteille dans un seau rempli de glaçons de 20 à 30 minutes ou au réfrigérateur de 2 à 3 heures, jamais au congélateur.

Coupelles au saumon fumé

DONNE ENVIRON 20 COUPELLES.

- PRÉPARATION : 40 min • CUISSON : 12 min
- **Par coupelle :** CALORIES : 49 • PROTÉINES : 2 g
- MATIÈRES GRASSES : 2 g (traces sat.) • CHOLESTÉROL : 3 mg
- GLUCIDES : 5 g • FIBRES : traces • SODIUM : 157 mg

7	tranches de pain blanc	7
1 c. à tab	huile d'olive	15 ml
26	câpres	26
¼ t	mayonnaise légère	60 ml
2 c. à thé	aneth frais, haché finement ou	10 ml
½ c. à thé	aneth séché	2 ml
1 c. à thé	jus de citron	5 ml
¼ c. à thé	poivre noir du moulin	1 ml
5	tranches fines de saumon fumé	5
1	morceau de concombre anglais de 3 po (8 cm)	1

1. À l'aide d'un rouleau à pâtisserie, aplatir les tranches de pain. À l'aide d'un emporte-pièce de 2 ¼ po (5,5 cm) de diamètre, découper 20 formes dans les tranches de pain. Badigeonner légèrement les deux côtés du pain de l'huile. Presser délicatement les formes de pain dans des moules à mini-muffins de façon à obtenir de petites coupes.

2. Cuire au centre du four préchauffé à 350°F (180°C) pendant environ 12 minutes ou jusqu'à ce que le pain soit doré et croustillant. Démouler les coupelles sur une grille et laisser refroidir. (Vous pouvez préparer les coupelles à l'avance et les mettre dans un contenant hermétique. Elles se conserveront jusqu'à 5 jours à la température ambiante ou jusqu'à 1 mois au congélateur. Au besoin, réchauffer au four préchauffé à 350°F/180°C pendant 5 minutes pour qu'elles soient croustillantes.)

3. Réserver 20 câpres. Hacher grossièrement le reste des câpres et les mettre dans un petit bol. Ajouter la mayonnaise, l'aneth, le jus de citron et le poivre et mélanger délicatement.

4. Couper le saumon fumé en lanières de 1 ½ po x ½ po (4 cm x 1 cm) et les rouler de manière à obtenir des rosettes. Couper le concombre anglais en quatre sur la longueur, puis en tranches minces sur la largeur. (Vous pouvez préparer la garniture aux câpres, le saumon fumé et le concombre à l'avance et les couvrir séparément. Ils se conserveront jusqu'à 8 heures au réfrigérateur.)

5. Déposer environ ½ c. à thé (2 ml) de la garniture aux câpres dans chaque coupelle de pain refroidie. Ajouter une rosette de saumon fumé et une tranche de concombre. Garnir des câpres réservées.

Huîtres fraîches en demi-coquilles

Les huîtres fraîches font une merveilleuse entrée pour les repas des fêtes. On peut les servir avec des quartiers de citron et de la sauce piquante (de type tabasco) ou avec une garniture simple mais élégante, comme celle que nous vous proposons ici, ou encore avec les sauces proposées à la page 34. D'une belle couleur dorée, le caviar de corégone est vendu dans les poissonneries et les épiceries fines en pot de 125 g — une quantité suffisante pour quatre douzaines d'huîtres. Une fois le pot ouvert, le caviar se conserve environ 2 semaines au réfrigérateur.

DONNE 8 PORTIONS.

- PRÉPARATION : 20 min • CUISSON : aucune
- **Pour ⅛ de la recette :** CALORIES : 10 • PROTÉINES : 4 g
- MATIÈRES GRASSES : 1 g (1 g sat.) • CHOLESTÉROL : 72 mg
- GLUCIDES : 3 g • FIBRES : aucune • SODIUM : 245 mg

	glace concassée ou gros sel	
24 à 32	huîtres fraîches	24 à 32
2 c. à tab	caviar de corégone (environ)	30 ml
2	oignons verts coupés en tranches très fines	2
	quartiers de citron	

1. Étendre de la glace concassée dans un grand plateau. Avec une brosse dure, nettoyer les coquilles d'huîtres sous l'eau froide. À l'aide d'un couteau à huîtres, ouvrir les huîtres en faisant pivoter la lame (jeter la coquille supérieure). Couper le ligament (retirer et jeter les éclats de coquilles). Passer la lame sous l'huître pour la détacher de la coquille inférieure. Déposer les demi-huîtres sur le lit de glace en les enfonçant légèrement pour les stabiliser et en prenant soin de garder le plus d'eau possible dans la coquille. (Vous pouvez préparer les huîtres à l'avance et les couvrir d'une pellicule de plastique. Elles se conserveront jusqu'à 1 heure au réfrigérateur.)

2. Au moment de servir, garnir chaque huître d'environ ¼ c.à thé (1 ml) de caviar. Parsemer des oignons verts. Servir les huîtres accompagnées de quartiers de citron.

Bouchées de pétoncles au prosciutto

Ce hors-d'œuvre demande peu de travail et peut se préparer à l'avance.

DONNE 20 BOUCHÉES.

- PRÉPARATION : 15 min • CUISSON : 10 min
- **Par bouchée** : CALORIES : 26 • PROTÉINES : 3 g
- MATIÈRES GRASSES : traces (aucun sat.) • CHOLESTÉROL : 7 mg
- GLUCIDES : 2 g • FIBRES : aucune • SODIUM : 64 mg

4	tranches fines de prosciutto (environ 2 oz/60 g en tout)	4
20	gros pétoncles (environ 12 oz/375 g en tout)	20
2 c. à tab	jus de citron	30 ml
2 c. à tab	miel liquide	30 ml

1. Empiler les tranches de prosciutto et les couper en cinq sur la largeur de manière à obtenir 20 lanières. Éponger les pétoncles à l'aide d'essuie-tout. Enrouler une lanière de prosciutto autour de chaque pétoncle et la fixer à l'aide d'un cure-dents. (Vous pouvez préparer les pétoncles jusqu'à cette étape et les couvrir. Ils se conserveront jusqu'à 4 heures au réfrigérateur.)

2. Dans un petit bol, mélanger le jus de citron et le miel. Badigeonner les pétoncles de ce mélange et les mettre sur une grande plaque de cuisson tapissée de papier d'aluminium. Cuire au four préchauffé à 425°F (220°C) pendant environ 10 minutes ou jusqu'à ce que les pétoncles soient opaques et que le prosciutto soit croustillant.

VARIANTES

Bouchées de crevettes au prosciutto
Remplacer les pétoncles par de grosses crevettes décortiquées et déveinées.

Bouchées de figues au prosciutto
Ne pas préparer les pétoncles. Verser de l'eau bouillante sur 10 grosses figues séchées coupées en deux. Laisser reposer pendant 5 minutes et bien égoutter. Poursuivre la recette.

Bouchées de dattes au prosciutto
Ne pas préparer les pétoncles. Verser de l'eau bouillante sur 20 grosses dattes dénoyautées. Laisser reposer pendant 5 minutes et bien égoutter. Poursuivre la recette.

Sauces pour les huîtres

Sauce mignonnette aux framboises

DONNE ⅔ T (160 ML) DE SAUCE.

- PRÉPARATION : 5 min • CUISSON : aucune
- **Par portion de 1 c. à tab (15 ml) :** CALORIES : 3
- PROTÉINES : aucune • MATIÈRES GRASSES : aucune (aucun sat.) • CHOLESTÉROL : aucun
- GLUCIDES : 1 g • FIBRES : aucune • SODIUM : 54 mg

2	petites échalotes françaises, hachées finement	2
½ t	vinaigre de framboise	125 ml
¼ c. à thé	sel	1 ml
¼ c. à thé	poivre noir du moulin	1 ml

1. Dans un petit bol, mélanger les échalotes, le vinaigre de framboise, le sel et le poivre. Couvrir et réserver à la température ambiante jusqu'au moment d'utiliser. (Vous pouvez préparer la sauce à l'avance. Elle se conservera jusqu'au lendemain à la température ambiante.)

Sauce cocktail au raifort

DONNE 1 T (250 ML) DE SAUCE.

- PRÉPARATION : 5 min • CUISSON : aucune
- **Par portion de 1 c. à tab (15 ml) :** CALORIES : 70
- PROTÉINES : traces • MATIÈRES GRASSES : 7 g (19 sat.)
- CHOLESTÉROL : aucun • GLUCIDES : 1 g
- FIBRES : traces • SODIUM : 12 mg

½ t	tomates fraîches, hachées	125 ml
½ t	tomates séchées conservées dans l'huile, égouttées	125 ml
2 c. à tab	raifort en crème	30 ml
1 c. à tab	jus de citron	15 ml
½ c. à thé	sucre	2 ml
1	pincée de sel	1
1	pincée de poivre noir du moulin	1
½ t	huile végétale	125 ml

1. Au robot culinaire, réduire en purée les tomates fraîches, les tomates séchées, le raifort, le jus de citron, le sucre, le sel et le poivre. Sans arrêter l'appareil, ajouter l'huile en un filet. (Vous pouvez préparer la sauce à l'avance et la couvrir. Elle se conservera jusqu'à 1 semaine au réfrigérateur.)

Brie fondant aux poires caramélisées

DONNE 8 À 10 PORTIONS.

- PRÉPARATION : 15 min • CUISSON : 20 min
- **Par portion :** CALORIES : 111 • PROTÉINES : 5 g • MATIÈRES GRASSES : 8 g (5 g sat.) • CHOLESTÉROL : 27 mg
- GLUCIDES : 4 g • FIBRES : 1 g • SODIUM : 166 mg

2 c. à thé	beurre	10 ml
1	échalote française coupée en tranches fines	1
1	poire pelée, coupée en tranches fines	1
1	pincée de sel	1
1	pincée de poivre noir du moulin	1
¼ t	nectar de poire ou jus de pomme	60 ml
1 c. à tab	brandy ou nectar de poire	15 ml
2 c. à thé	thym frais, haché ou	10 ml
½ c. à thé	thym séché	2 ml
1 c. à thé	cassonade tassée	5 ml
1	petite meule de brie (environ 8 oz/250 g)	1
1 c. à tab	amandes en bâtonnets, grillées	15 ml

1. Dans un petit poêlon, faire fondre le beurre à feu moyen. Ajouter l'échalote, les tranches de poire, le sel et le poivre et cuire pendant environ 5 minutes ou jusqu'à ce que l'échalote ait ramolli.

2. Ajouter le nectar de poire, le brandy, le thym et la cassonade. Porter à ébullition et laisser bouillir, en brassant de temps à autre, pendant environ 5 minutes ou jusqu'à ce que le liquide se soit évaporé et que les tranches de poire aient ramolli. (Vous pouvez préparer la garniture aux poires à l'avance, la laisser refroidir et la mettre dans un contenant hermétique. Elle se conservera jusqu'au lendemain au réfrigérateur.)

3. Déposer le brie dans un petit plat allant au four ou dans un petit moule à gâteau tapissé de papier d'aluminium. Couvrir de la garniture aux poires. Cuire au four préchauffé à 350°F (180°C) pendant environ 10 minutes ou jusqu'à ce que le fromage commence à couler. Laisser reposer pendant 5 minutes. Parsemer des amandes.

Confiture de figues au vin blanc

DONNE 3 T (750 ML) DE CONFITURE.

- PRÉPARATION : 10 min • CUISSON : 30 min
- **Par portion de 1 c. à tab (15 ml) :** CALORIES : 47
- PROTÉINES : traces • MATIÈRES GRASSES : traces (aucun sat.)
- CHOLESTÉROL : aucun • GLUCIDES : 10 g • FIBRES : 1 g
- SODIUM : 1 mg

1 ½ t	vin blanc sec	375 ml
1 t	sucre	250 ml
2	bâtons de cannelle brisés en morceaux	2
4	gousses de cardamome écrasées	4
2	clous de girofle	2
1 lb	figues séchées parées et coupées en quatre	500 g

1. Dans une casserole, mélanger le vin blanc et le sucre et porter à ébullition. Sur un carré d'étamine (coton à fromage), mettre la cannelle, la cardamome et les clous de girofle. Attacher les extrémités du carré d'étamine de manière à former une petite pochette. Ajouter la pochette d'épices et les figues au sirop. Réduire à feu doux et laisser mijoter pendant environ 25 minutes ou jusqu'à ce que la préparation soit sirupeuse et que les figues soient tendres. (Vous pouvez préparer la confiture à l'avance, la laisser refroidir jusqu'à ce qu'elle soit à la température ambiante et la mettre dans un contenant hermétique. Elle se conservera jusqu'à 2 semaines au réfrigérateur.)

❯ *Décorer un manteau de cheminée*

Un peu de verdure odorante, des souvenirs de famille et quelques décorations transformeront le manteau de cheminée en un étalage élégant.

Style traditionnel

• Un arrangement symétrique donne une impression d'équilibre, d'ordre. Placer l'élément principal au centre, puis disposer les autres objets de part et d'autre en partant du centre vers l'extérieur.

• Pour donner de la vie à la composition, ajouter des branches de verdure ou des fleurs fraîches. Ne pas hésiter à adapter le décor aux saisons en utilisant tantôt des fleurs printanières, tantôt des coquillages, tantôt des courges décoratives.

Ici, des branches de conifère et d'eucalyptus et des roses blanches bien pleines embaument la pièce. Le petit bouquet de roses est simplement placé dans un vase d'argent tandis que d'autres fleurs reposent sur d'antiques cocottes de pin en argent dissimulées entre les branches. Des bougies rondes rappelant des boules de Noël et des chandeliers d'argent en forme de rennes complètent ce joyeux tableau du temps des fêtes.

❯ **Vous n'avez pas de foyer? Décorez la table, le buffet ou le rebord de la fenêtre avec l'un ou l'autre de ces arrangements festifs.**

Style ancien

• Un décor en étages permet de présenter beaucoup d'objets. Toutefois, pour éviter l'impression de fouillis, privilégier des styles ou des couleurs semblables. Empiler des livres pour disposer les objets à des hauteurs différentes.

• Placer les objets hauts et larges – miroir, plateau ou chandelier – à l'arrière ou contre le mur.

Ici, on a disposé contre un mur brun moka d'antiques miroirs montés dans des cadres décoratifs dorés. Des livres reliés de cuir rouge, des boules de Noël antiques d'un sarcelle brillant et des arbres de Noël rétro confèrent un air hivernal à la scène. Quant aux statuettes de saint Nicolas, elles apportent au décor un charme d'antan qui fait toute la différence.

Style moderne

• L'impact sera plus puissant si on laisse des espaces vides entre les objets ou les groupes d'objets.

• La simplicité est de rigueur. Le verre transparent et les décorations scintillantes créent un effet dramatique qui contraste avec le riche fond rouge.

On peut changer l'apparence d'un manteau de cheminée en lui ajoutant simplement une petite note saisonnière. Ici, un bol verni classique rempli de pommes de pin miniatures et de grenades brille grâce à des ornements argent et noir placés dans de minces chandeliers de verre. Deux chandeliers plus trapus, disposés aux extrémités, font scintiller la lumière sur cet élégant décor des fêtes.

Pâté de foie de poulet au porto et au poivre

DONNE 2 T (500 ML) DE PÂTÉ.

- PRÉPARATION : 25 min • CUISSON : 11 min
- RÉFRIGÉRATION : 4 h
- **Par portion de 1 c. à tab (15 ml) :** CALORIES : 29
- PROTÉINES : 3 g • MATIÈRES GRASSES : 1 g (1 g sat.)
- CHOLESTÉROL : 68 mg • GLUCIDES : 1 g • FIBRES : aucune
- SODIUM : 34 mg

1 c. à tab	beurre	15 ml
1	oignon haché	1
2	gousses d'ail hachées finement	2
¼ c. à thé	thym séché	1 ml
1 lb	foies de poulet parés et coupés en deux	500 g
¼ t	porto ou brandy	60 ml
¼ t	fromage à la crème léger, ramolli	60 ml
½ c. à thé	moutarde en poudre	2 ml
¼ c. à thé	clou de girofle moulu	1 ml
¼ c. à thé	piment de la Jamaïque moulu	1 ml
¼ c. à thé	sel	1 ml
¼ c. à thé	poivre noir du moulin	1 ml
1 c. à tab	grains de poivre de couleurs différentes, concassés grossièrement	15 ml
1 c. à tab	persil frais, haché finement	15 ml

1. Dans un poêlon, faire fondre le beurre à feu moyen. Ajouter l'oignon, l'ail et le thym et cuire, en brassant souvent, pendant environ 3 minutes ou jusqu'à ce que l'oignon ait ramolli. Ajouter les foies de poulet et cuire, en brassant souvent, pendant environ 8 minutes ou jusqu'à ce qu'ils soient encore légèrement rosés au centre. Retirer le poêlon du feu. Laisser refroidir pendant 5 minutes.

2. Au robot culinaire ou au mélangeur, réduire en purée lisse la préparation de foies de poulet, le porto, le fromage à la crème, la moutarde, le clou de girofle, le piment de la Jamaïque, le sel et le poivre. Mettre la préparation dans un bol de service. Couvrir directement la surface du pâté d'une pellicule de plastique et réfrigérer pendant environ 4 heures ou jusqu'à ce qu'il soit ferme. (Vous pouvez préparer le pâté à l'avance. Il se conservera jusqu'au lendemain au réfrigérateur.)

3. Au moment de servir, parsemer des grains de poivre et du persil.

Olives noires à l'orange et au fenouil

DONNE 1 ½ T (375 ML) D'OLIVES.

- PRÉPARATION : 10 min • CUISSON : aucune
- RÉFRIGÉRATION : 24 h
- **Par portion de 2 c. à tab (30 ml) :** CALORIES : 79
- PROTÉINES : traces • MATIÈRES GRASSES : 8 g (1 g sat.)
- CHOLESTÉROL : aucun • GLUCIDES : 2 g • FIBRES : 1 g
- SODIUM : 556 mg

½ c. à thé	graines de coriandre broyées	2 ml
½ c. à thé	graines de fenouil broyées	2 ml
2 c. à tab	huile d'olive	30 ml
2 c. à thé	zeste d'orange râpé grossièrement	10 ml
4 c. à thé	jus d'orange	20 ml
¼ c. à thé	flocons de piment fort	1 ml
1 ½ t	olives noires conservées dans l'huile, égouttées (8 oz/250 g en tout)	375 ml

1. Dans un pot, mélanger les graines de coriandre et de fenouil, l'huile, le zeste et le jus d'orange et les flocons de piment fort. Ajouter les olives, fermer le pot hermétiquement et le retourner pour bien les enrober. Réfrigérer jusqu'au lendemain. (Vous pouvez préparer les olives à l'avance. Elles se conserveront jusqu'à 1 semaine au réfrigérateur. Retourner le pot de temps à autre.)

Trempette aux carottes et à l'ail rôtis

DONNE 2 T (500 ML) DE TREMPETTE.

- PRÉPARATION : 20 min • CUISSON : 40 min
- **Par portion de 1 c. à tab (15 ml) :** CALORIES : 30
- PROTÉINES : traces • MATIÈRES GRASSES : 2 g (traces sat.)
- CHOLESTÉROL : aucun • GLUCIDES : 3 g • FIBRES : 1 g
- SODIUM : 39 mg

10	carottes pelées et coupées en bâtonnets de ½ po (1 cm) d'épaisseur (environ 1 ½ lb/750 g en tout)	10
4	gousses d'ail pelées	4
2 c. à tab	huile végétale	30 ml
½ t	mayonnaise légère	125 ml
¼ t	eau	60 ml
¼ t	crème sure légère	60 ml
2 c. à thé	vinaigre de vin rouge	10 ml
1	pincée de sucre	1
1	pincée de sel	1
1	pincée de poivre noir du moulin	1

1. Dans un grand bol, mélanger les carottes, l'ail et l'huile. Étendre la préparation aux carottes sur une plaque de cuisson. Cuire dans le tiers inférieur du four préchauffé à 425°F (220°C) pendant 20 minutes. Retirer l'ail et réserver. Retourner les carottes et poursuivre la cuisson pendant environ 20 minutes ou jusqu'à ce qu'elles soient tendres.

2. Au robot culinaire, réduire en purée lisse les carottes et l'ail réservé. Ajouter la mayonnaise, l'eau, la crème sure, le vinaigre de vin, le sucre, le sel et le poivre et mélanger. (Vous pouvez préparer la trempette à l'avance et la couvrir. Elle se conservera jusqu'au lendemain au réfrigérateur.)

Assiette de charcuteries et de fruits

En règle générale, il faut compter 60 g (2 oz) de viande par personne pour les hors-d'œuvre ou 125 g (4 oz) pour des sandwichs consistants. Servir avec de la moutarde de Meaux (à l'ancienne) ou une moutarde douce.

6 à 8 oz	fines tranches de prosciutto	180 à 250 g
6 à 8 oz	fines tranches de poitrine de dindon fumé	180 à 250 g
6 à 8 oz	fines tranches de salami	180 à 250 g
6 à 8 oz	fines tranches de magret de canard fumé	180 à 250 g
6 à 8 oz	fines tranches de capicollo	180 à 250 g
16 oz	fines tranches de rosbif à l'ail	500 g
½ à 1	cantaloup coupé en tranches	½ à 1
4 à 6	figues fraîches, coupées en quartiers	4 à 6
	olives noires et vertes	
	petits oignons marinés	

1. Rouler des tranches de prosciutto et les déposer au centre d'un plateau de présentation. Disposer autour les tranches de poitrine de dindon fumé, de salami, de magret de canard fumé, de capicollo et de rosbif à l'ail. (Vous pouvez préparer le plateau de charcuteries à l'avance et le couvrir. Il se conservera jusqu'à 8 heures au réfrigérateur.)

2. Au moment de servir, ajouter les morceaux de cantaloup et de figues, les olives et les petits oignons marinés.

Plateau de fromages du Québec

Au Québec, on trouve de plus en plus de bons fromages fabriqués de façon artisanale.

❯ Il est préférable de consommer les fromages peu de temps après leur achat. On emballe les restes dans du papier d'aluminium ou dans l'emballage original s'il n'est pas trop abîmé, ou on les conserve sous une cloche de verre. On évite à tout prix la pellicule de plastique, qui tue le fromage en l'empêchant de respirer.

❯ Compter environ 1 à 1 ½ oz (30 à 45 g) de chaque sorte de fromage par personne.

❯ Pour composer un plateau, on choisit environ cinq sortes de fromage de types différents, en variant les textures, les saveurs et les couleurs :

- À PÂTE MOLLE OU DEMI-FERME (brie, camembert, oka) ;
- À PÂTE FERME OU DURE (cheddar fort ou gouda), ou assaisonnée (gouda aux graines de cumin) ;
- FROMAGE BLEU (Bleu Bénédictin, Bleubry ou Le Ciel de Charlevoix) ;
- FROMAGE DE CHÈVRE.

❯ Servir les fromages à la température ambiante, en les sortant de 45 minutes à 1 heure à l'avance. Prévoir un couteau pour chaque type de fromage.

Feuilles d'endives au bleu et aux noix de Grenoble

On peut servir cette tartinade sur des tranches de pain aux raisins, grillées, ou des branches de céleri, mais, avec leur légère amertume, les feuilles d'endives la mettent particulièrement en valeur. Si désiré, on peut remplacer la moitié du fromage bleu par du cheddar conditionné à froid (de type McLaren's Imperial).

DONNE 24 HORS-D'ŒUVRE.

- PRÉPARATION : 25 min • CUISSON : 6 min
- **Par hors-d'œuvre :** CALORIES : 47 • PROTÉINES : 1 g
- MATIÈRES GRASSES : 4 g (2 g sat.) • CHOLESTÉROL : 8 mg
- GLUCIDES : 1 g • FIBRES : traces • SODIUM : 55 mg

½ t	noix de Grenoble hachées	125 ml
½ t	fromage bleu émietté (roquefort, bleu de Bresse ou autre)	125 ml
4 oz	fromage à la crème ramolli	125 g
2 c. à tab	porto tawny ou blanc (éviter le rubis), ou crème à 10 %	30 ml
¼ c. à thé	poivre noir du moulin	1 ml
¼ t	ciboulette fraîche, hachée finement	60 ml
24	feuilles d'endives	24

1. Étendre les noix de Grenoble sur une plaque de cuisson et cuire au four préchauffé à 350°F (180°C) pendant environ 6 minutes ou jusqu'à ce qu'elles soient légèrement grillées. Laisser refroidir.

2. Au robot culinaire, mélanger le fromage bleu, le fromage à la crème, le porto et le poivre jusqu'à ce que la préparation soit lisse. Mettre la préparation au fromage dans un bol. Ajouter ⅓ t (80 ml) des noix de Grenoble grillées et 3 c. à tab (45 ml) de la ciboulette et mélanger. (Vous pouvez préparer la préparation au fromage à l'avance et la couvrir. Elle se conservera jusqu'au lendemain au réfrigérateur.)

3. Garnir chaque feuille d'endive de 1 c. à tab (15 ml) de la préparation au fromage. Parsemer du reste des noix de Grenoble et de la ciboulette.

Trempette au crabe et aux fines herbes

DONNE ENVIRON 2 TASSES (500 ML) DE TREMPETTE.

- PRÉPARATION : 20 min • CUISSON : 8 min
- **Par portion de 1 c. à tab (15 ml) :** CALORIES : 30
- PROTÉINES : 2 g • MATIÈRES GRASSES : 2 g (1 g sat.)
- CHOLESTÉROL : 6 mg • GLUCIDES : 1 g • FIBRES : aucune
- SODIUM : 120 mg

1	paquet de chair de crabe surgelée, décongelée (7 oz/200 g)	1
2 c. à tab	huile d'olive	30 ml
¼ t	échalotes françaises (ou oignon) hachées finement	60 ml
4	gousses d'ail hachées finement	4
½ c. à thé	sel	2 ml
¼ c. à thé	poivre noir du moulin	1 ml
¼ c. à thé	noix de muscade râpée (ou muscade moulue)	1 ml
⅓ t	vin blanc sec ou vermouth blanc sec	80 ml
1 c. à tab	jus de citron	15 ml
½ c. à thé	estragon séché	2 ml
¾ t	fromage à la crème léger, ramolli et coupé en cubes	180 ml
¼ t	crème sure légère	60 ml
¼ t	persil frais, haché	60 ml
¼ t	ciboulette fraîche, hachée	60 ml
¼ t	poivrons rouges grillés (ou poivron rouge frais), coupés en dés	60 ml

1. Égoutter la chair de crabe dans une passoire et retirer le cartilage, au besoin. Presser délicatement pour enlever l'excédent de liquide. Réserver.

2. Dans une casserole, chauffer l'huile à feu moyen-doux. Ajouter les échalotes, l'ail, le sel, le poivre et la muscade et cuire, en brassant de temps à autre, pendant environ 4 minutes ou jusqu'à ce que les légumes aient ramolli et que le mélange dégage son arôme (ne pas faire dorer). Ajouter le vin blanc, le jus de citron et l'estragon. Porter à ébullition à feu moyen et laisser bouillir pendant environ 3 minutes ou jusqu'à ce que le liquide ait réduit de moitié. Laisser refroidir.

3. Dans un bol, mélanger le fromage à la crème et la crème sure. Ajouter le mélange d'échalotes refroidi, la chair de crabe réservée, le persil, la ciboulette et les poivrons et bien mélanger. (Vous pouvez préparer la trempette à l'avance et la couvrir. Elle se conservera jusqu'à 2 jours au réfrigérateur.)

VARIANTE
Trempette au saumon fumé et aux fines herbes
Remplacer la chair de crabe par 8 oz (250 g) de saumon fumé haché finement et omettre le sel.

Tartinade crémeuse au saumon fumé et à l'aneth

Délicieuse sur des tranches de pain baguette, des feuilles d'endive ou des carrés de concombre (voir ci-dessous).

DONNE ENVIRON 2 T (500 ML) DE TARTINADE.

- PRÉPARATION : 10 min • CUISSON : aucune
- **Par portion de 1 c. à tab (15 ml) : CALORIES : 22**
- PROTÉINES : 1 g • MATIÈRES GRASSES : 2 g (traces sat.)
- CHOLESTÉROL : 3 mg • GLUCIDES : 1 g • FIBRES : aucune
- SODIUM : 73 mg

6 oz	saumon fumé haché finement	180 g
1	branche de cœur de céleri hachée finement	1
½ t	crème sure légère	125 ml
½ t	mayonnaise légère	125 ml
3 c. à tab	ciboulette fraîche (ou oignons verts), hachée finement	45 ml
1 c. à tab	aneth frais, haché finement ou	15 ml
½ c. à thé	aneth séché	2 ml
½ c. à thé	zeste de citron râpé finement	2 ml
1 c. à thé	jus de citron	5 ml
1	pincée de sel	1
1	trait de sauce tabasco	1

1. Dans un bol, bien mélanger tous les ingrédients. (Vous pouvez préparer la tartinade à l'avance et la couvrir. Elle se conservera jusqu'à 2 jours au réfrigérateur.)

TRUC
❯ Couper un concombre anglais en deux sur la largeur. Enlever les extrémités étroites au couteau, puis retirer les parties bombées en laissant un peu de peau aux quatre coins. Couper ensuite en tranches de ¼ po (5 mm) d'épaisseur de façon à obtenir des carrés.

Vin chaud aux canneberges blanches

DONNE 8 PORTIONS.

- PRÉPARATION : 10 min • CUISSON : 30 min
- **Par portion :** CALORIES : 105 • PROTÉINES : aucune
- MATIÈRES GRASSES : aucune (aucun sat.)
- CHOLESTÉROL : aucun • GLUCIDES : 21 g • FIBRES : aucune
- SODIUM : 8 mg

4	gousses de cardamome	4
4 t	cocktail de canneberge blanche	1 L
1	bouteille de vin blanc sec (750 ml)	1
6	piments de la Jamaïque ou clous de girofle	6
2	bâtons de cannelle de 3 po (8 cm) chacun	2
1	lanière de zeste de citron de 2 po (5 cm)	1
2 c. à tab	sucre (environ)	30 ml

1. Avec le côté plat d'un grand couteau, écraser délicatement les gousses de cardamome.

2. Dans une grande casserole, mélanger le cocktail de canneberge, le vin blanc, les piments de la Jamaïque, la cannelle, le zeste de citron, le sucre et la cardamome. Cuire à couvert à feu moyen-doux pendant environ 30 minutes ou jusqu'à ce que le liquide soit fumant et que les épices soient infusées. Ajouter du sucre, si désiré. Filtrer le vin chaud dans huit tasses chaudes.

VARIANTE

Vin chaud aux canneberges rouges
Remplacer le vin blanc par du vin rouge et le cocktail de canneberge blanche par du cocktail de canneberge rouge. Ajouter 1 lanière de zeste d'orange de 2 po (5 cm) en même temps que la lanière de zeste de citron.

Cidre chaud sans alcool

Servir avec un bâton de cannelle que les convives utiliseront pour remuer leur boisson.

DONNE 8 PORTIONS.

- PRÉPARATION : 10 min • CUISSON : 35 min
- **Par portion :** CALORIES : 124 • PROTÉINES : traces
- MATIÈRES GRASSES : aucune (aucun sat.)
- CHOLESTÉROL : aucun • GLUCIDES : 34 g • FIBRES : aucune
- SODIUM : 7 mg

8 t	cidre sans alcool	2 L
1	pomme rouge coupée en tranches	1
3	bâtons de cannelle	3
6	clous de girofle	6
1	lanière de zeste d'orange de 2 po (5 cm)	1

1. Dans une casserole, mélanger le cidre, la pomme, la cannelle, les clous de girofle et le zeste d'orange. Chauffer à feu moyen-doux jusqu'à ce que la préparation soit fumante. Réduire à feu doux et laisser mijoter pendant environ 30 minutes ou jusqu'à ce que les épices soient infusées.

2. Filtrer le cidre chaud dans huit tasses chaudes.

Prendre de l'avance

❯ Pour préparer à l'avance le cocktail au champagne, le martini classique, le cosmopolitain et le punch aux canneberges blanches et aux framboises, faire la recette tel qu'indiqué, mais sans ajouter le champagne, le vin mousseux ou les glaçons. Couvrir et réfrigérer. Au moment de servir, ajouter le reste des ingrédients.

Cocktail au champagne

DONNE 6 PORTIONS.

- PRÉPARATION : 10 min • **Par portion :** CALORIES : 122
- PROTÉINES : traces • MATIÈRES GRASSES :
aucune (aucun sat.) • CHOLESTÉROL : aucun
- GLUCIDES : 5 g • FIBRES : traces • SODIUM : 6 mg

¼ t	brandy	60 ml
2 c. à thé	sucre	10 ml
¼ c. à thé	angustura (angostura bitter)	1 ml
1	orange coupée en tranches fines	1
1	bouteille de champagne brut ou de vin mousseux sec, froid (750 ml)	1

1. Dans un pichet, mélanger le brandy, le sucre et l'angustura. Ajouter les tranches d'orange et le champagne et mélanger.

Martini classique

DONNE 8 PORTIONS.

- PRÉPARATION : 10 min • **Par portion :** CALORIES : 138
- PROTÉINES : aucune • MATIÈRES GRASSES :
aucune (aucun sat.) • CHOLESTÉROL : aucun
- GLUCIDES : traces • FIBRES : aucune • SODIUM : 2 mg

2 t	gin ou vodka	500 ml
¼ t	vermouth blanc sec	60 ml
	glaçons	
	olives vertes, lanières de zeste de citron et petits oignons marinés	

1. Dans un pichet, mélanger le gin et le vermouth. Ajouter des glaçons et mélanger jusqu'à ce que la boisson soit bien froide.

2. Préparer des plats d'olives, de lanières de zeste de citron et de petits oignons pour que les invités puissent se servir. Filtrer le martini dans huit verres.

Punch aux canneberges blanches et aux framboises

DONNE 16 PORTIONS.

- PRÉPARATION : 5 min • **Par portion :** CALORIES : 143
- PROTÉINES : traces • MATIÈRES GRASSES :
traces (aucun sat.) • CHOLESTÉROL : aucun
- GLUCIDES : 21 g • FIBRES : aucune • SODIUM : 6 mg

4 t	cocktail de canneberge blanche, froid	1 L
2	bouteilles de vin blanc sec mousseux ou de soda nature (de type club soda), froid (750 ml chacune)	2
1	boîte de cocktail de framboises concentré, surgelé (355 ml)	1

1. Dans un bol à punch, mélanger le cocktail de canneberge, le vin blanc mousseux et le cocktail de framboises.

Cosmopolitain

DONNE 8 PORTIONS.

- PRÉPARATION : 10 min • **Par portion :** CALORIES : 144
- PROTÉINES : traces • MATIÈRES GRASSES :
traces (aucun sat.) • CHOLESTÉROL : aucun
- GLUCIDES : 8 g • FIBRES : traces • SODIUM : 1 mg

1 ½ t	vodka	375 ml
½ t	jus de canneberge	125 ml
¼ t	liqueur d'orange (de type Grand Marnier)	60 ml
2 c. à tab	jus de lime	30 ml
	glaçons	
24	canneberges congelées	24
8	cerises au marasquin vertes ou quartiers de lime	8

1. Dans un pichet, mélanger la vodka, le jus de canneberge, la liqueur d'orange et le jus de lime. Ajouter des glaçons et mélanger jusqu'à ce que la boisson soit bien froide.

2. Filtrer le cocktail dans huit verres et garnir chacun de trois canneberges et d'une cerise au marasquin ou d'un quartier de lime.

Chapitre deux

MENUS
CÉLÉBRATION

Festin classique pour 12

Il y a deux secrets pour réussir un souper de Noël. D'abord, demander la contribution des convives pour réaliser les diverses étapes de préparation des plats. La famille qui reçoit peut s'occuper de la dinde, tandis que les autres pourront apporter les hors-d'œuvre, les plats d'accompagnement et le dessert. Ensuite, enseigner à une personne désireuse d'apprendre, les secrets de la découpe de la dinde, puis lui assigner cette corvée pour la soirée. Ainsi, pendant que les derniers préparatifs de la sauce, des légumes et de la farce sont en cours, la dinde est entre bonnes mains.

....

- **Salade de verdures aux poires rôties**
- **Dindon rôti au beurre à la sauge, farce à la saucisse et aux échalotes**
- **Sauce aux clémentines et aux canneberges** (voir recette, p. 244)
- **Strudels aux patates douces, sauce aux champignons au vinaigre balsamique**
- **Purée de rutabaga aux pommes**
- **Purée de pommes de terre au fromage à la crème et au poivron rouge**
- **Pois mange-tout vapeur***
- **Terrine glacée à la vanille et aux fruits confits** (voir recette, p. 135) **ou**
- **Plum-pudding aux carottes** (voir recette, p. 130)

....

* Cette recette ne figure pas dans ces pages.

Compte à rebours

Jusqu'à 1 semaine avant

❯ Prévoir la décongélation du dindon au réfrigérateur : compter 5 heures par livre (500 g).

❯ Vérifier vaisselle, verres, coutellerie, nappe et serviettes de table. S'assurer d'avoir tous les ustensiles et casseroles nécessaires pour cuisiner.

❯ Préparer la sauce aux clémentines et aux canneberges.

❯ Préparer le plum-pudding et le congeler. Préparer la sauce au chocolat et à l'orange et la réfrigérer. (Le plum-pudding se prépare deux mois à l'avance.)

Jusqu'à 2 jours avant

❯ Préparer les poires et la vinaigrette pour la salade de verdures et les réfrigérer.

❯ Préparer la purée de pommes de terre et la purée de rutabaga et les réfrigérer.

La veille

❯ Préparer la farce à la saucisse et le beurre à la sauge pour le dindon et les réfrigérer.

❯ Préparer le bouillon de dindon et le réfrigérer.

❯ Assembler les strudels aux patates douces et les réfrigérer. Préparer la sauce aux champignons et la réfrigérer.

❯ Parer les pois mange-tout (4 à 6 par personne), les envelopper dans un linge et les mettre dans un sac de plastique, dans le bac à légumes.

Le jour même

❯ Farcir et cuire le dindon.

❯ 45 minutes avant le repas
- Préparer la salade de verdures.
- Mettre les pois mange-tout dans un cuit-vapeur ou une marguerite et couvrir.

❯ Quand le dindon est cuit
- Cuire les strudels et mettre le reste de la farce au four.
- Préparer la sauce pour le dindon.
- Servir la salade de verdures.
- Faire bouillir l'eau pour la cuisson des pois mange-tout.

❯ Peu de temps avant de servir
- Réchauffer la sauce pour les strudels.
- Mettre la farce dans un plat chaud et couvrir.
- Découper le dindon.
- Réchauffer la purée de pommes de terre et la purée de rutabaga au micro-ondes.
- Cuire les pois mange-tout pendant 4 minutes Ajouter du beurre, saler, poivrer et mélanger.
- Laisser ramollir le plum-pudding pendant 15 minutes au réfrigérateur.
- Réchauffer la sauce au chocolat et à l'orange pour le plum-pudding.

❯ *Décors de table des fêtes*

Décontracté

Des cannes de Noël ont inspiré ce décor de table décontracté. Les assiettes blanches sont assorties à des bols et des tasses de porcelaine ornés de rayures et de pois. Des bols à pied en verre remplis de friandises enveloppées dans des papiers colorés et deux arbres de Noël en verre rouge servent de centre de table.

Raffiné

Inspiré par les plantes – sapin, buis, etc. – qui soulignent la période des Fêtes, ce décor de table tire son élégance d'une simple variation sur le thème du blanc, du vert et de l'argenté. Quelques assiettes de porcelaine sont ornées d'une bordure verte, tandis que d'autres sont illustrées d'un motif végétal stylisé. De gracieuses coupes en cristal, une nappe et des serviettes de table blanches ainsi que des couverts et des ronds de serviette argentés ajoutent à l'élégance de l'ensemble. Au centre de la table, des verdures de saison ainsi que des baies de millepertuis débordent d'un vase rectangulaire en verre.

Salade de verdures aux poires rôties

On peut garnir chaque assiette de salade d'une pointe de fromage bleu ou de gouda vieilli.

DONNE 12 PORTIONS.

• PRÉPARATION : 30 min • CUISSON : 40 min
• **Par portion :** CALORIES : 176 • PROTÉINES : 3 g
• MATIÈRES GRASSES : 11 g (1 g sat.) • CHOLESTÉROL : aucun
• GLUCIDES : 20 g • FIBRES : 5 g • SODIUM : 20 mg

POIRES RÔTIES

9	petites poires mûres, pelées et coupées en deux, le cœur enlevé	9
⅓ t	huile végétale	80 ml
3 c. à tab	cassonade tassée	45 ml
3 c. à tab	jus de citron	45 ml

VINAIGRETTE À LA POIRE

⅓ t	vinaigre de poire ou vinaigre de cidre	80 ml
¼ t	huile végétale	60 ml
4 c. à thé	échalotes françaises hachées finement	20 ml
¼ c. à thé	sel	1 ml
¼ c. à thé	poivre noir du moulin	1 ml

SALADE DE VERDURES

12 t	verdures mélangées, déchiquetées	3 L
6 t	radicchio déchiqueté	1,5 L
¾ t	amandes grillées, hachées grossièrement	180 ml

PRÉPARATION DES POIRES

1. Mettre les poires, le côté coupé vers le haut, dans un plat en verre allant au four de 13 po x 9 po (33 cm x 23 cm). Dans un petit bol, mélanger l'huile, la cassonade et le jus de citron. Badigeonner les poires de ce mélange. Cuire au four préchauffé à 425°F (220°C) pendant environ 40 minutes ou jusqu'à ce que les poires soient caramélisées et tendres (les badigeonner à la mi-cuisson). Laisser refroidir les poires dans le plat.

PRÉPARATION DE LA VINAIGRETTE

2. Mettre 1 c. à thé (5 ml) du jus de cuisson des poires dans une tasse à mesurer. Ajouter le vinaigre de poire, l'huile, les échalotes, le sel et le poivre et mélanger. (Vous pouvez préparer les poires et la vinaigrette à l'avance et les couvrir séparément. Elles se conserveront jusqu'à 2 jours au réfrigérateur. Laisser revenir les poires à la température ambiante avant de servir.)

PRÉPARATION DE LA SALADE DE VERDURES

3. Dans un grand bol, mélanger les verdures et le radicchio. Ajouter la vinaigrette et mélanger délicatement. Répartir la salade dans des assiettes. Garnir des poires rôties. Parsemer des amandes.

Dindon rôti au beurre à la sauge, farce à la saucisse et aux échalotes

Des feuilles de sauge fraîche glissées sous la peau du dindon seront du plus bel effet lorsqu'elle devient translucide, dorée et croustillante à la cuisson. Pour le beurre à la sauge, il est préférable d'utiliser l'herbe séchée, de saveur plus intense. Quant à la farce traditionnelle à la sauge (voir recette, p. 51), elle plaira sûrement aux personnes plus attachées à la tradition.

DONNE 12 À 16 PORTIONS.

- PRÉPARATION : 1 h • CUISSON : 4 h 45 min à 5 h 20 min
- TEMPS DE REPOS : 20 à 30 min • **Par portion :**
- CALORIES : 595 • PROTÉINES : 67 g
- MATIÈRES GRASSES : 26 g (9 g sat.) • CHOLESTÉROL : 183 mg
- GLUCIDES : 19 g • FIBRES : 1 g • SODIUM : 892 mg

FARCE À LA SAUCISSE ET AUX ÉCHALOTES

2 c. à tab	huile d'olive	30 ml
2 t	échalotes françaises coupées en quatre	500 ml
1	branche de céleri hachée	1
2	gousses d'ail hachées finement	2
1 c. à tab	sauge fraîche, hachée ou	15 ml
1 c. à thé	sauge séchée	5 ml
1 c. à tab	thym frais, haché ou	15 ml
1 c. à thé	thym séché	5 ml
½ c. à thé	sel	2 ml
½ c. à thé	poivre noir du moulin	2 ml
4	saucisses italiennes douces, la peau enlevée, émiettées (environ 1 lb/500 g en tout)	4
12 t	pain italien ou pain baguette rassis, coupé en cubes	3 L
¼ t	persil frais, haché	60 ml
1 ¼ t	bouillon de poulet réduit en sodium ou bouillon de dindon (voir recette, p. 52)	310 ml

BEURRE À LA SAUGE

⅓ t	beurre ramolli	80 ml
4	gousses d'ail hachées finement	4
1	échalote française hachée finement	1
1 c. à tab	zeste de citron râpé	15 ml
1 c. à tab	sauge séchée	15 ml
½ c. à thé	sel	2 ml
½ c. à thé	poivre noir du moulin	2 ml

DINDON RÔTI

1	dindon frais ou surgelé, décongelé (environ 16 lb/8 kg)	1
10	feuilles de sauge fraîche	10
½ c. à thé	sel	2 ml
½ c. à thé	poivre noir du moulin	2 ml

SAUCE BRUNE

⅓ t	farine	80 ml
2 t	bouillon de poulet réduit en sodium ou bouillon de dindon (voir recette, p. 52)	500 ml
1 c. à tab	vinaigre de vin	15 ml

PRÉPARATION DE LA FARCE

1. Dans un grand poêlon, chauffer l'huile à feu moyen-vif. Ajouter les échalotes et cuire, en brassant de temps à autre, pendant environ 10 minutes ou jusqu'à ce qu'elles soient bien dorées. Ajouter le céleri, l'ail, la sauge, le thym, le sel et le poivre et cuire pendant environ 3 minutes ou jusqu'à ce que le céleri ait ramolli. Mettre la préparation aux échalotes dans un grand bol.

2. Dans le poêlon, cuire la chair des saucisses à feu moyen-vif, en la défaisant à l'aide d'une fourchette, pendant environ 5 minutes ou jusqu'à ce qu'elle soit dorée. Dégraisser le poêlon. Ajouter la chair des saucisses, le pain et le persil à la préparation aux échalotes. Verser le bouillon de poulet dans le bol et mélanger. Laisser refroidir.

3. Dans un petit bol, mélanger le beurre, l'ail, l'échalote, le zeste de citron, la sauge, le sel et le poivre. Réserver. (Vous pouvez préparer la farce à la saucisse et le beurre à la sauge à l'avance et les couvrir séparément. Ils se conserveront jusqu'au lendemain au réfrigérateur.)

PRÉPARATION DU DINDON

4. Retirer les abats et le cou du dindon et les réserver pour la préparation du bouillon, si désiré. Rincer le dindon à l'eau froide. Éponger l'intérieur et l'extérieur avec des essuie-tout. Mettre le dindon, la poitrine vers le haut, sur une surface de travail. Avec les doigts, soulever délicatement la peau du dindon de chaque côté de la poitrine et des cuisses. Étendre la moitié du beurre à la sauge sous la peau. Avec le bout des doigts, presser sur la peau pour répartir le beurre sur toute la surface de la poitrine et des cuisses. Insérer les feuilles de sauge sous la peau.

5. Farcir l'orifice du cou et la cavité ventrale d'environ 6 t (1,5 L) de la farce à la saucisse refroidie, sans tasser. Fermer les cavités avec des brochettes. Attacher fermement les cuisses ensemble avec de la ficelle à rôti et replier les ailes sur le dos. Mettre le dindon, la poitrine vers le haut, sur la grille d'une rôtissoire. Badigeonner la peau du dindon du reste du beurre à la sauge. Parsemer du sel et du poivre. Mettre le reste de la farce dans un plat en verre allant au four de 11 po x 7 po (28 cm x 18 cm), beurré. Couvrir de papier d'aluminium et réfrigérer.

6. Couvrir le dindon de papier d'aluminium, sans serrer (laisser les extrémités ouvertes). Cuire au four préchauffé à 325°F (160°C) pendant 3 heures. Retirer le papier d'aluminium et poursuivre la cuisson de 1 à 1 ½ heure ou jusqu'à ce qu'un thermomètre à viande inséré dans la partie la plus charnue de la cuisse indique 185°F (85°C). Retirer le dindon de la rôtissoire (réserver le jus de cuisson) et le mettre sur une planche à découper. Retirer la ficelle et les brochettes. Couvrir le dindon de papier d'aluminium, sans serrer, et laisser reposer de 20 à 30 minutes avant de le découper.

7. Entre-temps, cuire la farce au four préchauffé à 400°F (200°C) pendant 20 minutes. Retirer le papier d'aluminium et poursuivre la cuisson pendant environ 10 minutes ou jusqu'à ce que la farce soit dorée et croustillante.

PRÉPARATION DE LA SAUCE

8. Entre-temps, dégraisser le jus de cuisson dans la rôtissoire. À l'aide d'un fouet, incorporer la farine au jus de cuisson. Mettre la rôtissoire sur la cuisinière et cuire à feu moyen, en brassant, pendant 1 minute. À l'aide du fouet, incorporer petit à petit le bouillon de poulet et le vinaigre de vin. Porter à ébullition en brassant et en raclant le fond de la rôtissoire pour en détacher toutes les particules. Réduire le feu et laisser mijoter, en brassant souvent, pendant environ 8 minutes ou jusqu'à ce que la sauce ait épaissi. Dans une passoire fine, filtrer la sauce dans une saucière chaude. Servir avec le dindon et la farce.

VARIANTE

Farce traditionnelle à la sauge

DONNE ENVIRON 14 T (3,5 L) DE FARCE.

¾ t	beurre	180 ml
2 ½ t	oignons hachés	625 ml
1 t	céleri haché	250 ml
1 t	fenouil haché ou	250 ml
2 t	céleri haché	500 ml
4 c. à thé	sauge séchée	20 ml
1 c. à thé	sel	5 ml
1 c. à thé	sarriette séchée	5 ml
1 c. à thé	marjolaine séchée	5 ml
1 c. à thé	poivre noir du moulin	5 ml
½ c. à thé	thym séché	2 ml
14 t	pain blanc coupé en cubes	3,5 L
1 t	persil frais, haché	250 ml

1. Dans un poêlon, faire fondre le beurre à feu moyen. Ajouter les oignons, le céleri, le fenouil, la sauge, le sel, la sarriette, la marjolaine, le poivre et le thym et cuire de 10 à 12 minutes ou jusqu'à ce que les légumes soient tendres. Mettre la préparation aux oignons dans un bol, ajouter le pain et le persil et mélanger.

Les secrets d'une sauce parfaite

Pour une sauce parfaite, il faut un bon bouillon. On peut utiliser du bouillon du commerce, mais celui qu'on fait soi-même est tellement meilleur. On congèle les restes aussi. Ils serviront à confectionner des soupes plus tard dans la saison.

DONNE ENVIRON 8 T (2 L) DE BOUILLON.

- PRÉPARATION : 10 min • CUISSON : 2 h
- **Par portion de 1 t (250 ml) :** CALORIES : 39 • PROTÉINES : 5 g
- MATIÈRES GRASSES : 1 g (traces sat.) • CHOLESTÉROL : 1 mg
- GLUCIDES : 1 g • FIBRES : aucune • SODIUM : 318 mg

Bouillon de dindon

	cou et abats réservés du dindon	
12 t	eau froide	3 L
2	oignons non pelés, coupés en quatre	2
2	branches de céleri avec les feuilles, hachées	2
2	carottes hachées	2
2	gousses d'ail	2
6	brins de persil frais	6
3	brins de thym frais ou	3
½ c. à thé	thym séché	2 ml
2	feuilles de laurier	2
1 c. à thé	sel	5 ml
1 c. à thé	grains de poivre noir	5 ml

1. Hacher le cou en cinq ou six morceaux. Couper le gésier et le cœur en deux. Dans une grande casserole, mettre le cou, le gésier, le cœur et l'eau. Porter à ébullition en écumant la mousse qui se forme à la surface. Ajouter le reste des ingrédients. Couvrir et laisser mijoter à feu doux pendant 2 heures. Dans une passoire placée sur un grand bol, filtrer le bouillon. (Vous pouvez préparer le bouillon à l'avance, le laisser refroidir et le mettre dans un contenant hermétique. Il se conservera jusqu'à 2 jours au réfrigérateur ou jusqu'à 1 mois au congélateur.)

Sauce brune parfaite

DONNE ENVIRON 8 T (2 L) DE SAUCE.

- PRÉPARATION : 5 min • CUISSON : 10 min
- **Par portion de ½ t (125 ml) :** CALORIES : 65 • PROTÉINES : 3 g
- MATIÈRES GRASSES : 4 g (1 g sat.) • CHOLESTÉROL : 10 mg
- GLUCIDES : 3 g • FIBRES : traces • SODIUM : 242 mg

½ t	farine	125 ml
½ c. à thé	sel	2 ml
½ c. à thé	poivre noir du moulin	2 ml
6 t	bouillon de dindon (voir recette, ci-contre) ou bouillon de poulet	1,5 L

1. Dégraisser le jus de cuisson du dindon réservé dans la rôtissoire. À l'aide d'un fouet, incorporer la farine, le sel et le poivre. Mettre la rôtissoire sur la cuisinière et cuire à feu moyen-vif, pendant 1 minute, en brassant et en raclant le fond de la rôtissoire pour en détacher toutes les particules.

2. À l'aide du fouet, incorporer petit à petit le bouillon de dindon. Porter à ébullition en brassant. Réduire le feu et laisser mijoter, en brassant, pendant environ 5 minutes ou jusqu'à ce que la sauce ait épaissi. Dans une passoire fine placée sur un bol, filtrer la sauce.

Pour parfumer délicieusement la sauce

❯ Remplacer 1 t (250 ml) de bouillon par 1 t (250 ml) de vin rouge. Ou encore, ajouter un peu de bourbon ou de whisky.

> À l'aide d'un fouet, incorporer à la sauce 2 c. à tab (30 ml) de gelée de groseille, de pomme ou de poivron rouge.

> Ajouter 2 c. à tab (30 ml) de persil frais, haché finement et mélanger.

Une sauce sans grumeau

> Il est important d'ajouter le bouillon petit à petit dans la rôtissoire ou la casserole.

> Brasser sans arrêt à l'aide d'un fouet plat.

> Filtrer la sauce dans une passoire fine placée sur une grande tasse à mesurer. Réchauffer la sauce au micro-ondes au moment de remplir de nouveau la saucière.

Strudels aux patates douces, sauce aux champignons au vinaigre balsamique

DONNE 12 PORTIONS.

- PRÉPARATION : 1 h • CUISSON : 45 min
- TEMPS DE REFROIDISSEMENT : 20 min
- **Par portion :** CALORIES : 242 • PROTÉINES : 4 g
- MATIÈRES GRASSES : 11 g (5 g sat.) • CHOLESTÉROL : 24 mg
- GLUCIDES : 33 g • FIBRES : 3 g • SODIUM : 413 mg

STRUDELS AUX PATATES DOUCES

1 c. à tab	huile d'olive	15 ml
2	oignons doux (de type Vidalia ou espagnols), coupés en tranches	2
3	gousses d'ail coupées en tranches	3
1 ½ c. à thé	thym séché	7 ml
1 c. à thé	sel	5 ml
½ c. à thé	poivre noir du moulin	2 ml
5 t	champignons café ou blancs, coupés en tranches	1,25 L
10 t	patates douces pelées, coupées en tranches fines	2,5 L
¼ t	eau	60 ml
2 c. à tab	persil frais, haché	30 ml
1 c. à tab	vinaigre balsamique	15 ml
8	feuilles de pâte phyllo	8
½ t	beurre fondu	125 ml

2 c. à tab	feuilles de persil frais, entières	30 ml

SAUCE AUX CHAMPIGNONS

1	paquet de champignons porcini séchés (14 g)	1
1 ½ t	eau bouillante	375 ml
1 c. à tab	huile d'olive	15 ml
½ c. à thé	thym séché	2 ml
¼ c. à thé	sel	1 ml
¼ c. à thé	poivre noir du moulin	1 ml
4 c. à thé	farine	20 ml
1 c. à tab	vinaigre balsamique	15 ml

PRÉPARATION DES STRUDELS

1. Dans une grande casserole, chauffer l'huile à feu moyen. Ajouter les oignons, l'ail, le thym, le sel et le poivre et cuire, en brassant souvent, pendant environ 10 minutes ou jusqu'à ce que les oignons et l'ail soient bien dorés.

2. Ajouter les champignons et cuire pendant environ 5 minutes ou jusqu'à ce qu'ils aient ramolli. Ajouter les patates douces et l'eau. Couvrir et laisser mijoter, en brassant souvent, pendant environ 10 minutes ou jusqu'à ce que les patates douces soient tendres. Ajouter le persil haché et le vinaigre balsamique et mélanger. Laisser refroidir à la température ambiante pendant environ 20 minutes.

3. Sur une surface de travail, étendre une feuille de pâte phyllo (couvrir le reste des feuilles de pâte d'un linge humide pour les empêcher de sécher). Badigeonner la feuille de pâte d'un peu du beurre fondu et y disposer la moitié des feuilles de persil. Couvrir de trois autres feuilles de pâte phyllo, en badigeonnant les deux premières d'un peu du beurre fondu.

4. Étendre la moitié de la préparation aux patates douces sur un des côtés longs de la pâte phyllo, en laissant une bordure de 2 po (5 cm) sur les côtés courts. Replier les côtés courts. En commençant par l'un des côtés longs, rouler le strudel de manière à former un long rouleau. Mettre le strudel, l'ouverture vers le bas, sur une plaque de cuisson tapissée

de papier-parchemin et le badigeonner de la moitié du reste du beurre fondu. Faire six entailles en biais sur le dessus du strudel, à égale distance les unes des autres. Répéter ces opérations avec le reste des feuilles de pâte phyllo, du beurre fondu, des feuilles de persil et de la préparation aux patates douces de manière à obtenir un deuxième strudel. (Vous pouvez préparer les strudels à l'avance et les couvrir d'une pellicule de plastique. Ils se conserveront jusqu'au lendemain au réfrigérateur.)

5. Cuire au four préchauffé à 400°F (200°C) pendant environ 20 minutes ou jusqu'à ce que les strudels soient dorés. À l'aide d'un couteau denté, couper les strudels en tranches le long des entailles.

PRÉPARATION DE LA SAUCE

6. Entre-temps, dans un bol, faire tremper les champignons séchés dans l'eau bouillante pendant environ 20 minutes ou jusqu'à ce qu'ils aient ramolli. Dans une passoire placée sur un bol, égoutter les champignons (réserver le liquide de trempage), en les pressant pour en extraire le liquide, puis les éponger à l'aide d'essuie-tout.

7. Dans une petite casserole, chauffer l'huile à feu moyen. Ajouter les champignons réhydratés, le thym, le sel et le poivre et cuire, en brassant, pendant environ 2 minutes ou jusqu'à ce que les champignons aient ramolli. Ajouter la farine et cuire, en brassant, pendant 1 minute. Ajouter le liquide de trempage des champignons réservé et mélanger jusqu'à ce que la préparation soit homogène. Porter à ébullition. Réduire le feu et laisser mijoter pendant environ 2 minutes ou jusqu'à ce que la sauce ait épaissi. Ajouter le vinaigre balsamique et mélanger. (Vous pouvez préparer la sauce à l'avance, la laisser refroidir et la mettre dans un contenant hermétique. Elle se conservera jusqu'au lendemain au réfrigérateur. Réchauffer avant de servir.) Servir la sauce avec les strudels.

Purée de rutabaga aux pommes

DONNE 12 PORTIONS.

- PRÉPARATION : 20 min • CUISSON : 40 min
- **Par portion** : CALORIES : 76 • PROTÉINES : 1 g
- MATIÈRES GRASSES : 2 g (1 g sat.) • CHOLESTÉROL : 5 mg
- GLUCIDES : 14 g • FIBRES : 3 g • SODIUM : 392 mg

1	rutabaga pelé et coupé en cubes (environ 3 lb/1,5 kg)	1
2	pommes pelées, le cœur enlevé, hachées	2
1	gros oignon, haché	1
2 c. à tab	beurre	30 ml
1 c. à tab	miel liquide	15 ml
½ c. à thé	sel	2 ml
¼ c. à thé	poivre noir du moulin	1 ml

1. Dans une grande casserole d'eau bouillante salée, cuire le rutabaga à couvert pendant environ 20 minutes ou jusqu'à ce qu'il soit tendre. Égoutter en réservant ¾ t (180 ml) du liquide de cuisson.

2. Remettre le rutabaga et le liquide de cuisson réservé dans la casserole. Ajouter les pommes et l'oignon. Couvrir et laisser mijoter à feu moyen, en brassant de temps à autre, pendant environ 20 minutes ou jusqu'à ce que le liquide se soit presque complètement évaporé.

3. Au robot culinaire ou au mélangeur, mettre la préparation de rutabaga en purée, en plusieurs fois. Remettre la purée dans la casserole. Ajouter le beurre, le miel, le sel et le poivre et mélanger. (Vous pouvez préparer la purée de rutabaga à l'avance, la mettre dans un plat en verre allant au four de 8 po/20 cm de côté ou dans un plat peu profond allant au four, la laisser refroidir et la couvrir d'une pellicule de plastique. Elle se conservera jusqu'à 3 jours au réfrigérateur. Réchauffer au micro-ondes, à intensité maximum, pendant 8 minutes ou au four préchauffé à 400°F/200°C pendant environ 20 minutes.)

Purée de pommes de terre au fromage à la crème et au poivron rouge

DONNE 12 PORTIONS.

- PRÉPARATION : 15 min • CUISSON : 25 min
- **Par portion :** CALORIES : 217 • PROTÉINES : 4 g
- MATIÈRES GRASSES : 9 g (6 g sat.) • CHOLESTÉROL : 28 mg
- GLUCIDES : 30 g • FIBRES : 2 g • SODIUM : 622 mg

12	pommes de terre jaunes (de type Yukon Gold), pelées et coupées en cubes (environ 5 lb/2,5 kg en tout)	12
1	paquet de fromage à la crème ramolli (125 g)	1
1 ½ t	lait chaud	375 ml
⅓ t	beurre ramolli	80 ml
1 c. à thé	sel	5 ml
¼ c. à thé	poivre noir du moulin	1 ml
½ t	poivron rouge coupé en petits dés	125 ml
⅓ t	persil (ou ciboulette) frais, haché finement	80 ml

1. Dans une grande casserole d'eau bouillante salée, cuire les pommes de terre à couvert pendant environ 25 minutes ou jusqu'à ce qu'elles soient tendres. Égoutter les pommes de terre et les remettre dans la casserole. Cuire à feu doux pendant environ 30 secondes pour les assécher.

2. À l'aide d'un presse-purée ou d'un pilon à purée, mettre les pommes de terre en purée. Ajouter le fromage à la crème, le lait, le beurre, le sel et le poivre et mélanger jusqu'à ce que la purée soit lisse. Ajouter le poivron rouge et le persil et mélanger. (Vous pouvez préparer la purée à l'avance, la mettre dans un plat allant au micro-ondes en lissant le dessus, la laisser refroidir et la couvrir d'une pellicule de plastique. Elle se conservera jusqu'à 2 jours au réfrigérateur. Réchauffer au micro-ondes, à intensité maximum, pendant environ 8 minutes.)

TRUC

> Pour décorer votre purée, découper dans du carton la forme d'un sapin qui vous servira de pochoir. Mettre le pochoir sur la purée de pommes de terre et parsemer de persil de façon à remplir la forme.

Monogrammes brillants

On utilise des boules toutes simples; les paillettes feront le reste.

• En tenant la boule par son œillet, y dessiner l'initiale avec un applicateur de colle blanche muni d'un bec fin; le trait devrait avoir au moins ⅛ po (3 mm) d'épaisseur. Saupoudrer de paillettes sans attendre et laisser sécher (en déposant la boule dans une tasse, par exemple).

• Enlever l'excédent de paillettes avec un pinceau d'artiste et, si désiré, appliquer une fine couche de vernis acrylique transparent.

• Enfiler un ruban à bordure métallique de ⅜ po (9 mm) de largeur dans l'œillet de la boule et faire une boucle.

Initiales en perles

Ces initiales en perles peuvent être utilisées année après année pour désigner la place des convives; ou elles peuvent être offertes en cadeau. Utiliser de très petites perles transparentes et quelques perles plus grosses d'une couleur assortie à la vaisselle.

• Dessiner sur du papier le motif à reproduire.

• Couper une petite longueur de fil métallique de calibre 26 et tordre un des bouts avec une pince à bec effilé. En suivant le motif sur le papier, enfiler les perles par l'autre bout jusqu'à ce que la première patte de la lettre soit complétée puis replier le fil dans l'angle requis. Continuer de la même manière jusqu'à ce que la lettre soit complétée.

• Tordre le bout du fil pour retenir les perles et couper l'excédent.

Serviettes brodées

Des points de broderie simples effectués avec du fil de couleur (rouge et vert, par exemple) ou avec du fil blanc donneront un petit air de fête à nos serviettes de table.

• Laver la serviette pour la prérétrécir, puis la repasser. Dessiner la tige, les feuilles et les baies avec une craie tailleur.

• Avec un fil à broderie triple, broder les tiges au point de tige, les feuilles au point de bouclette et les baies au point de nœud français.

• Comme rond de serviette, couper une longueur de 33 ½ po (85 cm) de ruban gros-grain de ⅛ po (9 mm) de largeur. Replier sur l'envers les deux bouts (⅛ po/3 mm), réunir les coins et les fixer avec un point de couture, et coudre une clochette à chaque extrémité.

Souper élégant pour 8

C'est l'occasion de réunir famille et amis pour un repas qui sera aussi spécial qu'eux.

....

- **Bisque de maïs au safran**
- **Petits pains au parmesan et au sésame** (voir recette, p. 195)
- **Couronne de porc farcie au riz pilaf aux champignons**
- **Haricots verts au citron et aux noisettes**
- **Purée de carottes crémeuse** (voir recette, p. 111)
- **Pots de crème au thé Earl Grey** (voir recette, p. 113) **ou**
- **Mousse au chocolat et au scotch en coupes chocolatées** (voir recette, p. 144)

....

Compte à rebours

La veille

❯ Préparer la bisque et la réfrigérer.

❯ Préparer l'huile de persil et l'huile de safran pour la bisque.

❯ Préparer la pâte au persil pour la couronne de porc.

❯ Blanchir les haricots verts et les réfrigérer. Faire griller les noisettes.

❯ Préparer la purée de carottes et la réfrigérer.

❯ Cuire les petits pains, les laisser refroidir et les envelopper de papier d'aluminium.

❯ Préparer les desserts et les réfrigérer.

Le jour même • 4 heures avant

❯ Préparer la couronne de porc et la cuire.

❯ Préparer le riz pilaf.

Avant le repas

❯ Réchauffer la bisque.

❯ Réchauffer les petits pains.

❯ Retirer la couronne de porc du four et la laisser reposer à la température ambiante.

❯ Réchauffer la purée de carottes au four.

Au moment de servir

❯ Servir la bisque et les petits pains.

❯ Réchauffer les haricots verts.

❯ Farcir le centre de la couronne de porc du riz pilaf et mettre le reste dans un plat chaud couvert.

Bisque de maïs au safran

DONNE 8 PORTIONS.

- **PRÉPARATION :** 15 min • **CUISSON :** 25 min
- **Par portion :** CALORIES : 236 • PROTÉINES : 4 g
- **MATIÈRES GRASSES :** 17 g (2 g sat.) • CHOLESTÉROL : 4 mg
- **GLUCIDES :** 19 g • FIBRES : traces • SODIUM : 316 mg

BISQUE DE MAÏS

1 c. à tab	huile végétale	15 ml
2	branches de céleri coupées en dés	2
1	oignon coupé en dés	1
2	gousses d'ail hachées finement	2
1	feuille de laurier	1
¼ c. à thé	filaments de safran	1 ml
¼ c. à thé	coriandre moulue	1 ml
¼ c. à thé	sel	1 ml
4 t	maïs en grains surgelé	1 L
½ t	pomme de terre jaune (de type Yukon Gold), pelée et râpée	125 ml
3 t	bouillon de poulet réduit en sodium	750 ml
3 t	eau	750 ml
⅓ t	crème à 35 % ou crème sure	80 ml

HUILE DE PERSIL

⅓ t	persil frais, haché	80 ml
¼ t	huile végétale	60 ml

HUILE DE SAFRAN

1 c. à thé	filaments de safran	5 ml
1 c. à thé	eau chaude	5 ml
¼ t	huile végétale	60 ml

PRÉPARATION DE LA BISQUE

1. Dans une grande casserole, chauffer l'huile à feu moyen. Ajouter le céleri, l'oignon, l'ail, la feuille de laurier, le safran, la coriandre et le sel. Cuire, en brassant de temps à autre, pendant environ 6 minutes ou jusqu'à ce que l'oignon ait ramolli.

2. Ajouter le maïs, la pomme de terre, le bouillon de poulet et l'eau et porter à ébullition. Réduire le feu, couvrir et laisser mijoter pendant environ 15 minutes ou jusqu'à ce que la pomme de terre soit tendre. Laisser refroidir pendant 10 minutes.

PRÉPARATION DE L'HUILE DE PERSIL

3. Entre-temps, au mélangeur, réduire le persil en purée avec l'huile jusqu'à ce que la préparation soit de couleur vert clair. Laisser reposer pendant 10 minutes. Filtrer la purée de persil dans un filtre à café placé dans un petit bol, en pressant pour en extraire l'huile.

PRÉPARATION DE L'HUILE DE SAFRAN

4. Dans un petit bol, mélanger le safran et l'eau chaude. Laisser reposer pendant 10 minutes. À l'aide d'un fouet, incorporer l'huile. Laisser reposer pendant 10 minutes. Filtrer la préparation au safran dans un filtre à café placé dans un petit bol. (Vous pouvez préparer les huiles à l'avance et les couvrir séparément. Elles se conserveront jusqu'au lendemain au réfrigérateur. Bien mélanger chacune à l'aide d'un fouet avant d'utiliser.)

5. Retirer la feuille de laurier de la préparation de légumes refroidie. Au mélangeur, réduire la préparation en purée lisse, en plusieurs fois. Dans une passoire placée sur une casserole propre, filtrer la bisque (si désiré, ajouter jusqu'à ¼ t/60 ml d'eau pour l'éclaircir). (Vous pouvez préparer la bisque à l'avance, la mettre dans un contenant hermétique sans la couvrir, la laisser refroidir pendant 30 minutes au réfrigérateur, puis la couvrir. Elle se conservera jusqu'à 2 jours au réfrigérateur. Réchauffer à feu moyen-doux, en brassant de temps à autre.)

6. Au moment de servir, répartir la bisque de maïs dans des bols. Garnir chaque portion d'une cuillerée de crème, puis arroser chacune d'huile de persil et d'huile de safran.

Couronne de porc farcie au riz pilaf aux champignons

DONNE 12 PORTIONS.

- PRÉPARATION : 15 min • CUISSON : 2 h 35 min à 3 h 5 min • TEMPS DE REPOS : 20 min
- **Par portion :** CALORIES : 436 • PROTÉINES : 37 g
- MATIÈRES GRASSES : 19 g (6 g sat.) • CHOLESTÉROL : 80 mg
- GLUCIDES : 28 g • FIBRES : 3 g • SODIUM : 536 mg

COURONNE DE PORC

1 t	feuilles de persil frais	250 ml
¼ t	moutarde de Dijon	60 ml
2 c. à tab	huile d'olive	30 ml
2 c. à tab	jus de citron	30 ml
2 c. à thé	thym séché	10 ml
1 c. à thé	sel	5 ml
1 c. à thé	poivre noir du moulin	5 ml
2	gousses d'ail hachées finement	2
2	carrés de porc de six côtes chacun (environ 6 ½ lb/3,25 kg en tout)	2
¾ t	bouillon de poulet réduit en sodium	180 ml
	riz pilaf aux champignons (voir recette, p. 62)	

SAUCE AU VIN BLANC

½ t	vin blanc	125 ml
2 c. à tab	farine ou fécule de maïs	30 ml
½ t	liquide de trempage des champignons ou bouillon de poulet réduit en sodium	125 ml

PRÉPARATION DE LA COURONNE

1. Au robot culinaire, réduire en pâte homogène le persil, la moutarde de Dijon, l'huile, le jus de citron, le thym, le sel et le poivre. Ajouter l'ail et mélanger à l'aide d'une cuiller. Frotter toute la surface de la viande de la pâte au persil (ne pas en frotter le bout des côtes). Mettre la couronne de porc, le bout des côtes vers le haut, sur la grille d'une rôtissoire. Couvrir le bout des côtes de papier d'aluminium pour éviter qu'ils ne brûlent et remplir le centre de la couronne d'une boule de papier d'aluminium. Verser le bouillon de poulet dans la rôtissoire.

2. Cuire au four préchauffé à 325°F (160°C) de 2 ½ à 3 heures ou jusqu'à ce qu'un thermomètre à viande inséré dans la partie la plus épaisse de la couronne indique 160°F (71°C) (au besoin, ajouter jusqu'à 1 ½ t/375 ml d'eau dans la rôtissoire pour maintenir le fond de liquide). Mettre la couronne de porc dans un grand plat de service et retirer la boule de papier d'aluminium. Couvrir de papier d'aluminium, sans serrer, et laisser reposer pendant 20 minutes.

PRÉPARATION DE LA SAUCE

3. Entre-temps, dégraisser le jus de cuisson dans la rôtissoire. Mettre la rôtissoire sur la cuisinière. Ajouter le vin blanc et cuire à feu moyen, en brassant et en raclant le fond de la rôtissoire pour en détacher toutes les particules. À l'aide d'un fouet, incorporer la farine au liquide de trempage des champignons réservé. Verser le mélange de farine dans la rôtissoire et cuire, en brassant, pendant environ 2 minutes ou jusqu'à ce que la sauce ait épaissi. Dans une passoire placée sur un bol, filtrer la sauce.

4. Farcir le centre de la couronne d'un peu du riz pilaf aux champignons et mettre le reste dans un plat de service. Au moment de servir, couper la couronne en tranches entre les côtes. Servir avec la sauce.

Riz pilaf aux champignons

DONNE ENVIRON 8 T (2 L) DE RIZ.

- PRÉPARATION : 15 min • TEMPS DE TREMPAGE : 30 min
- CUISSON : 50 min • **Par portion de ⅔ t (160 ml) :**
- CALORIES : 141 • PROTÉINES : 4 g
- MATIÈRES GRASSES : 3 g (traces g sat.)
- CHOLESTÉROL : aucun • GLUCIDES : 25 g • FIBRES : 2 g
- SODIUM : 183 mg

1	paquet de champignons séchés (porcini ou morilles) (14 g)	1
1 t	eau bouillante	250 ml
2 c. à tab	huile végétale	30 ml
2	gousses d'ail hachées finement	2
1	poireau haché finement, les parties blanche et vert pâle seulement	1
1 t	carottes coupées en petits dés	250 ml
1 c. à thé	thym séché	5 ml
1 ⅓ t	riz basmati brun	330 ml
⅔ t	riz sauvage	160 ml
½ c. à thé	sel	2 ml
¼ c. à thé	poivre noir du moulin	1 ml
1 ½ t	bouillon de poulet réduit en sodium	375 ml
1 ½ t	eau	375 ml
¼ t	persil frais, haché	60 ml
¼ t	poivron rouge coupé en petits dés	60 ml

1. Dans un bol, faire tremper les champignons séchés dans l'eau bouillante pendant 30 minutes. Dans une passoire placée sur un bol, égoutter les champignons (réserver ½ t/125 ml du liquide de trempage pour préparer la sauce au vin blanc). Hacher les champignons réhydratés.

2. Dans un poêlon, chauffer l'huile à feu moyen. Ajouter l'ail, le poireau, les carottes, le thym et les champignons hachés et cuire, en brassant de temps à autre, pendant environ 5 minutes ou jusqu'à ce que le poireau ait ramolli.

3. Ajouter le riz basmati et le riz sauvage, le sel et le poivre et mélanger. Ajouter le bouillon de poulet et l'eau et porter à ébullition en raclant le fond du poêlon pour en détacher toutes les particules. Réduire le feu, couvrir et laisser mijoter pendant environ 40 minutes ou jusqu'à ce que le riz soit tendre et que le liquide soit absorbé. (Vous pouvez préparer le riz à l'avance et le couvrir. Il se conservera jusqu'à 30 minutes au chaud.) Au moment de servir, ajouter le persil et le poivron rouge et mélanger.

Haricots verts au citron et aux noisettes

Les amandes grillées conviendront tout aussi bien à ce plat de haricots verts.

DONNE 8 PORTIONS.

- PRÉPARATION : 15 min • CUISSON : 10 min
- **Par portion :** CALORIES : 117 • PROTÉINES : 2 g
- MATIÈRES GRASSES : 9 g (1 g sat.)
- CHOLESTÉROL : aucun • GLUCIDES : 4 g • FIBRES : 4 g
- SODIUM : 369 mg

2 lb	haricots verts parés, coupés en deux sur le biais	1 kg
¼ t	noisettes coupées en tranches ou hachées	60 ml
¼ t	huile d'olive	60 ml
2 c. à thé	zeste de citron râpé	10 ml
2 c. à tab	jus de citron	30 ml
½ c. à thé	sel	2 ml
¼ c. à thé	poivre noir du moulin	1 ml

1. Remplir un grand bol d'eau glacée. Réserver. Dans une grande casserole d'eau bouillante salée, cuire les haricots verts, en deux fois, pendant environ 3 minutes ou jusqu'à ce qu'ils soient tendres mais encore croquants. À l'aide d'une pince, plonger les haricots verts dans l'eau glacée et remuer jusqu'à ce qu'ils soient froids. Les retirer aussitôt de l'eau et les éponger à l'aide d'essuie-tout. (Vous pouvez préparer les

haricots à l'avance, les envelopper dans un linge et les mettre dans un sac de plastique. Ils se conserveront jusqu'au lendemain au réfrigérateur.)

2. Dans un grand poêlon, faire griller les noisettes à feu moyen, en brassant souvent, pendant environ 3 minutes ou jusqu'à ce qu'elles soient dorées et dégagent leur arôme. Retirer du poêlon et réserver. (Vous pouvez préparer les noisettes à l'avance, les laisser refroidir et les mettre dans un contenant hermétique. Elles se conserveront jusqu'à 3 jours à la température ambiante.)

3. Dans le poêlon, chauffer l'huile, le zeste et le jus de citron. Ajouter les haricots verts, parsemer du sel et du poivre et remuer délicatement pendant environ 1 minute ou jusqu'à ce que les haricots soient chauds. Parsemer des noisettes grillées.

> *Comment mettre la table*

Où mettre le couteau à beurre ? la cuiller à desssert ? Rappel express.

Quelques trucs utiles pour les repas des grands soirs:

• On utilise les ustensiles en progressant depuis les plus éloignés de l'assiette vers les plus proches.

• Remettre le couteau à beurre sur l'assiette à pain lorsque l'on en a terminé.

• Après chaque service, dépoer ses ustensiles sur l'assiette l'un à côté de l'autre (ou un ustensile seul) à la position « quatre heures » pour indiquer que l'on a terminé.

• Les ustensiles pour le dessert (cuiller pour dessert mou, par exemple crème glacée ou crème-dessert, et fourchette pour dessert plus ferme, par exemple gâteau ou tarte) sont placés en haut de l'assiette. Si on ne l'a pas fait au début du repas, lorsqu'on en a terminé avec la cuiller à soupe, la fourchette à salade, le couteau et la fourchette pour le plat principal, et qu'ils ont été enlevés de la table, on met à leur place les ustensiles à dessert, cuiller à droite de l'assiette et fourchette à gauche.

• Une fois que l'on s'est servi, remettre les ustensiles de service dans leur bol ou leur plat respectif.

› *Serviettes chic*

Des serviettes pliées avec ingéniosité conféreront élégance et raffinement à la table. Utiliser de préférence un damas empesé blanc ou de la toile unie de coton ou de lin de 20 à 30 po (50 à 76 cm) de côté et, si désiré, repasser légèrement les plis.

A) Le maître d'hôtel paresseux

1. Mettre la serviette à plat, endroit en dessous, puis replier les tiers supérieur et inférieur vers le centre, le long des lignes pointillées.

2. Replier les deux côtés vers le centre le long des lignes pointillées.

3. Replier les deux coins supérieurs vers le centre en suivant les lignes pointillées.

4. La serviette pliée ressemble à ceci.

5. Retourner la serviette.

6. Prendre la serviette et insérer le coin A entre les plis du coin B. Retourner la serviette et la déposer dans l'assiette, pointe tournée vers le centre.

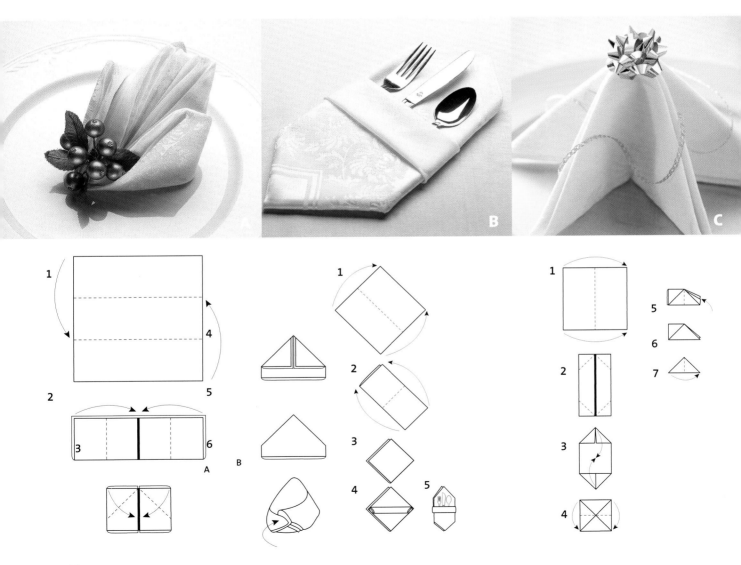

B) La pochette

1. Poser la serviette à plat, endroit en dessous, en formant un losange; replier en deux le long de la ligne pointillée.

2. Replier en deux à nouveau le long de la ligne pointillée.

3. La serviette pliée ressemble à ceci.

4. Prendre deux des pointes supérieures et les rouler jusqu'au milieu de la serviette.

5. Replier les coins des côtés sur l'envers de la serviette; placer les couverts dans la pochette formée par le rabat.

C) L'arbre de Noël

1. Poser la serviette à plat, endroit en dessous, puis plier en deux, le long de la ligne pointillée.

2. Rabattre les quatre coins vers le centre, le long des lignes pointillées.

3. Rabattre la pointe supérieure vers le centre, puis la pointe inférieure.

4. Replier en deux vers l'arrière, le long de la ligne pointillée.

5. Le bord tout juste replié tourné vers le haut, rentrer le coin supérieur droit entre les épaisseurs de la serviette de sorte que les arêtes soient à angle et égales.

6. La serviette ressemble à ceci. Répéter l'étape 5 du côté gauche.

7. Replier en deux le long de la ligne pointillée; aplatir pour marquer les plis. Mettre la serviette debout et ouvrir les plis pour lui donner la forme d'un sapin. Mettre au sommet un nœud décoratif adhésif ou un rond de serviette en forme d'étoile.

D) La fleur de lys

1. Poser la serviette à plat, endroit en dessous, en formant un losange, puis replier en deux le long de la ligne pointillée.

2. Replier en deux à nouveau le long de la ligne pointillée.

3. La serviette repliée ressemble à ceci.

4. Replier en deux le long de la ligne pointillée diagonale.

5. Plier en accordéon le long des lignes pointillées; les pointes tournées vers le haut, mettre la serviette dans un verre à vin; écarter les pointes et disposer tel qu'illustré sur la photo.

E) Le smoking

1. Poser la serviette à plat, endroit en dessous, en formant un losange. Replier en deux le long de la ligne pointillée.

2. Replier les deux pointes du haut vers la pointe du bas le long des lignes pointillées. Les deux côtés du bord supérieur doivent être alignés sur la ligne centrale en gras.

3. La serviette repliée ressemble à ceci.

4. Pour former le col du smoking, former un pli en commençant par le côté gauche, en continuant avec le haut puis en finissant avec le côté droit. Replier la pointe du bas et les pointes des deux côtés sur le dessous le long des lignes pointillées. Dans du carton noir, découper un nœud papillon. Avec un crayon feutre argent, y écrire le nom du convive et placer le nœud papillon sur le smoking.

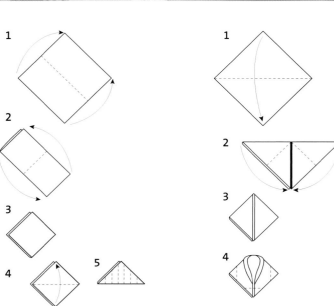

Brunch pour 8

Le brunch restera toujours à la mode. Il a lieu au moment de la journée où chacun est à son meilleur, particulièrement les enfants. Plus tardif que le déjeuner, il laisse aux hôtes le loisir de préparer un repas plantureux et peu coûteux tout en leur permettant de se détendre en compagnie de leurs invités.

....

- **Yogourt fouetté aux fruits tropicaux**
- **Salade de fruits au gingembre**
- **Quiche au bacon et au fromage**
- **Spirales aux framboises et aux amandes**
- **Mimosas (moitié jus d'orange fraîchement pressé, moitié vin mousseux)**

....

Yogourt fouetté aux fruits tropicaux

DONNE 2 PORTIONS.

- PRÉPARATION : 5 min • CUISSON : aucune
- **Par portion :** CALORIES : 218 • PROTÉINES : 8 g
- MATIÈRES GRASSES : 6 g (4 g sat.)
- CHOLESTÉROL : 21 mg • GLUCIDES : 33 g • FIBRES : 3 g
- SODIUM : 85 mg

2 t	mélange de fruits tropicaux surgelés (de type Europe's Best)	500 ml
1 t	lait	250 ml
½ t	yogourt nature épais (de type Balkan)	125 ml
1 c. à tab	miel liquide (facultatif)	15 ml

1. Au mélangeur ou au robot culinaire, mélanger les fruits tropicaux, le lait, le yogourt et le miel, si désiré, jusqu'à ce que la préparation soit lisse et mousseuse.

Salade de fruits au gingembre

DONNE 8 PORTIONS.

- PRÉPARATION : 30 min • CUISSON : 10 min
- MACÉRATION : 1 h • **Par portion :** CALORIES : 161
- PROTÉINES : 2 g • MATIÈRES GRASSES : 2 g (1 g sat.)
- CHOLESTÉROL : aucun • GLUCIDES : 39 g • FIBRES : 5 g
- SODIUM : 10 mg

¼ t	flocons de noix de coco sucrés	60 ml
2	gros pamplemousses rouges	2
2	grosses oranges	2
2 c. à tab	sucre	30 ml
4	tranches de gingembre frais	4
2 t	ananas en quartiers	500 ml
2	kiwis pelés et coupés en quartiers	2
1 t	raisins verts coupés en deux	250 ml
1 t	bleuets	250 ml
1 t	fraises équeutées, coupées en deux	250 ml
2	bananes coupées en tranches	2

1. Dans un petit poêlon, faire griller les flocons de noix de coco à feu moyen, en brassant, pendant environ 3 minutes ou jusqu'à ce qu'ils soient dorés. Réserver. (Vous pouvez préparer les flocons de noix de coco à l'avance et les mettre dans un contenant hermétique. Ils se conserveront jusqu'au lendemain à la température ambiante.)

2. À l'aide d'un petit couteau, peler les pamplemousses et les oranges à vif, en prenant soin d'enlever toute la peau blanche. En travaillant au-dessus d'une passoire placée sur un bol afin de récupérer le jus, passer la lame du couteau de part et d'autre de chacun des quartiers de pamplemousse et d'orange pour les détacher de leur membrane (au besoin, retirer les pépins). Presser les membranes pour en extraire le jus.

3. Verser ¾ t (180 ml) du jus récupéré dans une casserole (réserver le reste pour un usage ultérieur). Ajouter le sucre et le gingembre et porter à ébullition à feu moyen-vif. Laisser bouillir, en brassant, jusqu'à ce que le sucre soit dissous. Réduire le feu et laisser mijoter, en brassant de temps à autre, pendant 2 minutes. Laisser refroidir. Retirer le gingembre (le jeter).

4. Dans un grand bol peu profond, mélanger les quartiers de pamplemousse et d'orange, l'ananas, les kiwis, les raisins verts et les bleuets. (Vous pouvez préparer le sirop au jus de fruits à l'avance et la salade jusqu'à cette étape et les couvrir séparément. Ils se conserveront jusqu'à 12 heures au réfrigérateur.) Arroser uniformément les fruits du sirop au jus de fruits. Couvrir et laisser reposer pendant 1 heure à la température ambiante.

5. Ajouter les fraises et les bananes. À l'aide d'une cuiller, couvrir du sirop au jus de fruits. Au moment de servir, parsemer des flocons de noix de coco grillés.

Compte à rebours

Jusqu'à 2 semaines avant
❯ Préparer la quiche, la cuire et la congeler.

❯ Préparer les spirales aux framboises et les congeler sans les cuire.

La veille
❯ Faire griller les flocons de noix de coco pour la salade de fruits.

Le jour même • Quelques heures avant
❯ Préparer la salade de fruits jusqu'à l'étape 4.

❯ Mettre les ingrédients du yogourt fouetté sur un plateau et réfrigérer.

❯ Mettre le vin mousseux au réfrigérateur.

1 heure avant
❯ Cuire les spirales aux framboises et les glacer.

❯ Dans l'ordre, ajouter le sirop, les fraises et les bananes à la salade de fruits.

❯ Réchauffer la quiche.

❯ Mélanger le yogourt fouetté.

Quiche au bacon et au fromage

DONNE 8 PORTIONS.

- PRÉPARATION : 30 min • RÉFRIGÉRATION : 30 min
- CUISSON : 1 h 5 min • **Par portion :** CALORIES : 287
- PROTÉINES : 10 g • MATIÈRES GRASSES : 20 g (9 g sat.)
- CHOLESTÉROL : 126 mg • GLUCIDES : 17 g • FIBRES : 1 g
- SODIUM : 391 mg

	pâte brisée pour une abaisse de 9 po (23 cm) de diamètre (voir recette, p. 70)	
4	tranches épaisses de bacon, hachées	4
1 c. à tab	huile végétale	15 ml
6	échalotes françaises coupées en quatre	6
2	gousses d'ail hachées finement	2
¼ c. à thé	thym séché	1 ml
1	pincée de sel	1
¼ c. à thé	poivre noir du moulin	1 ml
½ t	poivron rouge grillé (piment doux rôti), haché	125 ml
2 c. à tab	ciboulette fraîche, hachée	30 ml
¾ t	gouda vieilli râpé	180 ml
3	œufs	3
¾ t	lait	180 ml

1. Sur une surface légèrement farinée, abaisser la pâte brisée à environ ¼ po (5 mm) d'épaisseur. Presser l'abaisse dans un moule à quiche ou une assiette à tarte de 9 po (23 cm) de diamètre. Couper l'excédent de pâte en laissant une bordure de 1 po (2,5 cm). Replier la bordure à l'intérieur du moule (si vous utilisez une assiette à tarte, canneler le pourtour). À l'aide d'une fourchette, piquer uniformément le fond de la croûte. Réfrigérer pendant 30 minutes.

2. Tapisser la croûte de papier d'aluminium et la remplir de haricots secs. Cuire dans le tiers inférieur du four préchauffé à 400°F (200°C) pendant environ 15 minutes ou jusqu'à ce que le pourtour soit légèrement doré. Retirer le papier d'aluminium et les haricots secs. Déposer le moule sur une grille et laisser refroidir.

3. Dans un grand poêlon, cuire le bacon à feu moyen-vif, en brassant, pendant environ 5 minutes ou jusqu'à ce qu'il soit croustillant. À l'aide d'une écumoire, retirer le bacon du poêlon et l'égoutter sur des essuie-tout. Dégraisser le poêlon.

4. Dans le poêlon, chauffer l'huile à feu moyen. Ajouter les échalotes, l'ail, le thym, le sel et le poivre et cuire pendant environ 10 minutes ou jusqu'à ce que les échalotes aient ramolli. Mettre le mélange d'échalotes dans un bol et laisser refroidir. Dans le bol, ajouter le bacon égoutté, le poivron rouge et la ciboulette.

5. Parsemer la croûte refroidie de ½ t (125 ml) du fromage. Couvrir de la garniture au bacon. Dans un bol, à l'aide d'un fouet, battre les œufs avec le lait. Verser le mélange d'œufs sur la garniture au bacon. Parsemer du reste du fromage.

6. Cuire au centre du four à 375°F (190°C) pendant environ 35 minutes ou jusqu'à ce que la lame d'un couteau insérée au centre de la quiche en ressorte propre. Déposer le moule sur une grille et laisser refroidir pendant 10 minutes. (Vous pouvez préparer la quiche à l'avance, la laisser refroidir pendant 30 minutes à la température ambiante, la réfrigérer sans la couvrir jusqu'à ce qu'elle soit froide, puis l'envelopper d'une pellicule de plastique. Elle se conservera jusqu'au lendemain au réfrigérateur ou jusqu'à 2 semaines au congélateur, enveloppée de papier d'aluminium résistant. Décongeler au réfrigérateur et réchauffer au four préchauffé à 350°F/180°C pendant 20 minutes.)

Pâte brisée

DONNE 1 ABAISSE DE 9 PO (23 CM) DE DIAMÈTRE.

1 ½ t	farine	375 ml
½ c. à thé	sel	2 ml
¼ t	beurre froid, coupé en cubes	60 ml
¼ t	graisse végétale (ou saindoux) froide, coupée en cubes	60 ml
1	jaune d'œuf	1
1 c. à thé	vinaigre	5 ml
	eau glacée	

1. Dans un bol, mélanger la farine et le sel. Ajouter le beurre et la graisse végétale et, à l'aide d'un coupe-pâte ou de deux couteaux, travailler la préparation jusqu'à ce qu'elle ait la texture d'une chapelure grossière parsemée de morceaux plus gros.

2. Dans une tasse à mesurer, mélanger le jaune d'œuf et le vinaigre. Ajouter suffisamment d'eau glacée pour obtenir ⅓ t (80 ml) de liquide. Ajouter petit à petit le mélange de jaune d'œuf à la préparation de farine et, à l'aide d'une fourchette, mélanger vivement jusqu'à ce que la pâte commence à se tenir, sans plus.

3. Façonner la pâte en une boule, puis l'aplatir en un disque. Envelopper le disque de pâte d'une pellicule de plastique et réfrigérer pendant environ 30 minutes. (Vous pouvez préparer la pâte à l'avance. Elle se conservera jusqu'à 3 jours au réfrigérateur.)

Spirales aux framboises et aux amandes

Vous pouvez cuire ces biscuits sans les décongeler environ 30 minutes avant de les servir.

DONNE 12 BISCUITS.

- PRÉPARATION : 40 min • CUISSON : 20 min
- TEMPS DE REPOS : 15 min • **Par biscuit :** CALORIES : 227
- PROTÉINES : 4 g • MATIÈRES GRASSES : 10 g (6 g sat.)
- CHOLESTÉROL : 39 mg • GLUCIDES : 30 g • FIBRES : 1 g
- SODIUM : 295 mg

2 ½ t	farine	625 ml
2 c. à tab	sucre	30 ml
2 ½ c. à thé	poudre à pâte	12 ml
½ c. à thé	bicarbonate de sodium	2 ml
½ c. à thé	sel	2 ml
½ t	beurre froid, coupé en cubes	125 ml
1 t	babeurre	250 ml
1	œuf	1
3 c. à tab	confiture de framboises sans pépins	45 ml
¼ t	amandes coupées en tranches	60 ml
¼ t	sucre glace	60 ml
4 c. à thé	crème à 35 %	20 ml
1	trait d'essence d'amande	1

1. Dans un grand bol, mélanger la farine, le sucre, la poudre à pâte, le bicarbonate de sodium et le sel. Ajouter le beurre et, à l'aide d'un coupe-pâte ou de deux couteaux, travailler la préparation jusqu'à ce qu'elle ait la texture d'une chapelure grossière. Dans un petit bol, à l'aide d'un fouet, mélanger le babeurre et l'œuf. Verser le mélange de babeurre sur la préparation de farine et, à l'aide d'une fourchette, mélanger jusqu'à ce que la pâte soit homogène. Avec les mains farinées, aplatir la pâte en un rectangle.

2. Sur une surface légèrement farinée, abaisser la pâte en un rectangle de 10 po x 6 po (25 cm x 15 cm). Étendre la confiture de framboises sur

le rectangle de pâte en laissant une bordure de ½ po (1 cm) sur l'un des côtés longs. Parsemer de la moitié des amandes. En commençant par le côté long opposé, rouler la pâte de manière à obtenir un rouleau. Pincer l'ouverture pour sceller. À l'aide d'un couteau dentelé, couper le rouleau en 12 tranches.

3. Déposer les tranches de biscuits, le côté coupé vers le bas, dans un moule à gâteau en métal de 13 po x 9 po (33 cm x 23 cm) tapissé de papier-parchemin (utilisez une double épaisseur de papier-parchemin si vous congelez les biscuits) ou beurré. Parsemer du reste des amandes. (Vous pouvez préparer les spirales jusqu'à cette étape et les envelopper d'une pellicule de plastique, puis de papier d'aluminium résistant. Elles se conserveront jusqu'à 2 semaines au congélateur. Augmenter le temps de cuisson d'environ 10 minutes.) Cuire au centre du four préchauffé à 400°F (200°C) pendant environ 20 minutes ou jusqu'à ce que les biscuits soient dorés. Déposer les biscuits sur des grilles et laisser refroidir pendant 15 minutes.

4. Dans un bol, à l'aide d'un fouet, mélanger le sucre glace, la crème et l'essence d'amande. Arroser les biscuits encore chauds de la glace.

Fruits givrés

❯ Dans une casserole, mélanger 1 t (250 ml) de sucre et ¾ t (180 ml) d'eau. Porter à ébullition et laisser bouillir pendant 1 minute. Laisser refroidir le sirop à la température ambiante, puis le verser dans une tasse à mesurer.

❯ Mettre ½ t (125 ml) de sucre dans un petit bol.

❯ Tremper des raisins, des feuilles de menthe ou des canneberges dans le sirop, six à la fois. Les égoutter dans une passoire, en les secouant délicatement pour enlever l'excédent de sirop.

❯ Déposer les fruits et les feuilles de menthe dans le sucre, et secouer le bol pour bien les enrober. À l'aide d'une petite cuiller, mettre les fruits et les feuilles de menthe sur une plaque de cuisson munie de rebords tapissée de papier ciré. Laisser reposer pendant environ 30 minutes ou jusqu'à ce qu'ils soient secs. (Vous pouvez préparer les fruits et les feuilles à l'avance et les couvrir. Ils se conserveront jusqu'au lendemain à la température ambiante.)

❯ *Décorer un arbre de Noël*

Voici nos meilleures astuces pour décorer en toute sécurité le plus beau des arbres de Noël.

❯ Utiliser des lumières éconergétiques DEL afin de réduire la consommation d'énergie et les coûts qui y sont reliés (dans une maison moyenne, on utilise environ 27% plus d'éclairage en décembre que durant les autres mois).

❯ Choisir et installer l'arbre en gardant à l'esprit qu'il faut compter un dégagement de 2 pi (60 cm) par rapport aux murs et au plafond.

❯ Fixer solidement le pied dans le support; pour la cime, choisir une décoration légère.

❯ Compter une guirlande électrique de 100 lumières par 1 pi (30 cm) de hauteur (ou de 200 lumières pour un effet encore plus festif). Brancher les guirlandes en s'assurant que toutes les lumières s'allument.

❯ Diviser visuellement l'arbre en pointes de tarte, le bout des pointes se rejoignant au sommet. En travaillant de haut en bas, placer les guirlandes en zigzag dans les « pointes de tarte », à peu près à mi-chemin entre le tronc et les bouts des branches, histoire de dégager ces derniers pour les décorations. Au besoin, porter des verres de protection, des gants et des manches longues.

❯ Si désiré, faire serpenter du ruban à bordure métallique de 3 à 4 po (7,5 à 10 cm) de largeur dans l'arbre, en utilisant des longueurs de 4 à 5 pi (1,2 à 1,5 m). Pour augmenter l'effet de brillance, faire la même chose avec des guirlandes de perles.

❯ Compter 20 à 30 ornements de diverses formes par 1 pi (30 cm) de hauteur, en choisissant des couleurs assorties à celles de la pièce.

❯ Placer les décorations les plus volumineuses en premier, en n'oubliant pas d'en mettre vers l'intérieur de l'arbre pour égayer les coins sombres.

❯ Pour plus d'impact, placer les autres décorations par groupes de nombre impair, sans oublier celles qui ont une valeur sentimentale ou qui sont de fabrication maison.

> *Redonner vie*
> *aux décorations défraîchies*

Petits mots inspirants

Avec un marqueur indélébile à pointe biseautée, inscrire sur les décorations des petits mots inspirants – tels que paix, espoir, joie – ou, encore, les noms des membres de la famille ou des amis. Pour les accrocher, utiliser une fine ficelle dorée ou un ruban.

Faux fruits pailletés

Pour recycler les fruits artificiels d'anciennes couronnes ou de milieux de table, passer un fil de métal de calibre moyen verticalement au centre du fruit. Appliquer de la colle au pulvérisateur, puis rouler le fruit dans des paillettes (ou appliquer de la peinture métallique). Piquer l'extrémité du fil métallique dans un bloc de styromousse le temps que la peinture ou la colle sèche. Enlever le fil métallique. Avec de la colle, fixer une boucle de ruban sur le dessus du fruit.

Cocottes étoilées

Avec un pistolet à colle, appliquer des étoiles de papier métallique sur des cocottes. Pour les accrocher, utiliser du ruban fin ou de la ficelle décorative.

Réveillon exquis pour 8

....

- **Crevettes grillées, sauce piquante**
- **Salade d'endives et de laitue, vinaigrette au xérès**
- **Tourte au poulet, aux marrons et aux oignons caramélisés**
- **Panna cotta aux cerises** (voir recette, p. 142)
- **Biscuits de Noël (à choisir parmi ceux présentés au chapitre 5) – en garder quelques-uns pour le père Noël!**

....

Crevettes grillées, sauce piquante

DONNE 8 PORTIONS.

- PRÉPARATION : 25 min • CUISSON : 6 min
- **Par portion :** CALORIES : 179
- PROTÉINES : 15 g • MATIÈRES GRASSES : 7 g (1 g sat.)
- CHOLESTÉROL : 97 mg • GLUCIDES : 16 g • FIBRES : 3 g
- SODIUM : 894 mg

1 ½ t	ketchup	375 ml
3 c. à tab	raifort en crème	45 ml
1 ½ c. à thé	jus de citron	7 ml
1 ½ c. à thé	sauce tabasco	7 ml
1 c. à thé	sel	5 ml
½ c. à thé	poivre noir du moulin	2 ml
1 ½ lb	grosses crevettes crues avec la queue, décortiquées et déveinées	750 g
4 c. à thé	huile d'olive	20 ml
4 t	laitue romaine déchiquetée	1 L
1	avocat pelé et coupé en petits dés	1

1. Dans un bol, mélanger le ketchup, le raifort, le jus de citron, la sauce tabasco, le sel et le poivre. (Vous pouvez préparer la sauce piquante à l'avance et la couvrir. Elle se conservera jusqu'au lendemain au réfrigérateur.)

2. Dans un bol, mélanger les crevettes et l'huile. Mettre les crevettes sur une plaque de cuisson tapissée de papier d'aluminium. Cuire sous le gril préchauffé du four pendant environ 6 minutes ou jusqu'à ce que les crevettes soient rosées (les retourner à la mi-cuisson).

3. Superposer la laitue, l'avocat et la sauce piquante dans les assiettes. Garnir des crevettes.

Salade d'endives et de laitue, vinaigrette au xérès

Cette salade mixte sera servie de préférence après la tourte au poulet. On peut remplacer le vinaigre de xérès par du vinaigre de vin ou de cidre.

DONNE 8 PORTIONS.

- PRÉPARATION : 20 min • CUISSON : aucune
- **Par portion :** CALORIES : 78
- PROTÉINES : 1 g • MATIÈRES GRASSES : 7 g (1 g sat.)
- CHOLESTÉROL : aucun • GLUCIDES : 4 g • FIBRES : 1 g
- SODIUM : 162 mg

VINAIGRETTE AU XÉRÈS

¼ t	huile d'olive	60 ml
2 c. à tab	vinaigre de xérès	30 ml
1	échalote française (ou oignon vert) coupée en tranches fines	1
1 ½ c. à thé	moutarde de Dijon	7 ml
½ c. à thé	sel	2 ml
¼ c. à thé	poivre noir du moulin	1 ml

SALADE D'ENDIVES

2	endives	2
½	poivron jaune	½
8 t	laitue Boston déchiquetée	2 L
12	tomates raisins coupées en deux	12

PRÉPARATION DE LA VINAIGRETTE

1. Dans un petit bol, à l'aide d'un fouet, mélanger l'huile, le vinaigre de xérès, l'échalote, la moutarde de Dijon, le sel et le poivre. (Vous pouvez préparer la vinaigrette à l'avance et la couvrir. Elle se conservera jusqu'au lendemain au réfrigérateur.)

PRÉPARATION DE LA SALADE

2. Défaire les endives en feuilles. Couper le poivron jaune en deux sur la largeur, l'épépiner, puis le couper en tranches fines sur la longueur. (Vous pouvez préparer les légumes à l'avance et les couvrir d'un linge humide. Ils se conserveront jusqu'à 4 heures au réfrigérateur.)

3. Disposer les feuilles d'endives dans les assiettes à salade. Garnir de la laitue, du poivron et des tomates raisins. Arroser de la vinaigrette.

Tourte au poulet, aux marrons et aux oignons caramélisés

DONNE 8 À 10 PORTIONS.

• PRÉPARATION : 1 h • CUISSON : 1 h 45 min
• **Par portion :** CALORIES : 179 • PROTÉINES : 15 g
• MATIÈRES GRASSES : 7 g (1 g sat.) • CHOLESTÉROL : 97 mg
• GLUCIDES : 16 g • FIBRES : 3 g • SODIUM : 894 mg

¾ t	farine	180 ml
1 c. à thé	sel	5 ml
½ c. à thé	poivre noir du moulin	2 ml
3 lb	poitrines de poulet désossées, la peau et le gras enlevés, coupées en cubes	1,5 kg
⅓ t	huile végétale (environ)	80 ml
3	carottes coupées en tranches sur le biais	3
2	oignons hachés	2
6	gousses d'ail coupées en tranches	6
2 c. à thé	thym séché	10 ml
4 t	bouillon de poulet	1 L
5 t	champignons frais, coupés en quatre (environ 14 oz/400 g)	1,25 L
4 t	oignons perlés pelés (1 ¼ lb/625 g en tout)	1 L
2	boîtes de marrons entiers, égouttés (425 g chacune)	2
½ t	persil frais, haché	125 ml
1	paquet de pâte feuilletée surgelée, décongelée (450 g)	1
1	jaune d'œuf	1

1. Dans un grand bol, mélanger la farine, le sel et le poivre. Ajouter le poulet et le retourner pour bien l'enrober (réserver le reste du mélange de farine). Dans une grande casserole, chauffer 2 c. à tab (30 ml) de l'huile à feu moyen-vif. Ajouter le poulet, en plusieurs fois, et le faire dorer (vous pouvez ajouter jusqu'à 2 c. à tab/30 ml d'huile, au besoin). À l'aide d'une écumoire, retirer le poulet de la casserole et le réserver dans une assiette.

2. Dans la casserole, ajouter les carottes, les oignons, l'ail et le thym et cuire à feu moyen-doux, en brassant souvent, pendant 5 minutes. Parsemer du reste du mélange de farine réservé et bien mélanger. Ajouter le poulet réservé et le bouillon de poulet. Porter à ébullition en brassant. Réduire à feu doux, couvrir et laisser mijoter pendant 30 minutes ou jusqu'à ce que le poulet ait perdu sa teinte rosée à l'intérieur.

3. Entre-temps, dans un grand poêlon, chauffer le reste de l'huile à feu moyen. Ajouter les champignons et les oignons perlés et cuire, en brassant souvent, pendant environ 25 minutes ou jusqu'à ce que les oignons soient tendres et que l'eau des champignons se soit complètement évaporée.

4. Ajouter la préparation aux champignons et les marrons au mélange de poulet et poursuivre la cuisson pendant 5 minutes. (Vous pouvez préparer la garniture au poulet à l'avance, la mettre dans un contenant hermétique peu profond et la placer au réfrigérateur sans la couvrir pour la refroidir rapidement. Une fois refroidie, couvrir la garniture. Elle se conservera jusqu'à 2 jours au réfrigérateur ou jusqu'à 2 semaines au congélateur. Décongeler avant de poursuivre la recette.)

5. Ajouter le persil à la garniture au poulet et mélanger. Mettre la garniture dans un plat à gratin ovale peu profond de 12 po (30 cm) de diamètre ou dans un plat en verre allant au four d'une capacité de 12 t (3 L).

6. Sur une surface légèrement farinée, abaisser la moitié de la pâte feuilletée de façon à obtenir une abaisse un peu plus grande que le plat. À l'aide d'un emporte-pièce en forme d'étoile, découper une petite ouverture au centre de l'abaisse pour permettre à la vapeur de s'échapper. Déposer l'abaisse sur la garniture au poulet sans sceller la pâte sur le bord du plat. Abaisser le reste de la pâte de la

Compte à rebours

Jusqu'à 2 semaines avant

> Préparer la garniture de la tourte au poulet et la congeler.

> Préparer les biscuits de Noël (selon la recette choisie au chapitre 5) et les congeler.

La veille

> Préparer les panna cotta et la sauce aux cerises.

> Préparer la vinaigrette au xérès pour la salade d'endives.

> Préparer la sauce piquante pour les crevettes grillées.

> Laver et essorer les verdures pour les crevettes grillées et la salade d'endives. Les envelopper séparément dans des linges et les conserver dans un sac de plastique, dans le tiroir à légumes.

> Faire dégeler la garniture de la tourte au réfrigérateur.

Le jour même • 4 heures avant

> Décortiquer et déveiner les crevettes et les mélanger avec l'huile.

> Déchiqueter la laitue pour les crevettes grillées. Couvrir d'un linge humide et réfrigérer.

> Couvrir la tourte au poulet de l'abaisse et la réfrigérer.

> Disposer les ingrédients de la salade d'endives dans les assiettes. Couvrir d'un linge humide et réfrigérer.

1 à 1 ¼ heure avant

> Mettre la tourte au poulet au four.

> Démouler les panna cotta dans des assiettes. Couvrir, sans serrer, et remettre au réfrigérateur.

Juste avant le repas

> Faire griller les crevettes.

> Peler l'avocat, le dénoyauter et le couper en dés. Dresser les assiettes de crevettes grillées.

> Laisser refroidir la tourte au poulet une dizaine de minutes avant de la servir. Arroser la salade d'endives de la vinaigrette.

> Préparer une assiette de les biscuits pour le père Noël.

même manière et y découper des étoiles de diverses dimensions. Badigeonner le dessus de la tourte d'un peu du jaune d'œuf. Déposer les étoiles de pâte sur la tourte et les badigeonner du jaune d'œuf. (Vous pouvez préparer la tourte jusqu'à cette étape et la couvrir. Elle se conservera jusqu'à 4 heures au réfrigérateur.)

7. Mettre le plat sur une plaque de cuisson munie de rebords et cuire au four préchauffé à 400°F (200°C) de 45 à 60 minutes ou jusqu'à ce que la garniture soit bouillonnante et que la pâte soit gonflée et dorée. Laisser refroidir pendant 10 minutes avant de servir.

❯ *Du cristal toujours brillant*

Faut-il laver ou non le cristal ou le cristal au plomb au lave-vaisselle? Jackie Chiesa (du magasin William Ashley China de Toronto) estime que les bris sont habituellement le fait de la maladresse humaine plutôt que de la machine. D'autres affirment au contraire que le lavage à la machine risque de rayer ou de voiler le cristal. Qu'en est-il vraiment? La chaleur intense et les détersifs abrasifs peuvent endommager le cristal au plomb, mais si l'appareil est muni d'un réglage à basse température ou pour fine porcelaine et si la vaisselle est disposée dans les paniers de sorte que les morceaux ne bougent pas ou ne s'entrechoquent pas, ce pourrait être le moyen le plus sûr pour laver le cristal au plomb. Sinon, on le lave délicatement à l'eau tiède en utilisant un détergent à vaisselle doux.

❯ Marque-places et décorations de chaises

Avec un pinceau d'artiste fin, peindre la pointe des écailles de grosses cocottes de pin à fond plat avec de la peinture acrylique blanche, pour leur donner un air enneigé. Laisser sécher. Déposer une cocotte dans chaque assiette, en glissant entre les écailles un carton portant le nom du convive. Pour les décorations de chaises, nouer un large ruban de 60 po (1,5 m) de longueur autour du dossier de la chaise, puis, avec un fil métallique fin de 6 po (15 cm) de longueur, fixer les cocottes peintes sur les boucles.

Souper d'hiver pour 8

Les voilà tous de retour pour souper après une journée de plein air à faire du patin, du ski, du toboggan ou de la raquette! Au menu, un goûter qu'ils emporteront pour leur sortie, puis un repas à la maison qui fera oublier à nos sportifs leur fatigue et comblera leur appétit.

....

POUR LE GOÛTER

- **Biscuits au sucre et à la vanille** (voir recette, p. 158)
- **Chocolat chaud au lait malté**

AU RETOUR

- **Guacamole**
- **Croustilles de tortilla maison**
- **Salade de chou aux poivrons**
- **Porc effiloché aux tomates et aux oignons**
- **Carrés de gâteau au fromage et à la lime sans cuisson**

....

Compte à rebours

Jusqu'à 1 mois avant

❯ Préparer les mitaines au sucre et à la vanille.

Jusqu'à 2 jours avant

❯ Préparer le chocolat chaud et le réfrigérer.

❯ Décorer les biscuits au sucre et à la vanille.

❯ Commencer la préparation des carrés au fromage et les réfrigérer.

La veille

❯ Cuire les croustilles de tortilla.

❯ Cuire le porc dans la mijoteuse et le réfrigérer.

❯ Préparer la salade de chou et la réfrigérer.

Le jour même • 4 heures avant

❯ Préparer le guacamole et le réfrigérer.

❯ Mettre les garnitures (cheddar, crème sure et piments jalapeño) pour le porc dans des bols de service.

❯ Terminer les carrés au fromage.

Avant de servir

❯ Réchauffer le porc.

❯ Mettre des petits pains dans un panier et déposer les garnitures pour le porc sur la table.

Chocolat chaud au lait malté

Pour la journée en plein air, apporter cette boisson réconfortante dans une bouteille thermos. Elle en sera encore plus festive si on y ajoute de la crème fouettée et des boulettes de poudre maltée recouvertes de chocolat broyé. Pour une texture vraiment crémeuse, employer du chocolat de qualité.

DONNE 8 PORTIONS.

- PRÉPARATION : 5 min • CUISSON : 10 min
- **Par portion :** CALORIES : 251 • PROTÉINES : 10 g
- MATIÈRES GRASSES : 10 g (6 g sat.) • CHOLESTÉROL : 18 mg
- GLUCIDES : 31 g • FIBRES : 1 g • SODIUM : 122 mg

8 t	lait	2 L
¼ t	sucre	60 ml
⅓ t	poudre de lait malté au chocolat (de type Ovaltine)	80 ml
4 oz	chocolat mi-amer haché finement	125 g

1. Dans une casserole, mélanger le lait et le sucre. Porter au point d'ébullition à feu moyen-vif, en brassant souvent. Retirer la casserole du feu.

2. Ajouter la poudre de lait malté et le chocolat et mélanger à l'aide d'un fouet jusqu'à ce que la préparation soit lisse. (Vous pouvez préparer le chocolat chaud à l'avance, le laisser refroidir et le mettre dans un contenant hermétique. Il se conservera jusqu'à 2 jours au réfrigérateur. Réchauffer avant de servir.)

Guacamole

Ce guacamole sera encore meilleur avec des croustilles de tortilla maison (voir recette, p. 82). Des morceaux d'avocat recouverts de dés de tomates donnent à ce plat un air festif.

DONNE 3 ½ T (875 ML) DE GUACAMOLE.

- PRÉPARATION : 15 min • CUISSON : aucune
- **Par portion de 1 c. à tab (15 ml) :** CALORIES : 29
- PROTÉINES : traces • MATIÈRES GRASSES : 3 g (traces sat.)
- CHOLESTÉROL : aucun • GLUCIDES : 1 g • FIBRES : 1 g
- SODIUM : 32 mg

4	avocats mûrs, pelés et coupés en dés	4
½ t	oignon rouge haché finement	125 ml
2 c. à tab	piment chili frais (de type jalapeño), épépiné et haché finement	30 ml
2 c. à tab	jus de lime	30 ml
2 c. à tab	huile d'olive	30 ml
3	gousses d'ail hachées finement	3
¾ c. à thé	sel	4 ml
¾ c. à thé	poivre noir du moulin	4 ml
1	tomate italienne coupée en dés	1
2 c. à tab	coriandre fraîche, hachée finement	30 ml

1. Dans un bol, mélanger délicatement les avocats, l'oignon rouge, le piment chili, le jus de lime, 1 c. à tab (15 ml) de l'huile, l'ail, ½ c. à thé (2 ml) du sel et ½ c. à thé (2 ml) du poivre. (Vous pouvez préparer le guacamole jusqu'à cette étape et le couvrir. Il se conservera jusqu'à 4 heures au réfrigérateur.)

2. Dans un autre bol, mélanger la tomate, la coriandre, le reste de l'huile et le reste du sel et du poivre. Parsemer le mélange de tomate sur le mélange d'avocats.

Croustilles de tortilla maison

Badigeonner 5 petites tortillas de farine blanche de 1 c. à tab (15 ml) d'huile végétale. Couper chaque tortilla en 12 pointes et les étendre sur deux plaques de cuisson. Déposer l'une des plaques dans le tiers supérieur du four préchauffé à 375°F (190°C) et l'autre dans le tiers inférieur. Cuire pendant environ 10 minutes ou jusqu'à ce que les croustilles soient dorées et croustillantes (intervertir et tourner les plaques à la mi-cuisson). (Vous pouvez préparer les croustilles à l'avance, les laisser refroidir et les mettre dans un contenant hermétique. Elles se conserveront jusqu'au lendemain à la température ambiante.) Donne 60 croustilles.

Salade de chou aux poivrons

Pour couper rapidement les légumes en tranches très fines, la mandoline n'a pas son pareil.

DONNE 8 PORTIONS.

- PRÉPARATION : 15 min • CUISSON : aucune
- **Par portion :** CALORIES : 50 • PROTÉINES : 1 g
- MATIÈRES GRASSES : 4 g (traces g sat.)
- CHOLESTÉROL : aucun • GLUCIDES : 5 g • FIBRES : 1 g
- SODIUM : 146 mg

2 t	chou vert ou chou napa râpé	500 ml
1 t	oignon rouge coupé en tranches fines	250 ml
1	poivron rouge coupé en tranches fines	1
1	poivron jaune coupé en tranches fines	1
1	poivron vert coupé en tranches fines	1
2 c. à tab	vinaigre de vin blanc	30 ml
2 c. à tab	huile d'olive	30 ml
½ c. à thé	sel	2 ml
½ c. à thé	poivre noir du moulin	2 ml

1. Dans un grand bol, mélanger le chou, l'oignon rouge et les poivrons. Ajouter le vinaigre de vin blanc, l'huile, le sel et le poivre et mélanger pour bien enrober tous les ingrédients. (Vous pouvez préparer la salade à l'avance et la couvrir. Elle se conservera jusqu'au lendemain au réfrigérateur.)

Porc effiloché aux tomates et aux oignons

Assez tendre pour se défaire à la fourchette, ce plat de porc mijoté est la pièce de résistance de tout bon buffet. Accompagner de petits pains (sur lesquels empiler le porc), de piments jalapeño marinés, de cheddar râpé et de crème sure légère.

DONNE 8 PORTIONS.

• PRÉPARATION : 40 min • CUISSON : 8 h 30 min à 10 h 30 min • **Par portion :** CALORIES : 342 • PROTÉINES : 43 g • MATIÈRES GRASSES : 12 g (3 g sat.) • CHOLESTÉROL : 118 mg • GLUCIDES : 13 g • FIBRES : 2 g • SODIUM : 735 mg

3 ½ lb	rôti d'épaule de porc (palette)	1,75 kg
¾ c. à thé	sel	4 ml
¾ c. à thé	poivre noir du moulin	4 ml
2 c. à tab	huile végétale	30 ml
2	oignons coupés en dés	2
4	gousses d'ail hachées finement	4
2 c. à tab	assaisonnement au chili	20 ml
2 c. à thé	coriandre moulue	10 ml
2	feuilles de laurier	2
¼ t	pâte de tomates	60 ml
1	boîte de sauce tomate (14 oz/398 ml)	1
2 c. à tab	cassonade tassée	30 ml
2 c. à tab	vinaigre de cidre	30 ml
2 c. à tab	sauce Worcestershire	30 ml
2	oignons verts coupés en tranches fines	2

1. Parsemer le rôti de porc du sel et du poivre. Dans une casserole, chauffer l'huile à feu moyen-vif. Ajouter le rôti de porc et le faire dorer de tous les côtés. Mettre le rôti dans la mijoteuse.

2. Dans la casserole, ajouter les oignons, l'ail, l'assaisonnement au chili, la coriandre et les feuilles de laurier. Cuire, en brassant de temps à autre, pendant environ 5 minutes ou jusqu'à ce que les oignons aient ramolli. Ajouter la pâte de tomates et cuire, en brassant, pendant environ 2 minutes. Ajouter la sauce tomate, la cassonade, le vinaigre de cidre et la sauce Worcestershire en raclant le fond de la casserole pour en détacher toutes les particules. Verser la préparation aux tomates dans la mijoteuse, couvrir et cuire à faible intensité de 8 à 10 heures ou jusqu'à ce que le porc soit tendre.

3. Mettre le rôti de porc sur une planche à découper et le couvrir de papier d'aluminium, sans serrer. Laisser reposer pendant 10 minutes. À l'aide de deux fourchettes, effilocher le rôti.

4. Entre-temps, dégraisser le liquide de cuisson de la mijoteuse et le verser dans une grande casserole. Porter à ébullition à feu vif et laisser bouillir à gros bouillons pendant environ 15 minutes ou jusqu'à ce qu'il ait réduit à 3 t (750 ml). Retirer les feuilles de laurier. Ajouter le porc effiloché. (Vous pouvez préparer le rôti de porc à l'avance, le laisser refroidir pendant 30 minutes, le mettre dans un contenant hermétique et le réfrigérer sans le couvrir jusqu'à ce qu'il soit froid, puis le couvrir. Il se conservera jusqu'à 12 heures au réfrigérateur.)

5. Réchauffer le porc en brassant souvent. Parsemer des oignons verts.

VARIANTE

Porc braisé aux tomates et aux oignons

Après l'avoir fait dorer dans une casserole allant au four, réserver le rôti de porc dans une assiette. Cuire la préparation aux tomates dans la casserole, puis y remettre le rôti. Couvrir et cuire au four préchauffé à 300°F (150°C) de 3 ½ à 4 heures ou jusqu'à ce que le rôti soit tendre (l'arroser du jus de cuisson toutes les 30 minutes et le retourner à la mi-cuisson).

Carrés de gâteau au fromage et à la lime sans cuisson

DONNE 16 CARRÉS.

- PRÉPARATION : 45 min • RÉFRIGÉRATION : 4 h 30 min
- CUISSON : aucune • **Par carré :** CALORIES : 230
- PROTÉINES : 4 g • MATIÈRES GRASSES : 17 g (10 g sat.)
- CHOLESTÉROL : 52 mg • GLUCIDES : 16 g • FIBRES : traces
- SODIUM : 208 mg

1 c. à tab	fines lamelles de zeste de citron	15 ml
1 c. à tab	fines lamelles de zeste de lime	15 ml
1 ½ t	biscuits au chocolat émiettés	375 ml
1/3 t	beurre fondu	80 ml
3	paquets de fromage à la crème fondu (4 oz/125 g chacun)	3
2/3 t	lait condensé sucré	160 ml
½ t	crème à 35 %	125 ml
2 c. à thé	zeste de lime râpé finement	10 ml
¼ t	jus de lime (2 limes)	60 ml
1 c. à tab	sucre	15 ml

1. Tapisser 1 moule à gâteau carré de 8 po (20 cm) avec du papier-parchemin, en laissant dépasser un excédent de 2,5 cm sur deux côtés opposés. Réserver.

2. Mettre les lamelles de zeste de citron et de lime dans un bol d'eau glacée et réfrigérer.

3. Dans un bol, mélanger les biscuits émiettés avec le beurre. Presser uniformément la préparation dans le moule à gâteau réservé. Réfrigérer pendant environ 30 minutes ou jusqu'à ce que la croûte soit ferme.

4. Dans un grand bol, à l'aide d'un batteur électrique, battre le fromage à la crème à vitesse moyenne-élevée jusqu'à ce qu'il soit lisse. Ajouter le lait condensé, ¼ de tasse (60 ml) de la crème, le zeste de lime râpé, le jus de lime et le sucre et battre jusqu'à ce que le mélange soit lisse. Étendre la garniture au fromage sur la croûte et lisser avec une spatule. Réfrigérer pendant environ 4 heures ou jusqu'à ce que la garniture ait pris. (Vous pouvez préparer les carrés jusqu'à cette étape et les couvrir d'une pellicule de plastique; ils se conserveront jusqu'à 2 jours au réfrigérateur.)

5. En soulevant le papier-parchemin sur les côtés, démouler le gâteau au fromage sur une planche à découper. Couper en carrés avec un couteau en passant la lame sous l'eau chaude et en l'essuyant régulièrement.

6. Fouetter le reste de la crème. À l'aide d'une cuiller ou d'une poche à douille, garnir chaque carré d'environ 1 c. à thé (5 ml) de la crème fouettée. Égoutter les lamelles de zeste de citron et de lime et les assécher, puis les disposer sur la crème fouettée.

Rond de serviette décoré de perles

Cet élégant rond de serviette se fabrique en quelques minutes.

• Replier la serviette en deux, puis la rouler. L'envelopper d'une longueur de 26 po (66 cm) de ruban brillant à bordure métallique et faire un nœud. Faire friser les deux bouts du ruban et, si désiré, faire une entaille en V aux extrémités.

• Couper une longueur de 26 po (66 cm) de fil à perler de calibre 26 et y enfiler une première perle de cristal facettée que l'on placera au milieu du fil. Tordre ensemble les deux bouts du fil sur une longueur de ⅜ à 1 po (1 à 2,5 cm) de façon à former une sorte de petite branche; continuer de la même manière à enfiler des perles sur chacun des bouts du fil et à former de petites branches, en arrêtant à 3 po (7,5 cm) de chacune des extrémités.

• Tordre les extrémités du fil à perler autour du nœud du ruban et couper l'excédent.

> Coutellerie enrubannée

Utiliser des restes de ruban pour envelopper les couverts, puis les placer sur une serviette blanche à la place de chacun des convives.

> Diablotins de Noël

Une bagatelle à fabriquer, ces diablotins peuvent être personnalisés pour chacun de vos convives.

• Couper des longueurs de 4 ½ po (11,5 cm) dans des cylindres de carton (rouleaux de papier essuie-tout). Y mettre le déclencheur à pétard (que l'on peut trouver dans certaines boutiques de bricolage) et des petits cadeaux (chapeau de papier, poème, message ou vœux écrits à la main, petits chocolats, jouet, mini-bouteille de liqueur, etc.).

• Placer le cylindre sur le bord d'une feuille de papier d'emballage, de soie ou métallique de 30 cm de côté en le centrant. Le rouler dans le papier, puis fermer les extrémités avec de la ficelle, du ruban ou du raphia (sur lequel on pourra enfiler une perle, un bouton ou une clochette).

• Enrouler une bande de papier de couleur contrastée autour du diablotin et fixer avec de la colle en bâton.

• Y inscrire le nom des convives avec de la peinture.

Chapitre trois

SAVOIR RECEVOIR
AVEC IMAGINATION

Crème de chou-fleur

DONNE 8 À 10 PORTIONS.

- PRÉPARATION : 15 min • CUISSON : 20 min
- **Par portion :** CALORIES : 151 • PROTÉINES : 6 g
- MATIÈRES GRASSES : 10 g (6 g sat.) • CHOLESTÉROL : 28 mg
- GLUCIDES : 12 g • FIBRES : 2 g • SODIUM : 252 mg

2 c. à tab	beurre ou huile de canola	30 ml
1	gros oignon, haché	1
1	pomme de terre pelée et hachée	1
½ c. à thé	pâte de cari	2 ml
1	chou-fleur haché grossièrement	1
4 t	bouillon de poulet ou de légumes	1 L
2 t	crème à 15 % ou lait	500 ml
¼ c. à thé	sel	1 ml
¼ c. à thé	sauce tabasco	1 ml
¼ t	oignon rouge coupé en fines lanières	60 ml
¼ t	coriandre fraîche, hachée	60 ml

1. Dans une grande casserole, faire fondre le beurre à feu doux. Ajouter l'oignon, la pomme de terre et la pâte de cari. Couvrir et cuire, en brassant de temps à autre, pendant environ 6 minutes ou jusqu'à ce que l'oignon soit translucide. Ajouter le chou-fleur et le bouillon. Porter à ébullition. Couvrir, réduire le feu et laisser mijoter pendant environ 10 minutes ou jusqu'à ce que les légumes soient tendres. Laisser refroidir légèrement.

2. Au robot culinaire ou au mélangeur, réduire la soupe en purée lisse, en plusieurs fois au besoin. Dans une passoire fine placée sur une casserole propre, filtrer la soupe. (Vous pouvez préparer la crème de chou-fleur jusqu'à cette étape, la laisser refroidir et la couvrir. Elle se conservera jusqu'au lendemain au réfrigérateur. Réchauffer avant de poursuivre la recette.) Ajouter la crème, le sel et la sauce tabasco et réchauffer à feu doux, en brassant souvent.

3. Au moment de servir, répartir la crème de chou-fleur dans des bols chauds. Garnir chaque portion d'oignon rouge et de coriandre fraîche.

À savoir pour cuisiner sans tracas

> Avant de commencer une recette, on la lit du début à la fin.

> Les produits frais (fruits et légumes, par exemple) sont de dimension moyenne de même que les casseroles, plats et poêlons utilisés, à moins d'indication contraire.

> Les œufs sont gros, et les pommes sont pelées.

> Le beurre est salé à moins que l'on demande du beurre non salé.

> La farine tout usage, le sucre glace et la poudre de cacao ne sont pas tamisés avant d'être mesurés.

> Le poivre est noir et fraîchement moulu.

> Les herbes séchées sont émiettées et non moulues.

> Le four est préchauffé. On cuit les plats au centre du four à moins d'indication contraire.

> Les casseroles ne sont pas couvertes à moins d'indication contraire.

> On utilise le nom générique des ingrédients à moins qu'un produit spécifique soit absolument essentiel à la recette.

Potage aux légumes

DONNE 8 PORTIONS.

• PRÉPARATION : 20 min • CUISSON : 18 min
• **Par portion:** CALORIES : 157 • PROTÉINES : 9 g
• MATIÈRES GRASSES : 4 g (1 g sat.) • CHOLESTÉROL : 2 mg
• GLUCIDES : 23 g • FIBRES : 4 g • SODIUM : 701 mg

1 c. à tab	huile végétale	15 ml
2	oignons hachés	2
4	gousses d'ail hachées finement	4
2 t	pommes de terre pelées et coupées en cubes	500 ml
1 c. à thé	menthe séchée	5 ml
½ c. à thé	sel	2 ml
½ c. à thé	poivre noir du moulin	2 ml
5 t	bouillon de poulet ou de légumes	1,25 L
4 t	petits pois surgelés	1 L
½ t	crème sure légère	125 ml
½	poivron rouge coupé en petits dés	½

1. Dans une grande casserole, chauffer l'huile à feu moyen. Ajouter les oignons, l'ail, les pommes de terre, la menthe, le sel et le poivre et cuire, en brassant de temps à autre, pendant environ 8 minutes ou jusqu'à ce que les oignons aient ramolli.

2. Ajouter le bouillon de poulet et les petits pois et porter à ébullition. Réduire à feu moyen-doux, couvrir et laisser mijoter pendant environ 10 minutes ou jusqu'à ce que les pommes de terre soient tendres.

3. Au mélangeur ou au mélangeur à main, réduire la préparation en purée lisse, en plusieurs fois au besoin. À l'aide d'une passoire fine placée sur un bol, filtrer le potage, si désiré. (Vous pouvez préparer le potage à l'avance, le laisser refroidir pendant 30 minutes, le réfrigérer, sans le couvrir, dans un contenant hermétique jusqu'à ce qu'il soit froid, puis le couvrir. Il se conservera jusqu'au lendemain au réfrigérateur.)

4. Au moment de servir, réchauffer le potage aux légumes à feu doux et le répartir dans des bols chauds. Mettre la crème sure dans un sac de plastique en coupant l'un des coins. Garnir chaque portion d'un sapin de Noël dessiné avec la crème sure et les dés de poivron rouge.

Poires au cari

DONNE 12 MORCEAUX DE POIRE.

• PRÉPARATION : 20 min • CUISSON : 1 h
• **Par morceau :** CALORIES : 88 • PROTÉINES : traces
• MATIÈRES GRASSES : 2 g (1 g sat.) • CHOLESTÉROL : 3 mg
• GLUCIDES : 20 g • FIBRES : 2 g • SODIUM : 12 mg

1 c. à tab	beurre	15 ml
1	échalote française (ou petit oignon) hachée	1
2 c. à thé	pâte de cari douce	10 ml
½ t	nectar de poire	125 ml
¼ t	cassonade tassée	60 ml
6	petites poires (environ 3 lb/1,5 kg en tout)	6

1. Dans un grand poêlon, faire fondre le beurre à feu moyen. Ajouter l'échalote et cuire, en brassant souvent, pendant 3 minutes. Ajouter la pâte de cari et cuire pendant 3 minutes. Ajouter le nectar de poire et la cassonade et porter à ébullition, en brassant jusqu'à ce que la sauce soit homogène. Réserver.

2. Peler les poires en gardant la queue intacte et les couper en deux. Retirer le cœur. Dans un plat peu profond allant au four, mettre les poires côte à côte, côté coupé dessus. Verser la sauce au cari réservée sur les poires. Couvrir et cuire pendant 30 minutes au four préchauffé à 325°F (160°C).

3. Retourner les poires et poursuivre la cuisson pendant environ 30 minutes ou jusqu'à ce qu'elles soient glacées et tendres, sans se défaire (les arroser de temps à autre en cours de cuisson). Laisser refroidir. (Vous pouvez préparer les poires à l'avance et les mettre dans un contenant hermétique. Elles se conserveront jusqu'à 5 jours au réfrigérateur.)

Croquettes au crabe, mayonnaise aux agrumes

La sauce au piment chipotle donne à ces croquettes une touche fumée et piquante.

DONNE 8 PORTIONS.

- **PRÉPARATION :** 40 min • **CUISSON :** 14 min
- **Par portion :** CALORIES : 129 • PROTÉINES : 14 g
- **MATIÈRES GRASSES :** 7 g (2 g sat.) • **CHOLESTÉROL :** 63 mg
- **GLUCIDES :** 3 g • **FIBRES :** 1 g • **SODIUM :** 406 mg

MAYONNAISE AUX AGRUMES

⅔ t	mayonnaise légère	160 ml
1 ½ c. à thé	zeste de citron râpé	7 ml
1 ½ c. à thé	zeste d'orange râpé	7 ml
1 ½ c. à thé	jus de citron	7 ml
1 ½ c. à thé	jus d'orange	7 ml
½ c. à thé	sauce aux piments chipotle ou autre sauce aux piments forts	2 ml

CROQUETTES AU CRABE

1 c. à tab	beurre	15 ml
2	gousses d'ail hachées finement	2
½ c. à thé	thym séché	2 ml
½ t	mie de pain frais, émiettée	125 ml
2	paquets de chair de crabe surgelée, décongelée (7 oz/200 g chacun)	2
¼ t	ciboulette fraîche (ou oignon vert) hachée finement	60 ml
1	œuf	1
1 c. à thé	moutarde de Dijon	5 ml
¼ c. à thé	poivre noir du moulin	1 ml

SALADE DE CRESSON

4 t	cresson (environ 2 bottes)	1 L
4	radis coupés en tranches fines	4
1	endive coupée en tranches	1
1 c. à tab	huile végétale	15 ml
1 c. à tab	huile d'olive	15 ml
1 c. à tab	jus de citron	15 ml

1 c. à tab	jus d'orange	15 ml
½ c. à thé	moutarde de Dijon	2 ml
1	pincée de sel	1
1	pincée de poivre noir du moulin	1

PRÉPARATION DE LA MAYONNAISE

1. Dans un petit bol, à l'aide d'un fouet, mélanger la mayonnaise, les zestes et les jus de citron et d'orange, et la sauce aux piments. Réserver 3 c. à tab (45 ml) de la mayonnaise aux agrumes dans un autre bol pour la préparation des croquettes au crabe. Couvrir le reste de la mayonnaise et réfrigérer.

PRÉPARATION DES CROQUETTES

2. Dans un grand poêlon, faire fondre le beurre à feu moyen. Ajouter l'ail et le thym et cuire pendant environ 1 minute ou jusqu'à ce qu'ils dégagent leur arôme. Ajouter la mie de pain et cuire, en brassant souvent, pendant environ 6 minutes ou jusqu'à ce qu'elle soit dorée. Retirer du poêlon et réserver dans un bol peu profond.

3. À l'aide d'une passoire placée sur le bol de la mayonnaise réservée, égoutter la chair de crabe et enlever le cartilage au besoin. Presser sur la chair pour enlever l'excédent de liquide. Ajouter la ciboulette, l'œuf, la moutarde de Dijon et le poivre et mélanger. En utilisant 1 c. à tab (15 ml) à la fois, façonner la préparation au crabe en croquettes de ½ po (1 cm) d'épaisseur. Passer les croquettes des deux côtés dans le mélange de mie de pain pour bien les enrober. (Vous pouvez préparer les croquettes à l'avance, les mettre sur une plaque de cuisson et les congeler pendant environ 2 heures ou jusqu'à ce qu'elles soient fermes. Mettre les croquettes congelées dans un contenant hermétique, en séparant chaque étage d'une feuille de papier ciré. Elles se conserveront jusqu'à 2 semaines au congélateur. Décongeler au réfrigérateur.)

4. Mettre les croquettes sur une plaque de cuisson tapissée de papier-parchemin et cuire au four préchauffé à 425°F (220°C) pendant environ 7 minutes de chaque côté ou jusqu'à ce qu'elles soient dorées et croustillantes.

PRÉPARATION DE LA SALADE

5. Entre-temps, dans un grand bol, mélanger le cresson, les radis et l'endive. Dans un petit bol, mélanger l'huile végétale, l'huile d'olive, le jus de citron, le jus d'orange, la moutarde de Dijon, le sel et le poivre. Verser la vinaigrette sur la salade de cresson et mélanger pour bien enrober tous les ingrédients. Répartir la salade dans les assiettes. Garnir chaque portion de deux croquettes au crabe et d'une cuillerée de mayonnaise aux agrumes.

Gâteau au fromage au saumon fumé

Garnir chaque portion d'une rosette de saumon fumé et de crème fraîche ou de crème sure.

DONNE 16 À 20 PORTIONS.

- PRÉPARATION : 25 min • CUISSON : 45 min
- RÉFRIGÉRATION : 2 h • **Par portion :** CALORIES : 154
- PROTÉINES : 4 g • MATIÈRES GRASSES : 13 g (8 g sat.)
- CHOLESTÉROL : 68 mg • GLUCIDES : 5 g • FIBRES : 19 g
- SODIUM : 205 mg

CROÛTE AUX CRAQUELINS

1 t	chapelure de craquelins (de type soda) (environ 25 craquelins)	250 ml
⅓ t	beurre fondu	80 ml
2 c. à tab	semoule de maïs	30 ml

GARNITURE AU FROMAGE À LA CRÈME

2	paquets de fromage à la crème, ramolli (8 oz/250 g chacun)	2
3	œufs	3
3 c. à tab	lait	45 ml
1 c. à tab	jus de citron	15 ml
½ c. à thé	poivre noir du moulin	2 ml
4 oz	saumon fumé haché	125 g
⅓ t	oignon vert haché finement	80 ml
2 c. à tab	persil frais, haché finement	30 ml

PRÉPARATION DE LA CROÛTE

1. Beurrer le fond d'un moule à charnière de 9 po (23 cm) de diamètre. Tapisser la paroi intérieure du moule d'une bande de papier-parchemin. Envelopper le moule dans du papier d'aluminium résistant. Réserver.

2. Dans un bol, mélanger la chapelure, le beurre et la semoule de maïs jusqu'à ce que la préparation soit humide. Presser fermement la préparation dans le fond du moule. Cuire au centre du four préchauffé à 350°F (180°C) pendant environ 10 minutes ou jusqu'à ce que la croûte soit dorée. Laisser refroidir sur une grille.

PRÉPARATION DE LA GARNITURE

3. Dans un grand bol, à l'aide d'un batteur électrique, battre le fromage à la crème jusqu'à ce qu'il soit aéré. Ajouter les œufs un à un, en battant jusqu'à ce qu'ils soient mélangés, sans plus. Incorporer le lait, le jus de citron et le poivre. Ajouter le saumon fumé, l'oignon vert et le persil et mélanger. Verser la garniture au fromage à la crème sur la croûte refroidie.

4. Mettre le moule dans un grand plat allant au four. Verser de l'eau chaude dans le plat à hauteur de 1 po (2,5 cm). Cuire dans le four préchauffé à 325°F (160°C) pendant environ 35 minutes ou jusqu'à ce que les côtés du gâteau aient pris mais que le centre soit encore légèrement gélatineux. Retirer le moule du plat et le mettre sur une grille. Enlever le papier d'aluminium et laisser refroidir. Couvrir le gâteau d'une pellicule de plastique, sans serrer, et réfrigérer pendant environ 2 heures. (Vous pouvez préparer le gâteau à l'avance. Il se conservera jusqu'à 2 jours au réfrigérateur.)

Rôti de côtes de bœuf à l'ail, sauce au romarin

Le rôti de côtes de bœuf évoque les grandes festivités. Simple et goûteuse, la sauce faite avec le jus de cuisson légèrement épaissi (ou jus lié) et mélangé avec du vin et du bouillon ajoute une note d'élégance au plat. Pour un bel effet, choisir un rôti ayant au moins trois côtes.

DONNE 8 À 10 PORTIONS.

- PRÉPARATION : 20 min • RÉGRIGÉRATION : 4 h
- CUISSON : 1 h 45 min à 2 h 30 min
- TEMPS DE REPOS : 10 à 20 min
- **Par portion :** CALORIES : 297 • PROTÉINES : 32 g
- MATIÈRES GRASSES : 15 g (7 g sat.) • CHOLESTÉROL : 80 mg
- GLUCIDES : 3 g • FIBRES : traces • SODIUM : 276 mg

3	gousses d'ail hachées finement	3
2 c. à tab	thym frais, haché ou	30 ml
2 c. à thé	thym séché	10 ml
½ c. à thé	sel	2 ml
¼ c. à thé	poivre noir du moulin	1 ml
1	pincée de piment de Cayenne	1
1	rôti de côtes de bœuf (5 à 7 lb/2,5 à 3,5 kg)	1
2	oignons coupés en tranches épaisses	2
4	brins de romarin frais ou	4
1 c. à tab	romarin séché	15 ml
1 t	vin rouge sec	250 ml
¾ t	bouillon de bœuf	180 ml
2 c. à thé	fécule de maïs	10 ml
2 c. à tab	beurre	30 ml

Temps de repos pour rôtis et volailles

On doit laisser reposer les grosses pièces de viande et les volailles avant de les découper, ce qui permet aux jus de se redistribuer. On obtient ainsi de plus belles tranches. Si on omet cette étape, on perd les jus en découpant la viande, qui s'asséchera.

> À la sortie du four, mettre le rôti ou la volaille sur une planche à découper, et couvrir de papier d'aluminium, sans serrer. Laisser reposer de 10 à 20 minutes pour un rôti et pendant 30 minutes pour une dinde.

1. À l'aide d'un mortier et d'un pilon, broyer l'ail, le thym et le sel jusqu'à ce qu'ils forment une pâte lisse. Ajouter le poivre et le piment de Cayenne et mélanger. Étendre uniformément la pâte d'ail et d'épices sur chaque côté du rôti. Envelopper le rôti d'une pellicule de plastique et réfrigérer pendant 4 heures. (Vous pouvez préparer le rôti jusqu'à cette étape. Il se conservera jusqu'au lendemain au réfrigérateur.)

2. Mettre les oignons et le romarin dans une rôtissoire beurrée et y déposer le rôti de bœuf, os dessous. Cuire au four préchauffé à 325°F (160°C) jusqu'au degré de cuisson désiré : pour une viande saignante, 1 ¾ à 2 heures ou jusqu'à ce qu'un thermomètre à viande inséré au centre du rôti indique 140°F (60°C) ; pour une viande mi-saignante, 2 ¼ à 2 ½ heures ou jusqu'à ce que le thermomètre indique 155°F (68°C) ; ou plus longtemps au besoin. Mettre le rôti sur une planche à découper et le couvrir de papier d'aluminium, sans serrer. Laisser reposer de 10 à 20 minutes.

3. Entre-temps, dans la rôtissoire, dégraisser le jus de cuisson du rôti. Ajouter le vin rouge et cuire à feu vif pendant environ 3 minutes ou jusqu'à ce que le jus de cuisson ait réduit de moitié, en raclant le fond de la rôtissoire pour en détacher toutes les particules. Dans un petit bol, à l'aide d'un fouet, mélanger le bouillon de bœuf et la fécule de maïs et verser dans la rôtissoire. Porter à ébullition et laisser bouillir pendant 1 minute. Ajouter le beurre et mélanger. À l'aide d'une passoire fine, filtrer la sauce dans une saucière chaude.

4. Retirer les côtes du rôti. Couper la viande en tranches et les disposer dans une assiette de service avec les côtes. Ajouter dans la saucière le jus accumulé sur la planche et mélanger.

❯ *Dresser la table*

Trois élégants décors pour du chic instantané.

Sous verre

Personnalisée grâce à une carte écrite à la main, une simple orchidée agrémentée de brins de buis et de baies est placée sous une coupe à crevettes à la place de chacun des convives.

En cadeau

Des chemins de table de soie chatoyante contrastent joliment avec les serviettes, l'argent et le cristal. En guise de souvenir pour les invités, des boîtes-cadeaux recouvertes de peinture dorée dans lesquelles on a déposé des boules en verre ornées d'un petit ruban de satin.

Dans le sac

Des napperons et serviettes en jacquard rouge mettent en valeur les jolies assiettes bordées de dorures. Des sacs en organza renferment un petit cadeau pour les invités (chocolats recouverts de papier métallique et boules de Noël roses). De simples bougies blanches posées dans des récipients en verre bordés d'or ajoutent une touche scintillante.

Oie rôtie farcie aux pommes et aux marrons

Pour la farce, on recommande d'utiliser une pomme ferme et acidulée comme la Granny Smith.

DONNE 8 PORTIONS.

- **PRÉPARATION :** 1 h • **CUISSON :** 2 h 15 min à 2 h 30 min
- **Par portion : CALORIES :** 778 • **PROTÉINES :** 68 g
- **MATIÈRES GRASSES :** 37 g (13 g sat.) • **CHOLESTÉROL :** 308 mg
- **GLUCIDES :** 38 g • **FIBRES :** 6 g • **SODIUM :** 464 mg

1	oie avec les abats (environ 10 lb/5 kg)	1
2 c. à tab	beurre	30 ml
2 c. à thé	graines de fenouil légèrement écrasées	10 ml
1	oignon haché finement	1
1	branche de céleri hachée finement	1
1	gousse d'ail hachée finement	1
4 t	pommes pelées, le cœur enlevé, coupées en dés (environ 4 pommes)	1 L
½ t	persil frais, haché	125 ml
1 c. à tab	thym frais, haché ou	15 ml
1 c. à thé	thym séché	5 ml
½ c. à thé	sel	2 ml
½ c. à thé	poivre noir du moulin	2 ml
4 t	pain blanc frais, coupé en cubes	1 L
3 t	marrons cuits, pelés (voir méthode, page suivante) ou marrons en conserve	750 ml
1	œuf légèrement battu	1
½ t	vermouth blanc sec ou vin blanc, ou bouillon de bœuf	125 ml
2 c. à tab	jus de citron	30 ml
2 c. à tab	brandy	30 ml
3 c. à tab	farine	45 ml
2 ½ t	bouillon de bœuf ou de poulet	625 ml

1. Retirer les abats de l'oie. Enlever l'excédent de gras à l'entrée de la cavité ventrale. Couper le bout des ailes (réserver pour la préparation d'un bouillon, si désiré). Hacher finement le foie et réserver (réserver les autres abats par un usage ultérieur).

2. Dans un grand poêlon, chauffer le beurre à feu moyen. Ajouter les graines de fenouil et cuire pendant 30 secondes. Ajouter l'oignon, le céleri et l'ail et cuire, en brassant souvent, pendant environ 5 minutes ou jusqu'à ce que les légumes aient ramolli.

3. Ajouter le foie et cuire pendant 1 minute. Ajouter les pommes, le persil, le thym et la moitié du sel et du poivre, et cuire pendant 7 minutes. Mettre la préparation dans un grand bol. Ajouter le pain, les marrons et l'œuf et mélanger. Laisser refroidir.

4. Éponger l'orifice du cou et la cavité ventrale de l'oie à l'aide d'essuie-tout. Introduire la farce refroidie dans l'orifice du cou et dans la cavité ventrale, sans tasser. Fermer les cavités avec des brochettes. Attacher fermement les cuisses ensemble avec de la ficelle à rôti et replier les ailes sur le dos. Piquer légèrement la peau de l'oie avec la pointe d'un couteau. Parsemer du reste du sel et du poivre.

5. Mettre l'oie, la poitrine dessus, sur la grille huilée d'une rôtissoire. Cuire pendant 20 minutes au four préchauffé à 400°F (200°C). Réduire la température du four à 350°F (180°C) et poursuivre la cuisson pendant 20 minutes. Retirer la rôtissoire du four et la dégraisser.

6. Dans un petit bol, mélanger le vermouth et le jus de citron. Badigeonner l'oie de ce mélange. Poursuivre la cuisson de 1 ¼ à 1 ½ heure ou jusqu'à ce qu'un thermomètre à viande inséré dans la partie la plus charnue de la cuisse indique 180°F (82°C) (arroser souvent l'oie avec le jus de cuisson). Retirer l'oie de la rôtissoire et la déposer dans un plat de service chaud. Retirer la ficelle et les brochettes.

Couvrir l'oie de papier d'aluminium, sans serrer, et laisser reposer de 15 à 30 minutes avant de la découper.

7. Dans la rôtissoire, dégraisser le jus de cuisson en conservant 2 c. à tab (30 ml) du gras. Incorporer le brandy et cuire à feu moyen pendant 1 minute en raclant le fond de la rôtissoire pour en détacher toutes les particules. Ajouter la farine et cuire, en brassant, pendant environ 2 minutes ou jusqu'à ce qu'elle soit légèrement dorée. À l'aide d'un fouet, ajouter petit à petit le bouillon de bœuf et laisser mijoter pendant environ 6 minutes ou jusqu'à ce que la préparation ait épaissi. À l'aide d'une passoire fine, filtrer la sauce dans une saucière. Servir l'oie accompagnée de la sauce.

Marrons frais

À l'aide d'un petit couteau bien aiguisé, faire une incision en forme de X à la base de chaque marron. Plonger les marrons, quatre à la fois, dans une casserole d'eau bouillante et cuire pendant 2 minutes ou jusqu'à ce que l'écorce frise à l'endroit de l'incision. À l'aide d'une écumoire, retirer les marrons de l'eau et laisser égoutter. À l'aide du couteau, peler les marrons encore chauds en prenant soin d'enlever la mince pellicule brune qui les recouvre. Une fois tous les marrons pelés, les remettre dans la casserole et ajouter de l'eau, au besoin, de manière à les couvrir complètement. Porter à ébullition. Réduire à feu moyen et cuire les marrons pendant environ 5 minutes ou jusqu'à ce qu'ils soient tendres. Égoutter.

Marrons transformés

Les marrons frais ont une saveur et une texture exceptionnelles, mais les peler demande beaucoup de temps. On peut les remplacer par des marrons séchés (vendus dans les épiceries italiennes ou asiatiques), des marrons sous vide ou des marrons en conserve.

Marrons séchés

Mettre 2 t (500 ml) ou 1 paquet de 10 oz (300 g) de marrons séchés dans une casserole. Verser 6 t (1,5 L) d'eau bouillante et faire tremper pendant 2 heures ou jusqu'au lendemain. Égoutter. Remettre les marrons dans la casserole et les couvrir d'eau de nouveau. Porter à ébullition. Réduire à feu moyen et cuire les marrons pendant environ 15 minutes ou jusqu'à ce qu'ils soient tendres. Égoutter.

Marrons sous vide

Les marrons sous vide sont plus mous que les frais. On peut les utiliser à la place des marrons frais parés ou des marrons séchés. Ils sont plus chers que ceux en conserve, mais ils ont meilleur goût. On en trouve aussi en morceaux : ils sont moins chers et conviennent bien à la préparation de recettes.

Marrons en conserve

Les marrons en conserve sont cuits et peuvent être utilisés à la place des marrons frais parés, des marrons séchés ou des marrons sous vide. Bien les rincer à l'eau froide et les égoutter avant de les utiliser. Les marrons en conserve sont parfois présentés dans du sirop et sont destinés à la préparation des desserts. Bien lire l'étiquette avant d'acheter.

Tourtière aux champignons

Ce plat classique est composé de porc haché et, généralement, de pommes de terre pour épaissir le tout. Les champignons ne font pas partie des ingrédients habituels, mais on appréciera la saveur particulière qu'ils donnent à ce plat traditionnel.

DONNE 8 PORTIONS.

- PRÉPARATION : min • CUISSON : 1 h 30 min
- **Par portion :** CALORIES : 649 • PROTÉINES : 28 g
- MATIÈRES GRASSES : 39 g (18 g sat.) • CHOLESTÉROL : 171 mg
- GLUCIDES : 45 g • FIBRES : 3 g • SODIUM : 831 mg

1 ½ t	pommes de terre pelées et coupées en cubes	375 ml
2 lb	porc haché maigre	1 kg
2 t	champignons coupés en tranches	500 ml
¾ t	céleri haché finement	180 ml
¾ t	bouillon de poulet	180 ml
2	oignons hachés finement	2
3	gousses d'ail hachées finement	3
¾ c. à thé	sel	4 ml
½ c. à thé	poivre noir du moulin	2 ml
½ c. à thé	sarriette séchée	2 ml
½ c. à thé	thym séché	2 ml
¼ c. à thé	clou de girofle moulu	1 ml
¼ c. à thé	cannelle moulue	1 ml
1	feuille de laurier	1
	pâte à tarte pour deux abaisses de 9 po (23 cm) de diamètre (voir recette, page suivante)	
1	jaune d'œuf	1
2 c. à thé	eau	10 ml

1. Dans une casserole d'eau bouillante salée, cuire les pommes de terre à couvert pendant environ 12 minutes ou jusqu'à ce qu'elles soient tendres. Égoutter les pommes de terre et les réduire en purée. Réserver.

2. Entre-temps, dans un poêlon, cuire le porc haché à feu moyen-vif, en l'écrasant avec une fourchette et en brassant, pendant environ 8 minutes ou jusqu'à ce qu'il ait perdu sa teinte rosée. Dégraisser le poêlon.

3. Dans le poêlon, ajouter les champignons, le céleri, le bouillon de poulet, les oignons, l'ail, le sel, le poivre, la sarriette, le thym, le clou de girofle, la cannelle et la feuille de laurier; porter à ébullition. Réduire le feu, couvrir et laisser mijoter pendant environ 25 minutes ou jusqu'à ce que le liquide se soit presque entièrement évaporé. Retirer la feuille de laurier. Ajouter la purée de pommes de terre et mélanger. Laisser refroidir.

4. Sur une surface légèrement farinée, abaisser la moitié de la pâte à ¼ po (5 mm) d'épaisseur. Presser l'abaisse dans le fond et sur les côtés d'une assiette à tarte de 9 po (23 cm) de diamètre. Étendre la préparation à la viande sur la pâte. Abaisser le reste de la pâte. Badigeonner le bord de l'abaisse du fond d'un peu d'eau et couvrir de l'autre abaisse. Sceller les deux abaisses en les pinçant ensemble. Couper l'excédent de pâte (réserver les retailles) et canneler le pourtour de la tourtière.

5. Abaisser les retailles de pâte. À l'aide d'un petit emporte-pièce, découper des étoiles dans la pâte. (Vous pouvez préparer la tourtière et les étoiles de pâte jusqu'à cette étape et les envelopper séparément d'une pellicule de plastique. Elles se conserveront jusqu'au lendemain au réfrigérateur ou jusqu'à 2 semaines au congélateur, enveloppées de papier d'aluminium résistant. Décongeler au réfrigérateur. Augmenter le temps de cuisson de 20 à 30 minutes et couvrir la tourtière de papier d'aluminium au bout de 45 minutes de cuisson. Retirer le papier d'aluminium pour les 10 dernières minutes.)

6. Dans un petit bol, mélanger le jaune d'œuf et l'eau. Badigeonner les trois quarts du mélange sur le dessus de la tourtière. Mettre les étoiles de pâte sur la tourtière et y étendre le reste du mélange de jaune d'œuf. Faire une entaille d'environ 1 po (2,5 cm) sur le dessus de la tourtière pour permettre à la vapeur de s'échapper.

7. Cuire dans le tiers inférieur du four préchauffé à 400°F (200°C) pendant environ 50 minutes ou jusqu'à ce que la garniture soit bouillonnante et que la croûte soit dorée.

Pâte à tarte

DONNE 2 ABAISSES DE 9 PO (23 CM) DE DIAMÈTRE.

3 t	farine	750 ml
1 c. à thé	sel	5 ml
½ t	beurre froid, coupé en cubes	125 ml
½ t	graisse végétale (ou saindoux) froide, coupée en cubes	125 ml
1	œuf	1
2 c. à thé	vinaigre	10 ml
	eau glacée	

1. Dans un bol, mélanger la farine et le sel. Ajouter le beurre et la graisse végétale et, à l'aide d'un coupe-pâte ou de deux couteaux, travailler la préparation jusqu'à ce qu'elle ait la texture d'une chapelure grossière parsemée de morceaux plus gros.

2. Dans une tasse à mesurer, battre l'œuf et le vinaigre. Ajouter suffisamment d'eau glacée pour obtenir ⅔ t (160 ml) de liquide. Ajouter petit à petit ce mélange à la préparation de farine et mélanger jusqu'à ce que la pâte commence à se tenir, sans plus.

3. Diviser la pâte en deux portions et aplatir chacune en un disque. Envelopper les disques de pâte d'une pellicule de plastique et réfrigérer pendant environ 30 minutes. (Vous pouvez préparer la pâte à l'avance. Elle se conservera jusqu'à 3 jours au réfrigérateur.)

Coulibiac de crevettes

Dans ce coulibiac plutôt léger, les crevettes remplacent le traditionnel saumon.

DONNE 6 À 8 PORTIONS.

- **PRÉPARATION** : 45 min • **CUISSON** : 50 min
- **Par portion** : CALORIES : 361 • PROTÉINES : 17 g
- MATIÈRES GRASSES : 18 g (7 g sat.) • CHOLESTÉROL : 158 mg
- GLUCIDES : 31 g • FIBRES : 3 g • SODIUM : 529 mg

1 ½ t	pommes de terre pelées et coupées en cubes	375 ml
1 c. à tab	huile d'olive	15 ml
2	poireaux coupés en tranches fines (la partie blanche seulement)	2
1 lb	petites crevettes crues, fraîches ou surgelées et décongelées, décortiquées et déveinées	500 g
½ c. à thé	sel	2 ml
½ c. à thé	poivre noir du moulin	2 ml
2	œufs	2
¼ t	crème sure	60 ml
3 c. à tab	aneth frais, haché	45 ml
4	oignons verts coupés en tranches fines	4
1	paquet de pâte feuilletée surgelée, décongelée et froide (1 lb/500 g)	1
1 c. à tab	eau	15 ml

1. Dans une casserole d'eau bouillante salée, cuire les pommes de terre à couvert pendant environ 10 minutes ou jusqu'à ce qu'elles soient tendres. Égoutter et laisser refroidir.

2. Entre-temps, dans un grand poêlon, chauffer l'huile à feu moyen-vif. Ajouter les poireaux et cuire, en brassant, pendant environ 3 minutes ou jusqu'à ce qu'ils aient ramolli. Ajouter les crevettes et la moitié du sel et du poivre et cuire, en brassant, pendant environ 5 minutes ou jusqu'à ce que les crevettes soient rosées. Laisser refroidir.

3. Dans un grand bol, à l'aide d'un fouet, mélanger un des œufs, la crème sure, l'aneth, les oignons verts et le reste du sel et du poivre. Ajouter la préparation aux crevettes et les pommes de terre.

4. Étendre une feuille de pâte feuilletée sur une plaque de cuisson sans rebords tapissée de papier-parchemin. Mettre la garniture aux crevettes au centre de la pâte en laissant une bordure de 2 po (5 cm) sur le pourtour. Dans un bol, mélanger l'autre œuf et l'eau. Badigeonner légèrement la bordure de pâte du mélange d'œuf. Couvrir de l'autre feuille de pâte feuilletée et pincer les deux feuilles ensemble pour sceller. (Vous pouvez préparer le coulibiac jusqu'à cette étape et le couvrir d'une pellicule de plastique. Il se conservera jusqu'au lendemain au réfrigérateur.)

5. Badigeonner légèrement le dessus du coulibiac du reste de mélange d'œuf. Faire trois entailles dans la pâte pour permettre à la vapeur de s'échapper. Cuire dans le tiers inférieur du four préchauffé à 375°F (190°C) pendant environ 40 minutes ou jusqu'à ce que la pâte soit dorée.

1. À l'aide d'un couteau bien aiguisé, enlever la couenne et le gras à la surface du jambon en conservant environ ¼ po (5 mm) de gras. Avec le couteau, faire des entailles dans le gras de manière à former des losanges. Déposer le jambon sur la grille d'une rôtissoire, le gras dessus. Cuire pendant 2 heures au four préchauffé à 325°F (160°C).

2. Dans un bol, mélanger le miel, la moutarde de Dijon et le vinaigre balsamique. Badigeonner le jambon d'environ un tiers de la préparation. Poursuivre la cuisson pendant environ 1 heure ou jusqu'à ce qu'un thermomètre à viande inséré dans le jambon indique 140°F (60°C) (badigeonner le jambon du reste de la préparation au miel deux autres fois en cours de cuisson). (Vous pouvez préparer le jambon à l'avance, le laisser refroidir et l'envelopper de papier d'aluminium. Il se conservera jusqu'à 3 jours au réfrigérateur.) Mettre le jambon sur une planche à découper et le couvrir de papier d'aluminium, sans serrer. Laisser reposer pendant 20 minutes avant de le couper en tranches.

Jambon au miel et au vinaigre balsamique

DONNE 16 À 20 PORTIONS.

- PRÉPARATION : 15 min • CUISSON : 3 h
- TEMPS DE REPOS : 20 min • **Par portion:** CALORIES : 229
- PROTÉINES : 29 g • MATIÈRES GRASSES : 10 g (4 g sat.)
- CHOLESTÉROL : 76 mg • GLUCIDES : 3 g • FIBRES : aucune
- SODIUM : 1 867 mg

15 lb	jambon entier avec l'os et la couenne	7,5 kg
2 c. à tab	miel liquide	30 ml
2 c. à tab	moutarde de Dijon	30 ml
2 c. à tab	vinaigre balsamique	30 ml

Roulade de saumon farcie aux fruits de mer

DONNE 8 PORTIONS.

- PRÉPARATION : 45 min • CUISSON : 50 min
- TEMPS DE REPOS : 10 min • **Par portion :** CALORIES : 414
- PROTÉINES : 31 g • MATIÈRES GRASSES : 29 g (13 g sat.)
- CHOLESTÉROL : 149 mg • GLUCIDES : 5 g • FIBRES : traces
- SODIUM : 314 mg

ROULADE DE SAUMON FARCIE

1	blanc d'œuf	1
½ lb	crevettes tigrées crues, décortiquées et déveinées, hachées	250 g
½ lb	pétoncles coupés en dés	250 g
¾ t	mie de pain frais, émiettée	180 ml
⅓ t	ciboulette fraîche, hachée	80 ml
¼ t	persil frais, haché	60 ml
1 c. à thé	zeste de citron râpé	5 ml
1 c. à thé	estragon frais, haché ou	5 ml
¼ c. à thé	estragon séché	1 ml
½ c. à thé	sel	2 ml
½ c. à thé	poivre noir du moulin	2 ml
1	filet de saumon entier avec la peau (2 lb/1 kg)	1

BEURRE BLANC À L'ESTRAGON

2	échalotes françaises hachées finement	2
⅓ t	vinaigre de vin blanc	80 ml
¼ t	vermouth blanc sec	60 ml
¾ t	beurre non salé coupé en dés	180 ml
1 c. à tab	estragon frais, haché ou	15 ml
1 c. à thé	estragon séché	5 ml
1 c. à thé	jus de citron	5 ml
1	pincée de sel	1

PRÉPARATION DE LA ROULADE DE SAUMON

1. Dans un bol, battre le blanc d'œuf à l'aide d'un fouet jusqu'à ce qu'il soit mousseux. Ajouter les crevettes et les pétoncles et mélanger. Ajouter la mie de pain, la ciboulette, le persil, le zeste de citron, l'estragon et la moitié du sel et du poivre et bien mélanger. Réserver au réfrigérateur.

2. Mettre le filet de saumon sur une planche à découper, la peau dessous. Pour pouvoir saisir la peau, faire une petite entaille à l'aide d'un couteau entre la chair et la peau à un bout du filet. En la tenant avec un essuie-tout et en inclinant légèrement la lame, tirer doucement sur la peau dans un mouvement de va-et-vient sans bouger le couteau (jeter la peau et retirer les résidus restés sur la chair).

3. En commençant par le côté long le moins épais, couper le filet de saumon en deux dans l'épaisseur en laissant une bordure intacte (ne pas le couper complètement) (photo A). Ouvrir comme un livre. Parsemer de la moitié du reste du sel et du poivre. Étendre la farce aux fruits de mer sur le filet de saumon en laissant une bordure de 1 po (2,5 cm) sur les deux côtés longs et sur un côté court.

4. En commençant par le côté court sans bordure, rouler le filet de saumon (photo B). Ficeler à intervalles de 1 po (2,5 cm). Mettre la roulade sur une plaque de cuisson tapissée de papier-parchemin. Parsemer du reste du sel et du poivre. (Vous pouvez préparer la roulade de saumon jusqu'à cette étape et la couvrir. Elle se conservera jusqu'à 2 heures au réfrigérateur.) Cuire au four préchauffé à 375°F (190°C) pendant environ 50 minutes ou jusqu'à ce qu'un thermomètre inséré dans la farce au bout de la roulade indique 160°F (70°C). Mettre la roulade sur une planche à découper et couvrir de papier d'aluminium, sans serrer. Laisser reposer pendant 10 minutes.

PRÉPARATION DU BEURRE BLANC

5. Entre-temps, dans une petite casserole, porter à ébullition les échalotes, le vinaigre de vin et le vermouth et laisser bouillir pendant environ 3 minutes ou jusqu'à ce que le mélange ait réduit à environ 2 c. à tab (30 ml). Réduire à feu doux. Ajouter les dés de beurre un à un, en brassant à l'aide du fouet jusqu'à ce qu'il ait fondu. Ajouter l'estragon, le jus de citron et le sel.

6. Au moment de servir, couper délicatement la roulade de saumon en tranches d'environ 1 po (2,5 cm) d'épaisseur. Retirer la ficelle. Servir avec le beurre blanc.

A

Pour couper le saumon à l'horizontale, commencer par le côté le moins épais.

B

En commençant par le côté sans bordure, rouler le saumon.

Une collation pour le père Noël et son équipe

Placer une botte de carottes fraîches avec leurs fanes (pour les rennes) dans un grand vase de métal placé sur une assiette décorative, puis accompagner de biscuits maison et d'un verre de lait (pour le père Noël). Déposer le tout près du foyer.

Un arrangement floral express

À l'aide d'un couteau, couper un morceau de mousse florale aux dimensions d'une urne ou d'un autre type de récipient large et profond ; humidifier avec de l'eau. Choisir des fleurs et des tiges de baies dans une même palette de couleurs, par exemple des roses rouges et des baies de millepertuis. Avec des sécateurs, tailler les tiges au fur et à mesure. Travailler de l'extérieur vers le centre, en piquant les tiges dans la mousse de façon à créer un arrangement bien serré qui dépasse à peine du pot.

Coq au vin

DONNE 8 PORTIONS.

- PRÉPARATION : 20 min • CUISSON : 1 h 30 min
- **Par portion :** CALORIES : 556 • PROTÉINES : 42 g
- MATIÈRES GRASSES : 29 g (8 g sat.) • CHOLESTÉROL : 162 mg
- GLUCIDES : 29 g • FIBRES : 2 g • SODIUM : 380 mg

COQ AU VIN

2 c. à tab	beurre	30 ml
3 lb	hauts de cuisse ou poitrines de poulet désossées, la peau et le gras enlevés	1,5 kg
2 t	oignons perlés pelés	500 ml
2 t	champignons	500 ml
1 t	oignons hachés	250 ml
2 c. à thé	thym frais, haché ou	10 ml
1 c. à thé	thym séché	5 ml
1	pincée de sel	1
1	pincée de poivre noir du moulin	1
1	feuille de laurier	1
1 ½ t	vin rouge sec	375 ml
1 ½ t	bouillon de poulet	375 ml
2 c. à tab	pâte de tomates	30 ml
1 c. à tab	brandy (facultatif)	15 ml
2 c. à tab	persil frais, haché	30 ml

ÉTOILES DE PÂTE FEUILLETÉE

1	paquet de pâte feuilletée surgelée, décongelée (397 g)	1
1	œuf battu	1

PRÉPARATION DU COQ AU VIN

1. Dans un grand poêlon, chauffer 1 c. à tab (15 ml) du beurre à feu moyen-vif. Faire dorer le poulet, en plusieurs fois, de 2 à 3 minutes de chaque côté. Réserver dans une assiette.

2. Dégraisser le poêlon. Ajouter les oignons perlés et les champignons et cuire, à feu moyen, pendant environ 5 minutes ou jusqu'à ce qu'ils soient dorés. Réserver dans une autre assiette. Dans le poêlon, chauffer le reste du beurre. Ajouter les oignons hachés, le thym, le sel, le poivre et la feuille de laurier et cuire pendant environ 8 minutes ou jusqu'à ce que les oignons aient ramolli.

3. Ajouter le vin, le bouillon, la pâte de tomates et le brandy, si désiré. Porter à ébullition à feu vif, en raclant le fond du poêlon pour en détacher les particules. Remettre le poulet réservé dans le poêlon. Réduire à feu moyen, couvrir et laisser mijoter, en brassant de temps à autre, pendant 20 minutes. Remettre la préparation aux champignons réservée dans le poêlon, couvrir et laisser mijoter, en brassant de temps à autre, pendant environ 25 minutes ou jusqu'à ce que la sauce ait légèrement épaissi. Retirer la feuille de laurier. Ajouter le persil et mélanger. (Vous pouvez préparer le coq au vin à l'avance, le laisser refroidir et le mettre dans un contenant hermétique. Il se conservera jusqu'à 2 jours au réfrigérateur. Réchauffer au four préchauffé à 350°F/180°C pendant environ 30 minutes.)

PRÉPARATION DES ÉTOILES DE PÂTE

4. Sur une surface de travail légèrement farinée, abaisser la pâte jusqu'à ¼ po (5 mm) d'épaisseur. À l'aide d'emporte-pièces, découper des étoiles dans la pâte. Déposer les étoiles sur une plaque de cuisson et les badigeonner de l'œuf. Cuire au four préchauffé à 400°F (200°C) pendant environ 15 minutes ou jusqu'à ce qu'elles soient dorées. (Vous pouvez préparer les étoiles de pâte à l'avance et les mettre dans un contenant hermétique. Elles se conserveront jusqu'à 3 jours à la température ambiante.) Au moment de servir, garnir chaque portion de coq au vin d'étoiles de pâte feuilletée.

Cannellonis à la courge, aux épinards et au fromage

DONNE 10 PORTIONS.

- **PRÉPARATION :** 1 h 30 min • **CUISSON :** 1 h 30 min
- **Par portion :** CALORIES : 503 • PROTÉINES : 22 g
- **MATIÈRES GRASSES :** 25 g (10 g sat.) • CHOLESTÉROL : 94 mg
- **GLUCIDES :** 49 g • FIBRES : 4 g • SODIUM : 446 mg

GARNITURE À LA COURGE

1	courge musquée pelée et coupée en cubes (environ 1 ¼ lb/625 g)	1
4	gousses d'ail entières	4
½	oignon coupé en morceaux	½
2 c. à tab	huile d'olive	30 ml
1 c. à thé	jus de citron	5 ml
¼ c. à thé	sel	1 ml
¼ c. à thé	poivre noir du moulin	1 ml
½ t	fromage ricotta	125 ml
⅓ t	parmesan râpé	80 ml
1 c. à tab	sauge fraîche, hachée ou	15 ml
1 c. à thé	sauge séchée	5 ml
¾ t	noisettes grillées, hachées grossièrement	180 ml

GARNITURE AUX ÉPINARDS

1 ½	sac d'épinards frais, parés (environ 1 lb/500 g en tout)	1 ½
4	oignons verts hachés finement	4
1 c. à tab	huile d'olive	15 ml
½ c. à thé	sel	2 ml
½ c. à thé	poivre noir du moulin	2 ml

SAUCE AU FROMAGE

2 c. à tab	beurre	30 ml
3 c. à tab	farine	45 ml
2 ¼ t	lait (environ)	560 ml
¼ c. à thé	sel	1 ml
¼ c. à thé	poivre noir du moulin	1 ml
¼ c. à thé	muscade moulue	1 ml
2 ½ t	fromage gruyère râpé	625 ml
10	lasagnes larges fraîches	10

PRÉPARATION DE LA GARNITURE À LA COURGE

1. Dans une rôtissoire, mélanger la courge, l'ail, l'oignon, l'huile, le jus de citron, le sel et le poivre. Cuire au four préchauffé à 425°F (220°C) pendant environ 40 minutes ou jusqu'à ce que la courge soit tendre. Laisser refroidir.

2. Au robot culinaire, réduire en purée la préparation à la courge, le fromage ricotta, le parmesan et la sauge. Mettre la purée dans un bol. (Vous pouvez préparer la garniture à la courge à l'avance et la couvrir. Elle se conservera jusqu'au lendemain au réfrigérateur.) Ajouter les noisettes et mélanger. Réserver.

PRÉPARATION DE LA GARNITURE AUX ÉPINARDS

3. Rincer les épinards à l'eau froide et les mettre dans une grande casserole. Cuire à feu moyen-vif, pendant environ 5 minutes ou jusqu'à ce qu'ils aient flétri. Égoutter et presser pour enlever l'excédent de liquide. Laisser refroidir, puis hacher. Dans un bol, mélanger les épinards, les oignons verts, l'huile, le sel et le poivre. Réserver.

PRÉPARATION DE LA SAUCE AU FROMAGE

4. Dans une casserole, faire fondre le beurre à feu moyen. Ajouter la farine et cuire pendant 2 minutes, en brassant. À l'aide d'un fouet, ajouter le lait petit à petit et porter à ébullition en brassant sans arrêt. Réduire le feu et laisser mijoter, en brassant souvent, pendant environ 5 minutes ou jusqu'à ce que la sauce ait épaissi. Ajouter le sel, le poivre et la muscade et mélanger. Retirer la casserole du feu. Ajouter 2 t (500 ml) du fromage gruyère et mélanger jusqu'à ce que la préparation soit lisse. (Vous pouvez préparer la sauce à l'avance, la mettre dans un contenant hermétique, couvrir directement la surface de la sauce d'une pellicule de plastique et mettre le couvercle. Elle se conservera jusqu'au lendemain au réfrigérateur. Ajouter ¼ t (60 ml) de lait si la sauce est trop épaisse.) Étendre 1 t (250 ml) de la sauce au fromage dans un plat en verre allant au four de 13 po x 9 po (33 cm x 23 cm). Réserver.

ASSEMBLAGE DES CANNELLONIS

5. Faire tremper les lasagnes pendant 2 minutes dans l'eau froide pour les ramollir. Éponger à l'aide d'essuie-tout. Couper chaque lasagne en deux rectangles de 6 ½ po x 4 po (16 cm x 10 cm). Étendre 3 c. à tab (45 ml) de la garniture à la courge sur l'un des côtés courts de chaque rectangle, en laissant une bordure de ½ po (1 cm) à l'autre extrémité. Couvrir de 2 c. à tab (30 ml) de la garniture aux épinards. Rouler chaque rectangle de pâte de façon à obtenir un cylindre. Disposer les cannellonis côte à côte, l'ouverture dessous, sur la sauce au fromage dans le plat. Napper du reste de la sauce et parsemer du reste du fromage gruyère. (Vous pouvez préparer les cannellonis jusqu'à cette étape et les couvrir. Ils se conserveront jusqu'à 2 heures au réfrigérateur.)

6. Couvrir de papier d'aluminium et mettre le plat sur une plaque de cuisson. Cuire pendant 25 minutes au four préchauffé à 375°F (190°C). Retirer le papier d'aluminium et poursuivre la cuisson pendant environ 20 minutes ou jusqu'à ce que la sauce soit bouillonnante et que le fromage soit légèrement doré. Laisser reposer pendant 5 minutes avant de servir.

Osso buco au vin blanc

DONNE 8 PORTIONS.

- PRÉPARATION : 25 min • CUISSON : 2 h 30 min
- Par portion : CALORIES : 258 • PROTÉINES : 35 g
- MATIÈRES GRASSES : 10 g (3 g sat.) • CHOLESTÉROL : 148 mg
- GLUCIDES : 5 g • FIBRES : 1 g • SODIUM : 540 mg

3 c. à tab	farine	45 ml
½ c. à thé	sel	2 ml
½ c. à thé	poivre noir du moulin	2 ml
8	tranches de jarret de veau de 1 ½ po (4 cm) d'épaisseur	8
4 c. à thé	huile d'olive	20 ml
1	oignon haché	1
4	gousses d'ail hachées finement	4
1 c. à thé	romarin séché	5 ml
¾ t	vin blanc sec ou bouillon de poulet à teneur réduite en sodium	180 ml
¾ t	bouillon de poulet à teneur réduite en sodium	180 ml
1 c. à thé	zeste de citron râpé	5 ml
1 c. à tab	jus de citron	15 ml
½ t	olives vertes coupées en deux	125 ml
1 c. à tab	câpres rincées et égouttées	15 ml
2 c. à tab	persil frais, haché	30 ml

1. Dans une assiette, mélanger la farine et la moitié du sel et du poivre. Couper huit ficelles à rôti de 24 po (60 cm) de longueur. Faire deux tours de ficelle autour de chaque tranche de jarret et bien attacher. Passer les tranches de jarret dans le mélange de farine de façon à bien les enrober (secouer pour enlever l'excédent). Réserver le reste du mélange de farine.

2. Dans une grande casserole, chauffer 1 c. à tab (15 ml) de l'huile à feu moyen-vif. Ajouter les tranches de jarret, en plusieurs fois, et cuire jusqu'à ce qu'elles soient dorées. Retirer de la casserole et réserver dans une assiette.

3. Dégraisser la casserole. Ajouter le reste de l'huile, l'oignon, l'ail, le romarin et le reste du sel et du poivre, et cuire à feu moyen, en brassant de temps à autre, pendant environ 5 minutes ou jusqu'à ce que l'oignon ait ramolli. Parsemer du reste de la préparation de farine et cuire, en brassant, pendant 1 minute.

4. Ajouter le vin blanc, le bouillon de poulet, le zeste et le jus de citron et porter à ébullition en raclant le fond de la casserole pour en détacher les particules. Remettre les tranches de jarret et leur jus dans la casserole. Porter à faible ébullition. Couvrir et cuire pendant 1 ¾ heure au four préchauffé à 325°F (160°C) (arroser la viande toutes les 30 minutes).

5. Retourner les tranches de jarret. Ajouter les olives et les câpres et poursuivre la cuisson,

à découvert, de 30 à 45 minutes ou jusqu'à ce que le veau soit tendre et que la sauce ait épaissi (arroser la viande deux fois en cours de cuisson). Parsemer du persil.

Fleurs d'oignons rouges

Ces oignons rôtis s'ouvrent en de jolies fleurs rouges, qui feront un plat d'accompagnement original et coloré.

DONNE 12 PORTIONS.

- PRÉPARATION : 15 min • CUISSON : 1 h 30 min
- **Par portion :** CALORIES : 80 • PROTÉINES : 2 g
- MATIÈRES GRASSES : 2 g (traces sat.) • CHOLESTÉROL : aucun
- GLUCIDES : 14 g • FIBRES : 2 g • SODIUM : 103 mg

24	petits oignons rouges (environ 3 ½ lb/1,75 kg en tout)	24
2 c. à tab	huile d'olive	30 ml
1 c. à thé	sauge, thym ou romarin séchés	5 ml
½ c. à thé	sel	2 ml
½ c. à thé	poivre noir du moulin	2 ml
2 c. à tab	vinaigre balsamique	30 ml

1. Peler les oignons en gardant la base intacte de manière qu'ils reposent à plat pendant la cuisson. Mettre les oignons bien à plat sur une surface de travail et les couper verticalement en huit parties, en préservant ½ po (1 cm) à la base. Déposer les oignons dans un plat en verre allant au four de 13 po x 9 po (33 cm x 23 cm). Arroser de l'huile et parsemer de la sauge, du sel et du poivre.

2. Couvrir le plat de papier d'aluminium et cuire au four préchauffé à 400°F (200°C) pendant environ 1 heure ou jusqu'à ce que les oignons soient tendres. Retirer le papier d'aluminium et poursuivre la cuisson pendant environ 30 minutes ou jusqu'à ce que les oignons soient légèrement croustillants sur le dessus (arroser du jus de cuisson). (Vous pouvez préparer les oignons à l'avance, les laisser refroidir pendant 30 minutes, les réfrigérer, sans les couvrir, dans un contenant hermétique jusqu'à ce qu'ils soient froids, puis les couvrir. Ils se conserveront jusqu'au lendemain au réfrigérateur. Réchauffer pendant 30 minutes, à couvert, au four préchauffé à 325°F/160°C, en les arrosant du jus de cuisson.) Arroser les oignons du vinaigre balsamique.

Strudels au dindon

DONNE 8 PORTIONS.

- PRÉPARATION : 30 min • CUISSON : 35 à 45 min
- **Par portion :** CALORIES : 459 • PROTÉINES : 33 g
- MATIÈRES GRASSES : 23 g (11 g sat.) • CHOLESTÉROL : 100 mg
- GLUCIDES : 29 g • FIBRES : 2 g • SODIUM : 450 mg

1 c. à tab	huile d'olive (environ)	15 ml
2	oignons espagnols coupés en tranches	2
10	feuilles de pâte phyllo	10
⅓ t	beurre fondu	80 ml
2 t	fromage gruyère fumé, râpé	500 ml
1	pot de poivrons rouges grillés, égouttés et coupés en tranches (13 oz/370 ml)	1
½ t	mie de pain frais, émiettée	125 ml
4 t	poitrine de dindon cuite, hachée grossièrement	1 L
½ c. à thé	poivre noir du moulin	2 ml

1. Dans un grand poêlon, chauffer l'huile à feu moyen-vif. Ajouter les oignons et cuire, en brassant de temps à autre, de 10 à 15 minutes ou jusqu'à ce qu'ils soient dorés (ajouter de l'huile au besoin). Réserver.

2. Sur une feuille de papier ciré, étendre une feuille de pâte phyllo, un côté long près de soi (couvrir le reste des feuilles de pâte d'un linge humide pour les empêcher de sécher). Badigeonner la feuille de pâte phyllo d'un peu

du beurre fondu. Procéder de la même manière avec quatre autres feuilles de pâte phyllo, en les empilant.

3. Parsemer ½ t (125 ml) du fromage gruyère sur la pâte phyllo sur une longue bande de 3 po (8 cm) de largeur, en réservant une bordure d'environ 3 po (8 cm) sur le côté long opposé à soi et une bordure de 2 po (5 cm) à chaque extrémité. Garnir de la moitié des oignons, des poivrons rouges, de la mie de pain, du dindon et du poivre. Parsemer de ½ t (125 ml) du fromage. En commençant par le côté long près de soi, rouler la pâte comme un gâteau roulé, sans trop serrer pour permettre au strudel de prendre du volume. Replier les extrémités de la pâte sous le strudel. Mettre le strudel, l'ouverture dessous, sur une plaque de cuisson beurrée. Badigeonner d'un peu du beurre fondu. Faire un deuxième strudel en répétant les étapes 2 et 3.

4. Cuire au centre du four préchauffé à 375°F (190°C) de 25 à 30 minutes ou jusqu'à ce que la pâte soit dorée. Laisser reposer les strudels pendant 5 minutes avant de les couper en tranches.

Choux de Bruxelles citronnés aux amandes

DONNE 8 À 10 PORTIONS.

- PRÉPARATION : 20 min • CUISSON : 20 min
- **Par portion :** CALORIES : 107 • PROTÉINES : 3 g
- MATIÈRES GRASSES : 8 g (3 g sat.) • CHOLESTÉROL : 12 mg
- GLUCIDES : 9 g • FIBRES : 4 g • SODIUM : 393 mg

2 lb	choux de Bruxelles parés	1 kg
¼ t	beurre	60 ml
½ t	amandes coupées en tranches	125 ml
2 c. à tab	persil frais, haché	30 ml
½ c. à thé	sel	2 ml
½ c. à thé	poivre noir du moulin	2 ml
2 c. à tab	jus de citron	30 ml

1. Faire une incision en forme de croix à la base des choux de Bruxelles. Dans une casserole d'eau bouillante salée, cuire les choux de Bruxelles de 7 à 9 minutes ou jusqu'à ce qu'ils soient tendres mais encore croquants. Égoutter et passer sous l'eau froide. Égoutter de nouveau, éponger à l'aide d'essuie-tout et couper en deux. Réserver. (Vous pouvez préparer les choux de Bruxelles à l'avance et les mettre dans un contenant hermétique. Ils se conserveront jusqu'au lendemain au réfrigérateur.)

2. Dans une grande casserole, faire fondre le beurre à feu moyen. Ajouter les amandes et cuire, en brassant, pendant environ 7 minutes ou jusqu'à ce qu'elles soient dorées.

3. Ajouter les choux de Bruxelles, le persil, le sel et le poivre et cuire, en brassant de temps à autre, pendant environ 5 minutes ou jusqu'à ce que les choux de Bruxelles soient bien enrobés et chauds. Ajouter le jus de citron et mélanger.

Purée de carottes crémeuse

DONNE 8 PORTIONS.

- PRÉPARATION : 20 min • CUISSON : 40 min
- **Par portion :** CALORIES : 124 • PROTÉINES : 3 g
- MATIÈRES GRASSES : 6 g (3 g sat.) • CHOLESTÉROL : 19 mg
- GLUCIDES : 17 g • FIBRES : 4 g • SODIUM : 273 mg

16	carottes coupées en morceaux de 1 po (2,5 cm) (environ 3 lb/1,5 kg en tout)	16
4	gousses d'ail entières	4
1 t	bouillon de poulet	250 ml
½ c. à thé	sel	2 ml
½ c. à thé	poivre noir du moulin	2 ml
½ c. à thé	gingembre moulu	2 ml
½ t	crème à 35 %	125 ml
¼ t	persil frais, haché finement	60 ml

1. Dans une casserole, porter à ébullition les carottes, l'ail, le bouillon de poulet, le sel, le poivre et le gingembre. Couvrir et laisser mijoter pendant environ 25 minutes ou jusqu'à ce que les carottes soient tendres. Retirer le couvercle et laisser mijoter pendant environ 10 minutes ou jusqu'à ce que tout le liquide se soit évaporé.

2. Au robot culinaire, réduire en purée lisse la préparation aux carottes et la crème, en plusieurs fois au besoin. Mettre la purée dans un plat de service allant au four. (Vous pouvez préparer la purée de carottes à l'avance et la couvrir. Elle se conservera jusqu'au lendemain au réfrigérateur. Doubler le temps de cuisson pour la réchauffer.)

3. Couvrir et cuire au four préchauffé à 400°F (200°C) pendant environ 15 minutes ou jusqu'à ce que la purée soit chaude. Ou encore, cuire au micro-ondes, à intensité moyenne, pendant 4 minutes.) Parsemer du persil et mélanger.

Sauce épicée aux canneberges

Cuites dans le sirop, les canneberges restent entières et donnent à la sauce une texture intéressante. La pincée de sel vient équilibrer la saveur sucrée.

DONNE ENVIRON 2 T (500 ML) DE SAUCE.

- PRÉPARATION : 15 min • CUISSON : 25 min
- **Par portion 2 c. à tab (30 ml) :** CALORIES : 68
- PROTÉINES : traces • MATIÈRES GRASSES : aucune (aucun sat.) • CHOLESTÉROL : aucun • GLUCIDES : 16 g
- FIBRES : 1 g • SODIUM : 1 mg

1	orange navel	1
1 t	sucre	250 ml
1 t	vin rouge sec ou cidre	250 ml
1	bâton de cannelle	1
2	anis étoilés (facultatif)	2
¼ c. à thé	clou de girofle moulu	1 ml
1	pincée de sel	1
1	pincée de piment de Cayenne	1
1	paquet de canneberges fraîches (12 oz/375 g)	1

1. À l'aide d'un couteau-éplucheur, retirer tout le zeste de l'orange (sans la membrane blanche) et le couper en lanières très fines. Réserver.

2. Presser l'orange et verser le jus dans une casserole. Ajouter le sucre, le vin rouge, la cannelle, les anis étoilés, si désiré, le clou de girofle, le sel et le piment de Cayenne. Porter à ébullition à feu moyen et laisser bouillir pendant environ 18 minutes ou jusqu'à ce que la préparation soit sirupeuse et qu'elle ait réduit à environ ¼ t (60 ml).

3. Ajouter les canneberges et le zeste d'orange et laisser mijoter, en brassant souvent, pendant environ 8 minutes ou jusqu'à ce que les canneberges aient ramolli sans pour autant s'être défaites. (Vous pouvez préparer la sauce aux canneberges à l'avance, la laisser refroidir et la mettre dans un contenant hermétique. Elle se conservera jusqu'à 1 semaine au réfrigérateur.)

Chapitre quatre

DESSERTS FABULEUX

Pots de crème au thé Earl Grey

Un dessert onctueux, délicatement parfumé au thé.

DONNE 8 PORTIONS.

- PRÉPARATION : 20 min • CUISSON : 35 min
- TEMPS D'INFUSION : 30 min • RÉFRIGÉRATION : 2 h
- **Par portion :** CALORIES : 319 • PROTÉINES : 6 g
- MATIÈRES GRASSES : 22 g (13 g sat.) • CHOLESTÉROL : 215 mg
- GLUCIDES : 26 g • FIBRES : traces • SODIUM : 63 mg

1 ⅔ t	crème à 35 %	410 ml
1 ⅓ t	lait	330 ml
½ t	sucre	125 ml
6	sachets de thé Earl Grey	6
1	lanière de zeste d'orange	1
2	œufs	2
4	jaunes d'œufs	4
¼ t	thé Earl Grey infusé	60 ml
¼ t	miel liquide	60 ml
2 c. à tab	jus de citron	30 ml
8	tranches de kumquats ou lanières de zeste d'orange	8

1. Dans une casserole, mélanger la crème, le lait et ⅓ t (80 ml) du sucre. Chauffer à feu moyen-vif, en brassant, jusqu'à ce que la préparation soit fumante. Retirer la casserole du feu. Ajouter les sachets de thé et le zeste d'orange. Couvrir et laisser infuser pendant 30 minutes.

2. Dans un bol, à l'aide d'un fouet, battre les œufs avec les jaunes d'œufs et le reste du sucre jusqu'à ce que le mélange soit lisse. Verser la préparation à la crème sur le mélange et bien mélanger. Dans une passoire fine placée sur un pichet, filtrer la préparation. Répartir la crème au thé dans huit tasses à thé allant au four ou huit ramequins d'une capacité de ½ t (125 ml) chacun. Déposer les tasses dans un plat allant au four. Verser de l'eau bouillante dans le plat à hauteur de 1 po (2,5 cm). Couvrir le plat de papier d'aluminium.

3. Cuire au four préchauffé à 325°F (160°C) pendant environ 30 minutes ou jusqu'à ce que la pointe d'un couteau insérée au centre des crèmes en ressorte sèche. Retirer les tasses du plat, les déposer sur une grille et laisser refroidir complètement. Réfrigérer les crèmes, sans les couvrir, pendant 2 heures ou jusqu'à ce qu'elles soient froides. (Vous pouvez préparer les pots de crème à l'avance et les couvrir. Ils se conserveront jusqu'au lendemain au réfrigérateur.)

4. Entre-temps, dans une petite casserole, mélanger le thé, le miel, le jus de citron et les kumquats. Porter à ébullition. Réduire à feu doux et laisser mijoter jusqu'à ce que la préparation ait réduit à ⅓ t (80 ml). Laisser refroidir jusqu'à ce que le sirop soit à la température ambiante. (Vous pouvez préparer le sirop à l'avance et le couvrir. Il se conservera jusqu'au lendemain à la température ambiante.) Au moment de servir, napper les pots de crème du sirop.

Petits tiramisus

Utiliser de préférence des doigts de dame secs et croustillants (de type Vicenzi), qu'on peut se procurer dans les épiceries italiennes.

DONNE 8 PORTIONS.

- PRÉPARATION : 45 min • CUISSON : 3 à 5 min
- RÉFRIGÉRATION : 3 h • **Par portion:** CALORIES : 279
- PROTÉINES : 5 g • MATIÈRES GRASSES : 22 g (13 g sat.)
- CHOLESTÉROL : 186 mg • GLUCIDES : 16 g • FIBRES : 1 g
- SODIUM : 27 mg

4	jaunes d'œufs	4
⅓ t	sucre	80 ml
2 c. à tab	eau tiède	30 ml
8 oz	fromage mascarpone	250 g
⅓ t	crème à 35 %	80 ml
4 c. à thé	eau chaude	20 ml
4 c. à thé	café instantané	20 ml
4 c. à thé	marsala, brandy ou eau	20 ml
10	doigts de dame croustillants	10
1 oz	chocolat mi-amer râpé	30 g

1. Dans un grand bol à l'épreuve de la chaleur placé sur une casserole d'eau frémissante, à l'aide d'un batteur électrique, battre les jaunes d'œufs avec 2 c. à tab (30 ml) du sucre et l'eau tiède pendant environ 2 minutes ou jusqu'à ce que le mélange soit épais et jaune pâle. Laisser refroidir le mélange jusqu'à ce qu'il soit à la température ambiante.

2. Dans un autre grand bol, travailler le fromage mascarpone jusqu'à ce qu'il soit lisse et qu'il ait ramolli. Ajouter le tiers du mélange de jaunes d'œufs et mélanger à l'aide d'une cuiller. Ajouter le reste du mélange de la même façon.

3. Dans un autre bol, à l'aide du batteur électrique (utiliser des fouets propres), battre la crème avec 2 c. à tab (30 ml) du sucre jusqu'à ce qu'elle forme des pics fermes. Incorporer le tiers de la crème fouettée à la préparation au fromage, puis ajouter le reste et mélanger.

4. Dans un petit bol, mélanger le reste du sucre, l'eau chaude, le café instantané et le marsala jusqu'à ce que le sucre soit dissous. Briser deux doigts de dame en quatre. Réserver.

5. Déposer 1 c. à tab (15 ml) de la préparation au fromage dans huit verres à martini ou ramequins d'une capacité de ½ t (125 ml) chacun. Un à la fois, tremper à moitié le reste des doigts de dame dans le mélange de café. Déposer les biscuits dans les verres, la partie sèche vers le haut. Tremper les morceaux de biscuits réservés dans le mélange de café et les presser dans la préparation au fromage dans les verres. Parsemer d'environ la moitié du chocolat.

6. Répartir le reste de la préparation au fromage dans les verres. Parsemer du reste du chocolat. Couvrir d'une pellicule de plastique et réfrigérer pendant 3 heures. (Vous pouvez préparer les petits tiramisus à l'avance. Ils se conserveront pendant 12 heures au réfrigérateur.)

Semifreddo au citron, sirop au café

Une couche foncée de sirop au café dissimule une mousse au citron agréablement acidulée.

DONNE 8 PORTIONS.

- PRÉPARATION : 25 min • CUISSON : 6 min
- RÉFRIGÉRATION : 15 min (mousse au citron)
1 h (sirop au café) • CONGÉLATION : 8 h
- **Par portion :** CALORIES : 152 • PROTÉINES : 2 g
- MATIÈRES GRASSES : 7 g (4 g sat.) • CHOLESTÉROL : 70 mg
- GLUCIDES : 22 g • FIBRES : traces • SODIUM : 20 mg

MOUSSE AU CITRON

2	jaunes d'œufs	2
½ t	sucre	125 ml
2 c. à thé	zeste de citron râpé finement	10 ml
¼ t	jus de citron	60 ml
¼ t	blancs d'œufs pasteurisés (de type Naturœuf)	60 ml
½ t	crème à 35 %	125 ml
8	lanières de zeste de citron (facultatif)	8

SIROP AU CAFÉ

⅓ t	sucre	80 ml
⅓ t	eau	80 ml
2 c. à thé	café instantané	10 ml

PRÉPARATION DE LA MOUSSE

1. Dans un bol à l'épreuve de la chaleur placé sur une casserole d'eau frémissante, fouetter les jaunes d'œufs avec ⅓ t (80 ml) du sucre, le zeste et le jus de citron. Cuire, en fouettant sans arrêt, pendant environ 3 minutes ou jusqu'à ce que la préparation ait suffisamment épaissi pour tenir en petit monticule dans une cuiller et qu'elle ne soit plus mousseuse. Couvrir directement la surface de la préparation d'une pellicule de plastique. Réfrigérer pendant environ 15 minutes ou jusqu'à ce que la préparation soit à la température ambiante.

2. Dans un bol, à l'aide d'un batteur électrique, battre les blancs d'œufs jusqu'à ce qu'ils forment des pics mous. Incorporer le reste du sucre, en deux fois, et battre jusqu'à ce que le mélange forme des pics fermes. Réserver.

3. Dans un autre bol, à l'aide du batteur électrique (utiliser des fouets propres), fouetter la crème, puis l'incorporer à la préparation au citron refroidie en soulevant délicatement la masse. Incorporer ensuite le quart du mélange de blancs d'œufs de la même façon, puis ajouter le reste du mélange. Répartir la mousse au citron dans huit tasses à espresso et lisser le dessus. Couvrir chacune des tasses d'une pellicule de plastique et congeler pendant au moins 8 heures ou jusqu'à ce que les semifreddo soient fermes. (Vous pouvez préparer les semifreddo au citron à l'avance et les envelopper de papier d'aluminium résistant. Ils se conserveront jusqu'à 5 jours au congélateur.)

PRÉPARATION DU SIROP

4. Dans une petite casserole, mélanger le sucre, l'eau et le café instantané. Porter à ébullition, en brassant. Laisser bouillir, en brassant sans arrêt, pendant environ 2 minutes ou jusqu'à ce que la préparation soit sirupeuse. Réfrigérer le sirop au café pendant 1 heure ou jusqu'à ce qu'il soit froid. (Vous pouvez préparer le sirop au café à l'avance et le mettre dans un contenant hermétique. Il se conservera jusqu'à 5 jours au réfrigérateur.)

5. Au moment de servir, napper chaque semifreddo de 2 c. à thé (10 ml) du sirop au café. Si désiré, garnir d'une lanière de zeste de citron.

Gâteau streusel aux arachides

DONNE 16 PORTIONS.

- PRÉPARATION : 30 min • CUISSON : 55 min
- **Par portion** : CALORIES : 471 • PROTÉINES : 11 g
- MATIÈRES GRASSES : 27 g (11 g sat.) • CHOLESTÉROL : 45 mg
- GLUCIDES : 50 g • FIBRES : 2 g • SODIUM : 295 mg

GARNITURE STREUSEL

1 t	arachides non salées, hachées finement	250 ml
⅓ t	cassonade tassée	80 ml
2 c. à tab	beurre fondu	30 ml

GÂTEAU AU BEURRE D'ARACHIDES

1 t	beurre ramolli	250 ml
¾ t	cassonade tassée	180 ml
¾ t	sucre granulé	180 ml
1 t	beurre d'arachides naturel	250 ml
3	œufs	3
1 c. à thé	vanille	5 ml
2 ½ t	farine	625 ml
1 c. à thé	poudre à pâte	5 ml
1 c. à thé	bicarbonate de sodium	5 ml
½ c. à thé	sel	2 ml
1 ½ t	lait	375 ml

GLAÇAGE

¾ t	sucre glace	180 ml
2 c. à tab	lait	30 ml
2 c. à tab	arachides non salées, hachées	30 ml

PRÉPARATION DE LA GARNITURE

1. Dans un petit bol, mélanger les arachides, la cassonade et le beurre. Réserver.

PRÉPARATION DU GÂTEAU

2. Dans un grand bol, à l'aide d'un batteur électrique, battre le beurre, la cassonade et le sucre granulé jusqu'à ce que le mélange soit gonflé. Incorporer le beurre d'arachides en battant. Ajouter les œufs un à un, en battant bien après chaque addition. Incorporer la vanille. Dans un autre bol, mélanger la farine, la poudre à pâte, le bicarbonate de sodium et le sel. Incorporer les ingrédients secs à la préparation au beurre en trois fois, en alternant deux fois avec le lait.

3. Verser la moitié de la pâte dans un moule à cheminée (de type Bundt) d'une capacité de 10 t (2,5 L), beurré et fariné. À l'aide d'une cuiller, faire un sillon d'environ 2 po (5 cm) de largeur au centre de la pâte dans le moule. Répartir la garniture réservée dans le sillon en pressant légèrement. Couvrir du reste de la pâte et lisser le dessus.

4. Cuire au centre du four préchauffé à 325°F (160°C) pendant environ 55 minutes ou jusqu'à ce qu'un cure-dents inséré au centre du gâteau en ressorte propre. Déposer le moule sur une grille et laisser refroidir pendant 10 minutes. Démouler le gâteau sur la grille et laisser refroidir complètement. (Vous pouvez préparer le gâteau jusqu'à cette étape, l'envelopper d'une pellicule de plastique et le mettre dans un contenant hermétique. Il se conservera jusqu'au lendemain à la température ambiante et jusqu'à 1 mois au congélateur.)

PRÉPARATION DU GLAÇAGE

5. Dans un petit bol, à l'aide d'un fouet, mélanger le sucre glace et le lait. Verser ce glaçage sur le dessus du gâteau refroidi et parsemer des arachides.

Moules décoratifs

Les moules à cheminée (de type Bundt) sont offerts en diverses formes : fleurs, étoiles, couronnes, etc. Faits de fonte d'aluminium, ils sont habituellement foncés et possèdent un revêtement antiadhésif.

• Pour préparer un moule à cheminée pour la cuisson, enduire généreusement la paroi intérieure d'huile végétale, en veillant à en mettre dans les angles. Saupoudrer ensuite de quelques cuillerées de farine. Faire tourner le moule en le tapotant pour bien répartir la farine, puis tapoter à nouveau pour enlever l'excédent.

>*Arbre en mousse orné de perles*

Ce petit arbre mousseux orné de perles brillantes et d'étoiles métalliques égaiera n'importe quelle pièce de la maison.

• Avec un couteau, couper la base d'un cône de styromousse ou de mousse florale de façon qu'il entre juste bien dans un contenant assez lourd. Si désiré, l'encoller avant de le mettre dans le contenant.

• Avec un pistolet à colle, fixer de la mousse (vendue dans les boutiques d'artisanat) sur le cône.

• Toujours avec le pistolet, enduire de colle le bout d'un fil de cuivre de calibre 16 et l'enfoncer dans le sommet du cône. L'enrouler en spirale autour du cône jusque dans le bas, couper le bout et le fixer sur la base avec de la colle.

• Découper des étoiles dans une feuille de cuivre (vendue dans les boutiques d'artisanat). Avec une aiguille à tapisserie, marquer les étoiles de points décoratifs.

• Découper des longueurs de 5 po (12,5 cm) dans le fil de cuivre. Avec le dernier 1 ½ po (4 cm) de chacune des longueurs, former une spirale plate. Enrouler le reste du fil sur un crayon pour former une spirale lâche ou le replier en zigzag, en gardant intacte une longueur de 2 po (5 cm) à l'autre bout. Fixer une spirale sur chacune des étoiles de métal ou enfiler des perles sur la partie droite des spirales. Encoller les bouts droits, puis les enfoncer ça et là dans le petit arbre.

❯ Décorations en chocolat

● Sur du papier-parchemin ou du papier ciré, dessiner les motifs désirés (feuilles de houx, étoiles, spirales, etc.). Retourner le papier et le placer sur une plaque de cuisson.

● Dans un bol à l'épreuve de la chaleur placé sur une casserole d'eau chaude mais non bouillante, faire fondre 4 oz (125 g) de chocolat . Verser le chocolat fondu dans un petit sac de plastique, évacuer l'air et fermer hermétiquement. Avec des ciseaux, pratiquer une petite ouverture dans un des coins du sac.

● Tracer chacun des motifs en pressant délicatement le sac pour faire sortir le chocolat. Réfrigérer pendant 15 minutes ou jusqu'à ce que le chocolat ait durci.

❯ Feuilles en chocolat

● Les feuilles de rosier, de citronnier, d'oranger et de basilic constituent toutes des moules attrayants pour la confection de décorations en chocolat.

● Laver délicatement les feuilles dans de l'eau savonneuse, rincer et sécher.

● Dans un bol à l'épreuve de la chaleur placé sur une casserole d'eau chaude mais non bouillante, faire fondre 3 oz (90 g) de chocolat.

● Prendre la tige d'une feuille entre le pouce et l'index, déposer la feuille sur la paume de la main et l'enduire de chocolat. Mettre la feuille sur une plaque de cuisson tapissée de papier ciré. Réfrigérer pendant 15 minutes ou jusqu'à ce que le chocolat ait durci. Pour le chocolat blanc, répéter cette opération une fois.

● En commençant par la tige, retirer délicatement la feuille. (Vous pouvez préparer les feuilles de chocolat à l'avance et les étendre côte à côte, en une seule couche, dans un contenant hermétique. Elles se conserveront jusqu'à 1 semaine au réfrigérateur.)

> Assiettes saupoudrées de sucre ou de cacao

● Tracer le contour de l'assiette sur du papier de construction. Dessiner les motifs désirés dans le cercle.

● Avec un couteau de type X-Acto, découper les motifs. Découper le gabarit en ajoutant 1 po (2,5 cm) tout autour du cercle.

● Déposer le gabarit sur l'assiette à dessert. Mettre du sucre glace ou de la poudre de cacao dans un petit tamis fin et le secouer délicatement au-dessus du gabarit de sorte que toutes les parties visibles de l'assiette soient légèrement saupoudrées. Pour enlever le gabarit, le soulever délicatement.

● On peut aussi découper des étoiles ou d'autres formes dans du papier de construction, les déposer sur l'assiette et saupoudrer du sucre glace tout autour. Pour retirer les formes, glisser la pointe du couteau dessous et les soulever.

> Écorce d'agrume confite

● Avec un couteau à canneler, retirer des lanières de 6 à 12 po (15 à 30 cm) dans l'écorce d'une orange, d'un citron ou d'un pamplemousse.

● Dans une petite casserole, mélanger 1 t (250 ml) de sucre et ¾ t (180 ml) d'eau et porter à ébullition. Laisser bouillir pendant 1 minute, réduire le feu et immerger les lanières d'écorce dans le sirop, trois à la fois. Laisser mijoter pendant 2 minutes. Retirer les lanières avec des pinces et les égoutter dans un tamis, en les agitant pour enlever l'excédent de sirop.

● Mettre 1 t (250 ml) de sucre dans un bol et y rouler les lanières d'écorce avec une fourchette pour bien les enrober. Les enrouler ensuite autour du manche d'une cuiller de bois. Réfrigérer pendant 30 minutes ou jusqu'à ce que les spirales tiennent d'elles-mêmes. Retirer délicatement de la cuiller. (Vous pouvez préparer les lanières à l'avance, les mettre dans un contenant hermétique et les couvrir de sucre. Elle se conserveront jusqu'à 2 jours à la température ambiante.)

Bûche de Noël au chocolat

Un grand classique de Noël, facile à réussir si on suit bien les étapes.

DONNE 12 PORTIONS.

- PRÉPARATION : 1 h • CUISSON : 15 min
- RÉFRIGÉRATION : 1 h 30 min • **Par portion :** CALORIES : 499
- PROTÉINES : 7 g • MATIÈRES GRASSES : 37 g (14 g sat.)
- CHOLESTÉROL : 100 mg • GLUCIDES : 45 g • FIBRES : 4 g
- SODIUM : 180 mg

GÂTEAU ROULÉ

¼ t	lait	60 ml
2 c. à tab	beurre	30 ml
¾ t	farine à gâteau et à pâtisserie tamisée	180 ml
1 c. à thé	poudre à pâte	5 ml
¼ c. à thé	sel	1 ml
5	œufs	5
¾ t	sucre granulé	180 ml

GLAÇAGE AU CHOCOLAT

1 t	beurre ramolli	250 ml
⅓ t	crème à 35 %	80 ml
2 c. à thé	vanille	10 ml
2 t	sucre glace	500 ml
4 oz	chocolat non sucré fondu et refroidi	125 g

ÉCORCE CHOCOLATÉE

8 oz	chocolat mi-amer haché	250 g
1 c. à tab	sucre glace	15 ml

PRÉPARATION DU GÂTEAU

1. Dans un bol à l'épreuve de la chaleur placé sur une casserole d'eau frémissante, chauffer le lait avec le beurre jusqu'à ce que le beurre ait fondu. Retirer la casserole du feu (laisser le bol sur la casserole afin de garder le mélange de lait chaud). Dans un autre bol, à l'aide d'un fouet, mélanger la farine, la poudre à pâte et le sel. Réserver.

2. Séparer les jaunes et les blancs de trois des œufs et les mettre dans deux grands bols. À l'aide d'un batteur électrique, battre les blancs d'œufs jusqu'à ce qu'ils soient mousseux. Ajouter ¼ t (60 ml) du sucre granulé, 1 c. à tab (15 ml) à la fois, en battant jusqu'à ce que le mélange forme des pics mous. À l'aide du batteur électrique (utiliser des fouets propres), battre les jaunes d'œufs, le reste des œufs entiers et le reste du sucre granulé pendant environ 5 minutes ou jusqu'à ce que le mélange soit pâle et assez épais pour tomber en rubans lorsqu'on soulève le batteur. Incorporer le tiers du mélange de blancs d'œufs en soulevant délicatement la masse. Incorporer le reste du mélange de blancs d'œufs de la même manière. À l'aide d'une passoire fine, tamiser les ingrédients secs réservés sur la préparation aux œufs et les incorporer en soulevant délicatement la masse. Ajouter la préparation de lait chaud et l'incorporer de la même manière. À l'aide d'une spatule, étendre la pâte sur une plaque de cuisson de 15 po x 10 po (40 cm x 25 cm) munie de rebords tapissée de papier-parchemin.

3. Cuire au centre du four préchauffé à 350°F (180°C) pendant environ 12 minutes ou jusqu'à ce que le gâteau soit doré et reprenne sa forme sous une légère pression du doigt. Passer la lame d'un couteau sur le pourtour du gâteau pour le détacher de la plaque. Retourner le gâteau sur un linge saupoudré de farine et le démouler. Retirer délicatement le papier-parchemin. En commençant par l'un des côtés courts, rouler le gâteau dans le linge. Laisser refroidir sur une grille. (Vous pouvez préparer le gâteau jusqu'à cette étape et l'envelopper d'une pellicule de plastique. Il se conservera jusqu'au lendemain à la température ambiante.)

PRÉPARATION DU GLAÇAGE

4. Dans un bol, à l'aide du batteur électrique (utiliser des fouets propres), battre le beurre jusqu'à ce qu'il soit gonflé. Ajouter petit à petit la crème, puis la vanille en battant. Ajouter le sucre glace, 1 t (250 ml) à la fois, en battant. Incorporer le chocolat fondu en battant jusqu'à ce que le glaçage soit gonflé et lisse.

(Vous pouvez préparer le glaçage au chocolat à l'avance et le mettre dans un contenant hermétique. Il se conservera jusqu'au lendemain au réfrigérateur. Laisser revenir à la température ambiante pendant environ 1 heure et battre légèrement avant d'utiliser.)

PRÉPARATION DE L'ÉCORCE

5. Dans un bol à l'épreuve de la chaleur placé sur une casserole d'eau chaude mais non bouillante, faire fondre le chocolat mi-amer en brassant de temps à autre. Sur une plaque de cuisson munie de rebords de 15 po x 10 po (40 cm x 25 cm), tapissée de papier-parchemin, étendre le chocolat fondu jusqu'à environ ⅛ po (3 mm) d'épaisseur. Réfrigérer pendant environ 10 minutes ou jusqu'à ce que le chocolat ait pris. Briser le chocolat en morceaux d'environ 3 po x 1 po (8 cm x 2,5 cm). Disposer les morceaux de chocolat côte à côte sur un plateau. Couvrir d'une pellicule de plastique, sans serrer, et réfrigérer pendant 20 minutes ou jusqu'à ce que le chocolat soit ferme. (Vous pouvez préparer les morceaux de chocolat à l'avance et les mettre côte à côte dans un contenant hermétique. Ils se conserveront jusqu'à 2 jours au réfrigérateur.)

ASSEMBLAGE DE LA BÛCHE

6. Dérouler délicatement le gâteau refroidi. Étendre 1 ½ t (375 ml) du glaçage au chocolat sur le gâteau. En commençant par l'un des côtés courts, rouler le gâteau (sans le linge) et le déposer, l'ouverture dessous, dans une assiette de service. Étendre le reste du glaçage au chocolat sur toute la surface de la bûche. Couvrir la bûche des morceaux de chocolat de manière à imiter l'écorce d'un arbre. Réfrigérer pendant 1 heure. (Vous pouvez préparer la bûche à l'avance et la couvrir d'une pellicule de plastique, sans serrer. Elle se conservera jusqu'au lendemain au réfrigérateur.) Au moment de servir, saupoudrer la bûche du sucre glace.

Torte au chocolat et au caramel

DONNE 12 À 16 PORTIONS.

- **PRÉPARATION** : 25 min • **CUISSON** : 30 à 35 min
- **Par portion** : CALORIES : 685 • PROTÉINES : 7 g
- **MATIÈRES GRASSES** : 45 g (21 g sat.) • CHOLESTÉROL : 124 mg
- **GLUCIDES** : 71 g • FIBRES : 3 g • SODIUM : 251 mg

TORTE AU CHOCOLAT

4 oz	chocolat non sucré haché grossièrement	125 g
2 ¼ t	farine	560 ml
2 ¼ t	cassonade tassée	560 ml
1 c. à thé	bicarbonate de sodium	5 ml
½ c. à thé	poudre à pâte	2 ml
¼ c. à thé	sel	1 ml
1 t	crème sure	250 ml
½ t	beurre ramolli	125 ml
3	œufs	3
1 c. à thé	vanille	5 ml
1 t	eau	250 ml
2 t	morceaux de pacanes	500 ml

CARAMEL

1 ½ t	sucre	375 ml
⅓ t	eau	80 ml
⅔ t	crème à 35 %	160 ml
¼ t	beurre	60 ml

GARNITURE AU CHOCOLAT

2 ½ t	crème à 35 %	625 ml
¾ t	copeaux de chocolat (voir méthode, p. 126)	180 ml
⅓ t	pacanes grillées	80 ml

PRÉPARATION DE LA TORTE

1. Beurrer trois moules à gâteau en métal de 9 po (23 cm) de diamètre et tapisser le fond de papier-parchemin. Réserver. Dans un bol à l'épreuve de la chaleur placé sur une casserole d'eau chaude mais non bouillante, faire fondre le chocolat en brassant. Laisser refroidir légèrement.

2. Dans un grand bol, mélanger la farine, la cassonade, le bicarbonate de sodium, la poudre à pâte et le sel. Ajouter la crème sure et

le beurre et battre à l'aide d'un batteur électrique jusqu'à ce que la préparation ait la texture d'une pâte épaisse. Ajouter les œufs un à un, en battant bien après chaque addition. Ajouter le chocolat fondu refroidi et la vanille, et battre pendant 2 minutes. Ajouter l'eau petit à petit en remuant. Répartir la pâte dans les moules. Parsemer de morceaux de pacanes. Cuire au centre du four préchauffé à 350°F (180°C) de 30 à 35 minutes ou jusqu'à ce qu'un cure-dents inséré au centre des gâteaux en ressorte sec. Déposer les moules sur des grilles et laisser refroidir pendant 15 minutes. Démouler les gâteaux en les retournant sur les grilles, puis retirer délicatement le papier-parchemin. Laisser refroidir complètement. (Vous pouvez préparer les gâteaux à l'avance et les envelopper d'une pellicule de plastique. Ils se conserveront jusqu'au lendemain à la température ambiante.)

PRÉPARATION DU CARAMEL

3. Entre-temps, dans une casserole à fond épais, mélanger le sucre avec l'eau. Cuire à feu moyen, en brassant à l'aide d'une cuiller de bois, jusqu'à ce que le sucre soit dissous. Porter à ébullition et laisser bouillir à gros bouillons, sans brasser, pendant environ 10 minutes ou jusqu'à ce que le caramel soit de couleur ambre foncé (à l'aide d'un pinceau à pâtisserie trempé dans de l'eau froide, badigeonner la paroi de la casserole de temps à autre pour faire tomber les cristaux de sucre). Retirer la casserole du feu. Ajouter délicatement la crème et mélanger à l'aide d'un fouet jusqu'à ce que la préparation soit lisse. Incorporer le beurre. Laisser refroidir. (Vous pouvez préparer le caramel à l'avance et le mettre dans un contenant hermétique. Il se conservera jusqu'à 3 jours au réfrigérateur. Réchauffer légèrement avant de poursuivre la recette.)

PRÉPARATION DE LA GARNITURE ET ASSEMBLAGE DE LA TORTE

4. Dans un petit bol, à l'aide du batteur électrique (utiliser des fouets propres), fouetter la crème. Déposer l'un des gâteaux sur une assiette de service, le côté garni de pacanes dessus. Arroser de 2 c. à tab (30 ml) de caramel. À l'aide d'une spatule, étaler 1 t (250 ml) de crème fouettée sur le dessus du gâteau. Arroser de 2 c. à tab (30 ml) de caramel, en prenant soin de ne pas le laisser couler sur les côtés. Répéter ces opérations avec le deuxième gâteau, puis couvrir du troisième gâteau. Étendre le reste de la crème fouettée sur le dessus et les côtés de la torte. Arroser de 2 c. à tab (30 ml) de caramel. Parsemer le centre et le pourtour de la torte de copeaux de chocolat et de pacanes grillées. Au moment de servir, présenter le reste du caramel en saucière.

Copeaux de chocolat

1. Dans un bol à l'épreuve de la chaleur placé sur une casserole d'eau chaude mais non bouillante, faire fondre 4 oz (125 g) de chocolat mi-sucré en brassant. À l'aide d'une spatule en métal, étendre le chocolat fondu sur une plaque de cuisson sans rebords. Réfrigérer pendant 15 minutes ou jusqu'à ce que le chocolat soit ferme.

2. Déposer la plaque sur un linge humide et laisser reposer pendant 3 minutes ou jusqu'à ce que le chocolat ait légèrement ramolli. En travaillant vers soi, racler le chocolat à l'aide de la spatule en métal ou d'une palette métallique, de manière à obtenir de beaux copeaux frisés (si le chocolat est trop mou, le réfrigérer de 3 à 4 minutes). Donne 1 ½ t (375 ml) de copeaux.

❯ *Boule de gala*

De belles rosettes de ruban recouvrent une grosse boule de styromousse. On pourra n'en faire qu'une seule que l'on accrochera dans une fenêtre, ou plusieurs que l'on placera dans la cage d'escalier ou au-dessus du buffet. Pour une allure festive, utiliser du ruban brillant.

• Il faudra 31 verges (28,30 m) de ruban de crêpe chiffon à bords métalliques de 2 ¼ po (5 cm) de largeur et 3 ½ verges (3,20 m) de ruban moiré de la même largeur. Dans le ruban de crêpe chiffon, couper 34 longueurs de 31 ½ po (80 cm) et, dans le moiré, 34 longueurs de 3 ½ po (9 cm).

• Nouer un bout de chacune des longueurs de ruban de chiffon ; à l'autre bout, tirer délicatement sur le fil métallique de la bordure, d'un seul côté, de manière à froncer le ruban. Ne pas couper l'excédent de fil métallique.

• Former 34 boucles de ruban moiré en veillant à ce que les deux longueurs soient égales. Entourer la boucle de fil de fleuriste.

• Placer une boucle sur le nœud d'un ruban de chiffon (la boucle doit être vers le haut) et l'entourer du ruban, d'abord en serrant pour former le centre de la rosette, puis de façon plus lâche pour ouvrir les « pétales » extérieurs. Procéder de la même façon pour obtenir 34 rosettes.

• Replier l'extrémité du ruban de chiffon sous la rosette obtenue et fixer le tout en place à l'aide de l'excédent de fil métallique (si désiré, appliquer un point de colle avec un pistolet à colle).

• Avec les doigts, placer le ruban de façon à donner une belle forme aux pétales.

• Envelopper une boule de styromousse de 8 po (20,5 cm) de diamètre d'un papier métallique assorti à la couleur des rubans ; couper l'excédent. Fixer les rosettes sur la boule avec de la colle ou des épingles.

• Fixer une longueur de ruban de chiffon sur le haut de la boule pour l'accrocher.

Gâteau aux fruits et aux noix du Brésil

Pour que ce magnifique gâteau aux fruits soit bien mœlleux, on le laisse reposer au réfrigérateur pendant un mois avant de le glacer. Le fondant est une glace de sucre utilisée entre autres pour glacer les dessus des mille-feuilles. On peut s'en procurer dans certaines pâtisseries, mais il faut souvent le commander de 24 à 48 heures à l'avance.

DONNE 60 PORTIONS.

- PRÉPARATION : 1 h • TEMPS DE MACÉRATION : 24 h
- CUISSON : 4 h 30 min à 5 h • RÉFRIGÉRATION : 1 mois
- SÉCHAGE : 24 h • **Par portion : CALORIES : 199**
- PROTÉINES : 3 g • MATIÈRES GRASSES : 8 g (3 g sat.)
- CHOLESTÉROL : 28 mg • GLUCIDES : 31 g • FIBRES : 2 g
- SODIUM : 79 mg

2 t	mélange d'écorces confites	500 ml
1 ½ t	poires séchées hachées grossièrement	375 ml
1 ½ t	abricots séchés hachés grossièrement	375 ml
1 ½ t	ananas confit haché grossièrement	375 ml
¼ t	gingembre confit haché	60 ml
1 t	rhum ambré ou brandy (environ)	250 ml
2 ¼ t	farine	560 ml
1 ½ c. à thé	macis moulu	7 ml
1 c. à thé	cannelle moulue	5 ml
1 c. à thé	piment de la Jamaïque moulu	5 ml
½ c. à thé	sel	2 ml
¼ c. à thé	bicarbonate de sodium	1 ml
1 t	beurre ramolli	250 ml
1 t	cassonade tassée	250 ml
¼ t	miel liquide	60 ml
1 c. à thé	vanille	5 ml
6	œufs	6
1 ½ t	noix du Brésil hachées grossièrement	375 ml
¼ t	confiture d'abricots fondue et filtrée	60 ml
2	paquets de pâte d'amandes (de type massepain) (200 g chacun)	2
8 oz	fondant blanc	250 g
	perles argentées	

1. Dans un grand bol, mélanger les écorces confites, les poires et les abricots séchés, l'ananas et le gingembre confits et la moitié du rhum. Couvrir le bol d'une pellicule de plastique et laisser macérer pendant 24 heures à la température ambiante (remuer le mélange de temps à autre).

2. Dans un bol, mélanger la farine, le macis, la cannelle, le piment de la Jamaïque, le sel et le bicarbonate de sodium. Prélever 1 t (250 ml) de cette préparation, en saupoudrer les fruits et mélanger délicatement pour bien les enrober.

3. Dans un autre bol, à l'aide d'un batteur électrique, battre le beurre avec la cassonade et le miel jusqu'à ce que le mélange soit gonflé. Ajouter la vanille en battant. Ajouter les œufs un à un, en battant bien après chaque addition. À l'aide d'une cuiller de bois, incorporer les ingrédients secs. Ajouter le mélange de fruits et les noix du Brésil et mélanger pour bien les répartir dans la pâte. Verser la pâte dans un moule à charnière de 9 po (23 cm) de diamètre tapissé de papier-parchemin. Lisser le dessus. Verser de l'eau chaude à mi-hauteur d'un plat peu profond et mettre celui-ci sur la grille inférieure du four préchauffé à 250°F (120°C) et cuire le gâteau de 4 h 30 à 5 h ou jusqu'à ce qu'un cure-dents inséré au centre en ressorte sec. Déposer le moule sur une grille et laisser refroidir. Démouler le gâteau sur la grille et retirer délicatement le papier-parchemin.

4. Dans une double épaisseur d'étamine (coton à fromage), découper un carré assez grand pour envelopper le gâteau. Imbiber l'étamine du reste du rhum. Envelopper le gâteau de l'étamine, puis d'une pellicule de

plastique et de papier d'aluminium. Réfrigérer pendant 1 mois. (Vous pouvez préparer le gâteau jusqu'à cette étape. Il se conservera jusqu'à 3 mois au réfrigérateur.)

5. Badigeonner le dessus et les côtés du gâteau de confiture d'abricots. Sur une surface saupoudrée de sucre glace, superposer les deux morceaux de pâte d'amandes. À l'aide d'un rouleau à pâtisserie, les abaisser en un cercle de 15 po (38 cm) de diamètre. Enrouler la pâte d'amandes sur le rouleau et la dérouler sur le gâteau, en la laissant tomber sur les côtés. En pressant délicatement avec les mains, lisser la pâte d'amandes sur le dessus et les côtés du gâteau. Couper l'excédent à la base du gâteau. Laisser sécher pendant 24 heures à la température ambiante.

6. Sur une surface saupoudrée de sucre glace, abaisser le fondant à ½ po (1 cm) d'épaisseur. À l'aide d'un emporte-pièce, découper des flocons de neige dans le fondant. Badigeonner un côté des flocons d'un peu d'eau et les presser sur le gâteau. Garnir le centre des flocons de perles argentées. (Vous pouvez décorer le gâteau à l'avance et le mettre dans un contenant hermétique. Il se conservera jusqu'à 1 semaine au réfrigérateur.)

Plum-pudding aux carottes

DONNE 12 PORTIONS.

- PRÉPARATION : 1 h • TEMPS DE MACÉRATION : 24 h
- CUISSON : 2 h 30 min à 3 h • RÉFRIGÉRATION : 3 semaines
- **Par portion (sans sauce) :** CALORIES : 461 • PROTÉINES : 5 g
- MATIÈRES GRASSES : 18 g (9 g sat.) • CHOLESTÉROL : 98 mg
- GLUCIDES : 73 g • FIBRES : 3 g • SODIUM : 200 mg

1 t	raisins de Corinthe	250 ml
1 t	raisins secs dorés	250 ml
½ t	mélange d'écorces confites	125 ml
½ t	brandy	125 ml
3 t	mie de pain frais, émiettée	750 ml
½ t	amandes coupées en tranches	125 ml
½ t	carottes râpées	125 ml
2 c. à tab	farine	30 ml
1 c. à thé	piment de la Jamaïque moulu	5 ml
½ c. à thé	muscade moulue	2 ml
4	œufs, blancs et jaunes séparés	4
⅔ t	sucre	160 ml
¾ t	beurre ramolli	180 ml
	sauce caramel au brandy (voir recette, p. 131)	

1. Beurrer un moule à pouding d'une capacité de 8 t (2 L) ou un bol profond allant au four. Réserver. Dans un grand bol, mélanger les raisins, le mélange d'écorces et le brandy. Couvrir le bol d'une pellicule de plastique et laisser macérer pendant 24 heures à la température ambiante. (Ou encore, couvrir le bol d'une pellicule de plastique en relevant l'un des coins et cuire au micro-ondes pendant 2 à 3 minutes ou jusqu'à ce que la préparation de fruits soit fumante. Laisser reposer pendant 1 heure à la température ambiante.)

2. Dans le grand bol, ajouter la mie de pain, les amandes, les carottes, la farine, le piment de la Jamaïque et la muscade. Réserver.

3. Dans un bol, à l'aide d'un batteur électrique, battre les blancs d'œufs jusqu'à ce qu'ils forment des pics mous. Ajouter petit à petit la moitié du sucre en battant jusqu'à ce que le mélange forme des pics fermes et brillants. Dans un autre bol, à l'aide du batteur électrique (utiliser des fouets propres), battre le beurre avec le reste du sucre jusqu'à ce que le mélange soit gonflé. Ajouter les jaunes d'œufs un à un en battant. Ajouter le mélange de jaunes d'œufs à la préparation de fruits et mélanger à l'aide d'une cuiller jusqu'à ce que la préparation soit homogène. Ajouter environ le quart du mélange de blancs d'œufs et mélanger. Incorporer le reste du mélange de blancs d'œufs en soulevant délicatement la masse. Verser la pâte dans le moule réservé, en la tassant bien. Couvrir directement la surface de la pâte d'un morceau de papier ciré. Couvrir le moule de papier d'aluminium et le fixer à 1 po (2,5 cm) du bord supérieur avec de la ficelle. Replier le papier d'aluminium sur la ficelle en pressant bien.

4. Déposer une grille de métal dans le fond d'une casserole assez profonde pour contenir le moule à pouding. Déposer le moule sur la grille. Verser de l'eau bouillante dans la casserole à mi-hauteur du moule. Couvrir la casserole et porter à ébullition. Réduire à feu doux et cuire de 2 ½ à 3 heures ou jusqu'à ce qu'un cure-dents inséré dans le centre du pouding en ressorte sec (au besoin, ajouter de l'eau pour maintenir le niveau d'eau dans la casserole). Déposer le moule sur une grille et laisser refroidir. Démouler le pouding, l'envelopper d'une pellicule de plastique et réfrigérer pendant 3 semaines. (Vous pouvez préparer le plum-pudding à l'avance. Il se conservera jusqu'à 2 mois au réfrigérateur ou jusqu'à 1 an au congélateur. Pour le réchauffer, retirer la pellicule de plastique et mettre le plum-pudding dans le moule. Cuire tel qu'indiqué précédemment pendant environ 1 heure ou jusqu'à ce qu'il soit très chaud.) Servir le plum-pudding avec la sauce caramel au brandy.

Sauce caramel au brandy

DONNE ENVIRON 3 T (750 ML) DE SAUCE.

• PRÉPARATION : 10 min • CUISSON : 12 min
• **Par portion de ¼ t (60 ml) :** • CALORIES : 137
• PROTÉINES : aucune • MATIÈRES GRASSES : 2 g (1 g sat.)
• CHOLESTÉROL : 5 mg • GLUCIDES : 29 g • FIBRES : aucune
• SODIUM : 25 mg

1 ½ t	cassonade tassée	375 ml
2 t	eau bouillante	500 ml
¼ t	fécule de maïs	60 ml
3 c. à tab	eau froide	45 ml
2 c. à tab	beurre	30 ml
2 c. à tab	brandy	30 ml
1 c. à thé	vanille	5 ml
½ c. à thé	muscade moulue	2 ml

1. Dans une casserole à fond épais, mélanger la cassonade et ⅓ t (80 ml) de l'eau bouillante. Cuire à feu moyen jusqu'à ce que la cassonade soit fondue et que le mélange soit légèrement ambré. Ajouter petit à petit le reste de l'eau bouillante en brassant. Poursuivre la cuisson jusqu'à ce que la cassonade soit complè-tement dissoute.

2. Dans un bol, délayer la fécule de maïs dans l'eau froide jusqu'à ce que le mélange soit lisse. Ajouter un peu du liquide chaud et mélanger. En brassant à l'aide d'un fouet, verser le mélange de fécule dans la casserole et cuire, en brassant, pendant 3 minutes ou jusqu'à ce que la sauce soit claire. (Vous pouvez préparer la sauce jusqu'à cette étape, la laisser refroidir et la mettre dans un contenant hermétique. Elle se conservera jusqu'au lendemain au réfrigérateur. Réchauffer au micro-ondes ou sur la cuisinière avant de servir.)

3. Au moment de servir, réchauffer à feu doux et incorporer le beurre, le brandy, la vanille et la muscade.

Gâteau au fromage à la menthe

DONNE 16 À 20 PORTIONS.

- PRÉPARATION : 45 min • CUISSON : 1 h 20 min
- TEMPS DE REFROIDISSEMENT : 1 h • RÉFRIGÉRATION : 2 h
- Par portion : CALORIES : 247 • PROTÉINES : 4 g
- MATIÈRES GRASSES : 18 g (11 g sat.) • CHOLESTÉROL : 76 mg
- GLUCIDES : 18 g • FIBRES : traces • SODIUM : 171 mg

CROÛTE AU CHOCOLAT

1 ½ t	gaufrettes au chocolat émiettées	375 ml
¼ t	beurre fondu	60 ml

GARNITURE À LA MENTHE

2	paquets de fromage à la crème, ramolli (8 oz/250 g chacun)	2
¾ t	sucre	180 ml
3	œufs	3
2 t	crème sure	500 ml
1 c. à tab	jus de citron	15 ml
1 c. à thé	extrait de menthe poivrée	5 ml

GARNITURE DE CANNE DE NOËL

1 t	crème sure	250 ml
2 c. à tab	sucre	30 ml
½ c. à thé	vanille	2 ml
2 c. à tab	canne de Noël broyée grossièrement	30 ml

PRÉPARATION DE LA CROÛTE

1. Beurrer le fond d'un moule à charnière de 9 po (23 cm) de diamètre. Tapisser la paroi intérieure du moule d'une bande de papier-parchemin. Mettre le moule au centre d'un grand carré de papier d'aluminium résistant et replier le papier sur la paroi du moule en le pressant bien. Réserver.

2. Dans un bol, mélanger les gaufrettes émiettées et le beurre jusqu'à ce que la préparation soit humide. Presser la préparation aux gaufrettes dans le fond du moule réservé. Cuire au centre du four préchauffé à 350°F (180°C) pendant environ 10 minutes ou jusqu'à ce que la croûte soit ferme. Déposer le moule sur une grille et laisser refroidir.

PRÉPARATION DE LA GARNITURE À LA MENTHE

3. Entre-temps, dans un grand bol, à l'aide d'un batteur électrique, battre le fromage à la crème jusqu'à ce qu'il soit gonflé. Ajouter le sucre en battant jusqu'à ce que le mélange soit lisse. Ajouter les œufs un à un et mélanger jusqu'à ce que la préparation soit homogène, sans plus. Incorporer la crème sure, le jus de citron et l'extrait de menthe poivrée. Verser la garniture au fromage sur la croûte refroidie.

4. Mettre le moule dans un grand plat peu profond. Verser de l'eau chaude dans le plat à hauteur de 1 po (2,5 cm). Cuire au centre du four préchauffé à 325°F (160°C) pendant environ 1 heure ou jusqu'à ce que la garniture ait perdu son lustre et que le pourtour du gâteau soit ferme mais que le centre soit encore légèrement gélatineux.

PRÉPARATION DE LA GARNITURE DE CANNE DE NOËL

5. Dans un bol, mélanger la crème sure, le sucre et la vanille. Étendre la préparation de crème sure sur le gâteau. Poursuivre la cuisson au four pendant 10 minutes. Éteindre le four et y laisser tiédir le gâteau pendant 1 heure, en laissant la porte entrouverte.

6. Mettre le moule sur une grille, retirer le papier d'aluminium et laisser refroidir le gâteau complètement. Couvrir le gâteau d'une pellicule de plastique et réfrigérer pendant environ 2 heures ou jusqu'à ce que la garniture soit ferme. (Vous pouvez préparer le gâteau à l'avance. Il se conservera jusqu'à 2 jours au réfrigérateur ou jusqu'à 2 semaines au congélateur, enveloppé de papier d'aluminium résistant.)

7. Au moment de servir, tamiser la canne de Noël pour enlever la poudre. Parsemer les morceaux de canne sur le pourtour du gâteau.

TRUC

❯ On peut varier le parfum du gâteau selon la saison et nos préférences. Par exemple, remplacer l'extrait de menthe poivrée par 2 c. à thé (10 ml) de vanille et la canne de Noël par des petits fruits.

Terrine glacée à la vanille et aux fruits confits

DONNE 12 PORTIONS.

- PRÉPARATION : 25 min • CUISSON : 2 min
- RÉFRIGÉRATION : 45 min • CONGÉLATION : 12 h
- **Par portion :** CALORIES : 390 • PROTÉINES : 5 g
- MATIÈRES GRASSES : 22 g (8 g sat.) • CHOLESTÉROL : 32 mg
- GLUCIDES : 48 g • FIBRES : 3 g • SODIUM : 45 mg

1 t	ananas confit ou mélange d'écorces confites	250 ml
½ t	cerises rouges confites, coupées en deux	125 ml
½ t	cerises vertes confites, coupées en deux	125 ml
½ t	raisins secs dorés	125 ml
¼ t	brandy ou rhum	60 ml
4 t	crème glacée à la vanille	1 L
1 t	pacanes hachées, grillées	250 ml
½ t	amandes effilées grillées	125 ml
	sauce à l'orange et au chocolat (voir recette, ci-contre)	

1. Tapisser un moule à pouding d'une capacité de 6 à 8 t (1,5 à 2 L) ou un moule à pain de 9 po x 5 po (23 cm x 13 cm) d'une pellicule de plastique en laissant dépasser un excédent d'environ 3 po (8 cm) de chaque côté pour faciliter le démoulage. Réserver.

2. Dans un grand bol allant au micro-ondes, mélanger l'ananas confit, les cerises rouges et vertes, les raisins secs dorés et le brandy. Cuire 2 minutes au micro-ondes, à intensité maximale (brasser deux fois en cours de cuisson). Laisser refroidir complètement. (Ou encore, couvrir le bol d'une pellicule de plastique et laisser macérer à la température ambiante pendant 8 heures ou jusqu'au lendemain.)

3. Laisser ramollir la crème glacée au réfrigérateur pendant 30 minutes. Ajouter les pacanes et les amandes à la préparation aux fruits et mélanger. Ajouter la crème glacée et mélanger. Presser la préparation à la crème glacée dans le moule et lisser le dessus. Replier l'excédent de la pellicule de plastique directement sur la préparation. Congeler pendant environ 12 heures ou jusqu'à ce que la terrine soit ferme. (Vous pouvez préparer la terrine jusqu'à cette étape et la couvrir de papier d'aluminium résistant. Elle se conservera jusqu'à 5 jours au congélateur.)

4. Au moment de servir, démouler la terrine sur une assiette de service froide. Retirer la pellicule de plastique. Laisser ramollir au réfrigérateur pendant environ 15 minutes ou jusqu'à ce que la terrine puisse être facilement coupée. Couper la terrine en tranches en trempant le couteau dans l'eau chaude et en l'essuyant après avoir coupé chacune des tranches. Servir les tranches de terrine nappées de la sauce à l'orange et au chocolat.

Sauce à l'orange et au chocolat

DONNE 12 PORTIONS.

- PRÉPARATION : 10 min • CUISSON : 5 min
- TEMPS DE REPOS : 15 min • **Par portion :** CALORIES : 79
- PROTÉINES : 1 g • MATIÈRES GRASSES : 7 g (4 g sat.)
- CHOLESTÉROL : 13 mg • GLUCIDES : 4 g • FIBRES : 1 g
- SODIUM : 7 mg

½ t	crème à 35 %	125 ml
1 c. à tab	sirop de maïs	15 ml
3 oz	chocolat mi-amer haché	90 g
1 c. à tab	liqueur d'orange (de type Grand Marnier)	15 ml
1 c. à thé	zeste d'orange râpé	5 ml

1. Dans une petite casserole, porter à ébullition la crème et le sirop de maïs. Ajouter le chocolat, la liqueur et le zeste d'orange et mélanger à l'aide d'un fouet jusqu'à ce que la préparation soit lisse. Laisser reposer pendant environ 15 minutes ou jusqu'à ce que la sauce ait épaissi. (Vous pouvez préparer la sauce à l'avance, la mettre dans un contenant hermétique, recouvrir directement la surface d'une pellicule de plastique, puis couvrir. Elle se conservera jusqu'à 5 jours au réfrigérateur. Réchauffer la sauce avant de servir.)

❯ Bougies dorées

On peut saupoudrer de grosses bougies de poudre dorée pour accentuer leur éclat et leur chatoiement. Utiliser des bougies de tailles différentes.

• Saupoudrer des paillettes dorées sur un plateau à viande en styromousse propre.

• Une bougie à la fois, appliquer de l'adhésif en aérosol sur toute la surface. Attendre deux minutes ou jusqu'à ce que l'adhésif soit collant.

• Enfiler des gants de caoutchouc, prendre la bougie et la rouler dans les paillettes. Avec un pinceau à poils doux, appuyer sur les flocons pour qu'ils adhèrent bien, puis enlever l'excédent.

❯ Effet de miroitement

Pour faire briller encore plus les bougies décoratives, les déposer sur d'élégants verres à pied disposés à l'envers sur un plateau en miroir.

Tartelettes aux pommes et aux canneberges

DONNE 60 TARTELETTES.

- PRÉPARATION : 2 h • RÉFRIGÉRATION : 1 h 30 min
- CUISSON : 1 h 10 min • **Par tartelette :** CALORIES : 210
- PROTÉINES : 2 g • MATIÈRES GRASSES : 10 g (6 g sat.)
- CHOLESTÉROL : 26 mg • GLUCIDES : 29 g • FIBRES : 1 g
- SODIUM : 111 mg

GARNITURE AUX FRUITS

1	orange navel ou orange sans pépins, non pelée	1
4 t	canneberges	1 L
4 t	pommes pelées, le cœur enlevé, hachées	1 L
2 ¾ t	sucre	680 ml
1 ½ t	raisins secs dorés	375 ml
1 ½ t	abricots séchés, hachés	375 ml
¾ t	jus de pomme	180 ml
½ t	mélange de fruits confits	125 ml
¼ t	marmelade	60 ml
¼ t	beurre coupé en dés	60 ml
1 c. à thé	gingembre moulu	5 ml
¾ c. à thé	cannelle moulue	4 ml
¾ c. à thé	muscade moulue	4 ml
¾ c. à thé	piment de la Jamaïque moulu	4 ml
¼ t	brandy	60 ml

CROÛTES DE TARTELETTES

6 t	farine	1,5 L
¼ t	sucre	60 ml
1 c. à thé	sel	5 ml
3 t	beurre froid, coupé en cubes	750 ml
4 c. à thé	zeste de citron râpé	20 ml
1 ⅓ t	eau glacée (environ)	330 ml

PRÉPARATION DE LA GARNITURE

1. Au robot culinaire, hacher l'orange en morceaux de la grosseur d'un raisin sec en actionnant et en arrêtant successivement l'appareil. Mettre les morceaux d'orange dans une grande casserole. Ajouter les canneberges, les pommes, le sucre, les raisins secs, les abricots, le jus de pomme, les fruits confits, la marmelade, le beurre, le gingembre, la cannelle, la muscade et le piment de la Jamaïque. Porter à ébullition à feu moyen. Réduire le feu et laisser mijoter, en brassant de temps à autre, pendant environ 45 minutes ou jusqu'à ce que le liquide se soit presque complètement évaporé.

2. Ajouter le brandy et laisser mijoter pendant environ 5 minutes ou jusqu'à ce que la garniture aux fruits ait épaissi. (Vous pouvez préparer la garniture aux fruits à l'avance, la laisser refroidir et la mettre dans un contenant hermétique. Elle se conservera jusqu'à 3 semaines au réfrigérateur ou jusqu'à 3 mois au congélateur.)

PRÉPARATION DES CROÛTES

3. Dans un grand bol, mélanger la farine, le sucre et le sel. Ajouter le beurre et, à l'aide d'un coupe-pâte ou de deux couteaux, travailler la préparation jusqu'à ce qu'elle ait la texture d'une chapelure fine. Ajouter le zeste de citron et mélanger. Verser petit à petit l'eau glacée sur la préparation de farine, en mélangeant rapidement à l'aide d'une fourchette jusqu'à ce que la pâte se tienne (au besoin, ajouter jusqu'à 3 c. à tab/45 ml d'eau).

4. Diviser la pâte en quatre, aplatir chaque portion en un disque et envelopper chacun d'une pellicule de plastique. Réfrigérer pendant 1 heure ou jusqu'à ce que la pâte soit ferme. (Vous pouvez préparer la pâte à l'avance. Elle se conservera jusqu'à 3 jours au réfrigérateur ou jusqu'à 3 mois au congélateur, dans un contenant hermétique.)

Laisser reposer la pâte réfrigérée pendant 15 minutes à la température ambiante avant de l'abaisser.)

5. Sur une surface légèrement farinée, abaisser une portion de pâte à ⅛ po (3 mm) d'épaisseur. À l'aide d'un emporte-pièce de 3 ½ po (9 cm) de diamètre, découper 15 cercles dans l'abaisse. Procéder de la même manière avec le reste de la pâte de façon à obtenir 60 cercles. À l'aide d'un emporte-pièce décoratif plus petit, découper 60 étoiles ou autres formes dans le reste de la pâte (rouler les retailles de pâte, au besoin). Déposer les cercles de pâte dans des moules à tartelettes de 2 ¼ po (5,5 cm) de diamètre. Remplir chaque moule d'environ 2 c. à tab (30 ml) de la garniture aux fruits. Couvrir d'une étoile de pâte. Réfrigérer pendant 30 minutes.

6. Cuire au centre du four préchauffé à 400°F (200°C) pendant environ 20 minutes ou jusqu'à ce que la croûte soit dorée.

Mousse au chocolat blanc et à la tequila

Pour un succès assuré, servir dans des verres à margarita ou à martini saupoudrés de sucre et garnir de zeste de lime finement râpé.

DONNE 6 PORTIONS.

- PRÉPARATION : 30 min • CUISSON : 4 à 8 min
- RÉFRIGÉRATION : 1 h • **Par portion :** CALORIES : 314
- PROTÉINES : 5 g • MATIÈRES GRASSES : 18 g (10 g sat.)
- CHOLESTÉROL : 183 mg • GLUCIDES : 34 g • FIBRES : traces
- SODIUM : 47 mg

2	œufs	2
2	jaunes d'œufs	2
⅔ t	sucre	160 ml
1 c. à tab	zeste de lime râpé	15 ml
½ t	jus de lime	125 ml
2 c. à tab	tequila	30 ml
3 oz	chocolat blanc haché	90 g
¾ t	crème à 35 %	180 ml

1. Dans un bol résistant à la chaleur, à l'aide d'un fouet, mélanger les œufs, les jaunes d'œufs, le sucre, le zeste et le jus de lime et la tequila. Déposer le bol sur une casserole d'eau chaude mais non bouillante et cuire, en brassant souvent à l'aide du fouet, de 4 à 8 minutes ou jusqu'à ce que la préparation ait épaissi et qu'elle tombe en ruban quand on soulève le fouet. Retirer du feu.

2. Ajouter le chocolat blanc et mélanger jusqu'à ce qu'il ait fondu. Verser la préparation au chocolat dans un bol propre. Couvrir directement la surface de la préparation d'une pellicule de plastique et réfrigérer pendant environ 1 heure ou jusqu'à ce que la mousse soit froide. (Vous pouvez préparer la mousse jusqu'à cette étape. Elle se conservera jusqu'à 3 jours au réfrigérateur.)

3. Dans un bol, à l'aide d'un batteur électrique, fouetter la crème jusqu'à ce qu'elle forme des pics fermes. Incorporer environ la moitié de la crème fouettée à la préparation au chocolat en soulevant délicatement la masse. Incorporer le reste de la crème fouettée de la même manière. À l'aide d'une cuiller, répartir la mousse au chocolat blanc dans six verres ou coupes à dessert. (Vous pouvez préparer la mousse à l'avance et la couvrir. Elle se conservera jusqu'à 2 jours au réfrigérateur.)

Compote d'oranges à la menthe

DONNE 4 À 6 PORTIONS.

- PRÉPARATION : 15 min • CUISSON : aucune
- **Par portion :** CALORIES : 112 • PROTÉINES : 1 g
- MATIÈRES GRASSES : traces (traces sat.)
- CHOLESTÉROL : aucun • GLUCIDES : 28 g • FIBRES : 2 g
- SODIUM : 1 mg

4	oranges	4
	sauce au Grand Marnier (voir recette, ci-contre)	
2 c. à tab	menthe fraîche, hachée	30 ml

1. À l'aide d'un couteau bien aiguisé, peler les oranges à vif en prenant soin d'enlever toute la peau blanche. Couper les oranges en tranches de ¼ po (5 mm) d'épaisseur. Disposer les tranches dans un plat peu profond ou dans une assiette de service. (Vous pouvez préparer les oranges à l'avance et les couvrir. Elles se conserveront jusqu'au lendemain au réfrigérateur.)

2. Arroser les tranches d'oranges de la sauce au Grand Marnier et parsemer de la menthe.

Sauce au Grand Marnier

DONNE ENVIRON ½ T (125 ML) DE SAUCE.

½ t	sucre	125 ml
⅓ t	eau	80 ml
1 c. à tab	zeste d'orange râpé	15 ml
1	bâton de cannelle	1
2	clous de girofle	2
2 c. à thé	Grand Marnier ou autre liqueur d'orange	10 ml

1. Dans une petite casserole, porter à ébullition le sucre, l'eau, le zeste d'orange, la cannelle et les clous de girofle. Réduire le feu et laisser mijoter pendant 5 minutes. À l'aide d'une passoire, filtrer la sauce dans un petit bol. Ajouter le Grand Marnier. Réfrigérer la sauce pendant environ 15 minutes. (Vous pouvez préparer la sauce à l'avance et la couvrir. Elle se conservera jusqu'au lendemain au réfrigérateur.)

Gâteau aux canneberges et aux amandes

DONNE 16 PORTIONS.

- PRÉPARATION : 20 min • CUISSON : 55 min
- **Par portion :** CALORIES : 359 • PROTÉINES : 6 g
- MATIÈRES GRASSES : 16 g (9 g sat.) • CHOLESTÉROL : 75 mg
- GLUCIDES : 48 g • FIBRES : 2 g • SODIUM : 325 mg

GÂTEAU AUX CERISES

¾ t	beurre ramolli	180 ml
1 ¼ t	sucre	310 ml
3	œufs	3
1 c. à tab	zeste de citron râpé finement	15 ml
1 c. à thé	essence d'amande	5 ml
2 ¼ t	farine	560 ml
¾ t	amandes moulues	180 ml
2 c. à thé	poudre à pâte	10 ml
1 ½ c. à thé	bicarbonate de sodium	7 ml
½ c. à thé	sel	2 ml
1 ¾ t	crème sure	430 ml
1 ½ t	canneberges séchées	375 ml

GLACE À L'AMANDE

¾ t	sucre glace	180 ml
3 c. à tab	kirsch ou lait	45 ml
1	trait d'essence d'amande	1

PRÉPARATION DU GÂTEAU

1. Dans un grand bol, à l'aide d'un batteur électrique, battre le beurre et le sucre jusqu'à ce que le mélange soit gonflé. Ajouter les œufs un à un, en battant bien après chaque addition. Ajouter le zeste de citron et l'essence d'amande en battant. Dans un autre bol, mélanger la farine, les amandes, la poudre à pâte, le bicarbonate de sodium et le sel. Incorporer les ingrédients secs à la préparation au beurre en trois fois, en alternant deux fois avec la crème sure. Incorporer les canneberges en soulevant délicatement la masse. Verser la pâte dans un moule à cheminée (de type Bundt) d'une capacité de 10 t (2,5 L), beurré et fariné. Lisser le dessus de la pâte.

2. Cuire au centre du four préchauffé à 325°F (160°C) pendant environ 55 minutes ou jusqu'à ce qu'un cure-dents inséré au centre du gâteau en ressorte propre. Laisser refroidir pendant 10 minutes. Démouler le gâteau et laisser refroidir complètement. (Vous pouvez préparer le gâteau à l'avance, le couvrir d'une pellicule de plastique et le mettre dans un contenant hermétique. Il se conservera jusqu'au lendemain à la température ambiante ou jusqu'à 1 mois au congélateur.)

PRÉPARATION DE LA GLACE

3. Au moment de servir, dans un petit bol, mélanger tous les ingrédients. Badigeonner de la glace le dessus du gâteau refroidi.

Ananas, sirop au vin et à la vanille

DONNE 10 PORTIONS.

- PRÉPARATION : 20 min • CUISSON : 40 min
- **Par portion :** CALORIES : 170 • PROTÉINES : 1 g
- MATIÈRES GRASSES : 3 g (2 g sat.) • CHOLESTÉROL : 12 mg
- GLUCIDES : 34 g • FIBRES : 1 g • SODIUM : 27 mg

½	gousse de vanille	½
1	bouteille de vin blanc sec fruité (de type riesling) (750 ml)	1
¾ t	sucre	180 ml
2	lanières de zeste d'orange de 3 po (8 cm) chacune	2
2	ananas	2
2 t	crème glacée à la vanille	500 ml
10	fines lanières de zeste d'orange (facultatif)	10

1. À l'aide d'un petit couteau, couper la demi-gousse de vanille en deux sur la longueur. Avec la pointe du couteau, retirer les graines. Mettre les graines, la gousse, le vin blanc, le sucre et 2 lanières de zeste d'orange dans une casserole et porter à ébullition à feu vif. Réduire à feu moyen et laisser mijoter pendant environ 40 minutes ou jusqu'à ce que la préparation soit sirupeuse et qu'elle ait

réduit à environ ¾ t (180 ml). Laisser refroidir. Retirer la gousse de vanille. (Vous pouvez préparer le sirop à l'avance et le mettre dans un contenant hermétique. Il se conservera jusqu'à 2 semaines au réfrigérateur.)

2. Sur une planche à découper, à l'aide d'un couteau bien aiguisé, couper les deux extrémités des ananas. Placer les fruits debout et, à l'aide du couteau, les peler de haut en bas. Retirer les yeux en faisant des incisions en diagonale. Enlever la partie dure du cœur. Couper la chair de l'ananas en cubes. (Vous pouvez préparer les ananas à l'avance et les mettre dans un contenant hermétique. Ils se conserveront jusqu'à 2 jours au réfrigérateur.)

3. Au moment de servir, répartir les ananas dans des coupes à dessert et les napper du sirop. Ajouter une cuillerée de crème glacée dans chaque coupe et garnir d'une fine lanière de zeste, si désiré.

Crème anglaise classique

DONNE ENVIRON 2 T (500 ML) DE CRÈME ANGLAISE.

- PRÉPARATION : 15 min • CUISSON : 10 min
- RÉFRIGÉRATION : 1 h • **Par portion de 2 c. à tab (30 ml) :**
- CALORIES : 91 • PROTÉINES : 2 g
- MATIÈRES GRASSES : 8 g (4 g sat.) • CHOLESTÉROL : 97 mg
- GLUCIDES : 4 g • FIBRES : aucune • SODIUM : 16 mg

1 t	crème à 35 % ou à 15 %	250 ml
1 t	lait	250 ml
¼ t	sucre	60 ml
6	jaunes d'œufs	6
1 c. à thé	vanille	5 ml

1. Dans une petite casserole, chauffer à feu moyen la crème, le lait et la moitié du sucre jusqu'à ce que de petites bulles se forment sur la paroi.

2. Dans un bol, à l'aide d'un fouet, mélanger les jaunes d'œufs et le reste du sucre. Incorporer petit à petit la préparation à la crème chaude et remettre dans la casserole. Cuire à feu moyen-doux, en brassant sans arrêt, pendant environ 5 minutes ou jusqu'à ce que la crème ait suffisamment épaissi pour napper le dos d'une cuiller.

3. À l'aide d'une passoire fine, filtrer la crème dans un bol. Ajouter la vanille et mélanger. Couvrir directement la surface de la crème anglaise d'une pellicule de plastique et laisser refroidir. Réfrigérer la crème anglaise pendant au moins 1 heure ou jusqu'à ce qu'elle soit bien froide. (Vous pouvez préparer la crème anglaise à l'avance. Elle se conservera jusqu'à 3 jours au réfrigérateur.)

Panna cotta aux griottes

DONNE 8 PORTIONS.

• PRÉPARATION : 30 min • CUISSON : 10 min
• RÉFRIGÉRATION : 4 h • **Par portion** : CALORIES : 341
• PROTÉINES : 4 g • MATIÈRES GRASSES : 22 g (13 g sat.)
• CHOLESTÉROL : 79 mg • GLUCIDES : 32 g • FIBRES : 1 g
• SODIUM : 43 mg

4 c. à thé	gélatine sans saveur	20 ml
1 t	lait	250 ml
1	pot de griottes dans le sirop (19 oz/540 ml)	1
2 t	crème à 35 %	500 ml
½ t	sucre	125 ml
1 c. à thé	vanille	5 ml
1	trait d'essence d'amande	1
⅔ t	porto	160 ml

1. Dans un grand bol, saupoudrer la gélatine sur ¼ t (60 ml) du lait et laisser gonfler pendant 5 minutes.

2. À l'aide d'une passoire placée sur un bol, égoutter les griottes, en les pressant légèrement et en secouant la passoire de temps à autre (réserver le sirop).

3. Dans une casserole, chauffer à feu doux le reste du lait, la crème et le sucre en brassant jusqu'à ce que la préparation soit fumante et que le sucre soit dissous. Verser la préparation à la crème sur la préparation à la gélatine et mélanger. Ajouter la vanille et l'essence d'amande. Réfrigérer ou mettre la préparation à la crème dans un bol plus grand rempli de glaçons et d'eau pendant 15 minutes ou jusqu'à ce que la préparation soit froide et qu'elle ait épaissi (brasser souvent). À l'aide d'une passoire, filtrer la préparation à la crème dans une grande tasse à mesurer.

4. Rincer à l'eau froide 8 ramequins ou moules d'une capacité de ½ t (125 ml) chacun et les mettre sur un plateau. Répartir les griottes dans les ramequins (en réserver ½ t/125 ml pour la sauce) et y verser la préparation à la crème. Réfrigérer pendant environ 4 heures ou jusqu'à ce que la préparation soit ferme. (Vous pouvez préparer les panna cotta à l'avance et les couvrir d'une pellicule de plastique. Ils se conserveront jusqu'au lendemain au réfrigérateur.)

5. Dans une petite casserole, porter à ébullition le sirop des griottes réservé et le porto. Laisser bouillir pendant environ 5 minutes ou jusqu'à ce que la préparation au porto soit sirupeuse et qu'elle ait réduit à environ ½ t (125 ml). Laisser refroidir. Ajouter les griottes réservées. (Vous pouvez préparer le sirop au porto à l'avance et le mettre dans un contenant hermétique. Il se conservera jusqu'à 1 semaine au réfrigérateur.)

6. Démouler les panna cotta dans des bols peu profonds, froids. Verser le sirop au porto sur le pourtour de chaque panna cotta.

TRUC

❯ Pour démouler les panna cotta, tremper le moule dans de l'eau chaude pendant quelques secondes seulement. Couvrir le moule d'une assiette et démouler en secouant le moule et l'assiette d'un coup sec.

❯ *Porte-bougie peint à la main*

Pour décorer la maison ou offrir en cadeau aux invités.

• **Laver et sécher le porte-bougie.** Avec une serviette de papier trempée dans un mélange composé à parts égales de vinaigre et d'eau, essuyer les parties devant être peintes. Sur une assiette de styromousse qui servira de palette, mettre des monticules d'émail acrylique des couleurs désirées. Garder à portée de main des serviettes de papier et un récipient d'eau.

• **Dessiner au crayon le contour de motifs du temps des fêtes** – bonhomme de neige, sapin, feuilles et baies de houx, etc. – sur un petit morceau de papier. Coller le papier à l'intérieur du porte-bougie avec du papier gommé : il servira de guide. Tremper la pointe d'un fin pinceau d'artiste dans l'eau, essuyer l'excédent sur du papier, tremper dans la peinture et dessiner les motifs en suivant le guide. Laisser sécher avant de changer de couleur.

Mousse au chocolat et au scotch en coupes chocolatées

Un dessert pas compliqué puisqu'on sert notre mousse dans de petites coupes chocolatées du commerce, qu'on peut se procurer dans certains supermarchés et épiceries fines.

DONNE 16 PORTIONS.

• PRÉPARATION : 25 min • CUISSON : 10 min
• RÉFRIGÉRATION : 7 h • **Par portion :** CALORIES : 230
• PROTÉINES : 2 g • MATIÈRES GRASSES : 17 g (10 g sat.)
• CHOLESTÉROL : 87 mg • GLUCIDES : 19 g • FIBRES : 1 g
• SODIUM : 25 mg

1 ⅔ t	crème à 35 %	410 ml
4	jaunes d'œufs	4
¼ t	sucre	60 ml
1	pincée de sel	1
4 oz	chocolat mi-amer fondu	125 g
2 oz	chocolat au lait fondu	60 g
2 c. à tab	scotch ou rhum brun	30 ml
1 c. à thé	vanille	5 ml
16	coupes en chocolat de 2 ½ po (6 cm) de diamètre	16
	caramel croquant aux noix (*nut brittle*), brisé en morceaux (facultatif)	

1. Dans une petite casserole, chauffer ⅔ t (160 ml) de la crème à feu moyen-vif jusqu'à ce que de petites bulles se forment sur la paroi. Entre-temps, dans un bol à l'épreuve de la chaleur, fouetter les jaunes d'œufs, le sucre et le sel. Incorporer petit à petit la crème chaude en fouettant. Mettre le bol sur une casserole d'eau chaude mais non bouillante et cuire, en brassant, pendant environ 8 minutes ou jusqu'à ce que la crème ait suffisamment épaissi pour napper le dos d'une cuiller. Retirer le bol de la casserole. Ajouter les chocolats, le scotch et la vanille et mélanger. Couvrir directement la surface de la préparation au chocolat d'une pellicule de plastique et laisser refroidir.

2. Dans un bol, à l'aide d'un batteur électrique, fouetter le reste de la crème jusqu'à ce qu'elle forme des pics fermes. Incorporer le quart de la crème fouettée à la préparation au chocolat refroidie en soulevant délicatement la masse. Incorporer le reste de la crème fouettée de la même manière. Couvrir et réfrigérer pendant environ 6 heures ou jusqu'à ce que la mousse soit ferme. (Vous pouvez préparer la mousse à l'avance. Elle se conservera jusqu'à 4 heures au réfrigérateur.)

3. Remplir chaque coupe d'environ ¼ t (60 ml) de la mousse au chocolat. Réfrigérer pendant environ 1 heure ou jusqu'à ce que la mousse soit ferme. (Vous pouvez préparer les coupes à l'avance et les couvrir. Elles se conserveront jusqu'au lendemain au réfrigérateur.) Au moment de servir, garnir les coupes de caramel croquant, si désiré.

Sauce au chocolat mi-amer

DONNE ENVIRON 2 T (500 ML) DE SAUCE.

- PRÉPARATION : 10 min • CUISSON : 5 min
- TEMPS DE REPOS : 15 min • **Par portion de 2 c. à tab (30 ml) :**
- CALORIES : 127 • PROTÉINES : 1 g
- MATIÈRES GRASSES : 12 g (8 g sat.) • CHOLESTÉROL : 24 mg
- GLUCIDES : 6 g • FIBRES : 2 g • SODIUM : 13 mg

1 ¼ t	crème à 35 %	310 ml
3 c. à tab	sirop de maïs	45 ml
6 oz	chocolat mi-amer haché	180 g

1. Dans une casserole, porter à ébullition la crème et le sirop de maïs. Retirer la casserole du feu. À l'aide d'un fouet, incorporer le chocolat et mélanger jusqu'à ce qu'il soit lisse. Laisser reposer pendant environ 15 minutes ou jusqu'à ce que la sauce ait épaissi. (Vous pouvez préparer la sauce à l'avance et la mettre dans un contenant hermétique. Elle se conservera jusqu'à 5 jours au réfrigérateur.)

Sauce aux canneberges et au vin rouge

DONNE ENVIRON 2 T (500 ML) DE SAUCE.

- PRÉPARATION : 5 min • CUISSON : 50 min
- **Par portion de 2 c. à tab (30 ml) :** CALORIES : 113
- PROTÉINES : traces • MATIÈRES GRASSES : aucune (aucun sat.) • CHOLESTÉROL : aucun • GLUCIDES : 27 g
- FIBRES : aucune • SODIUM : 3 mg

1	bouteille de vin rouge sec (750 ml)	1
1	boîte de cocktail de canneberge concentré surgelé, décongelé (355 ml)	1
1 ¼ t	sucre	310 ml
2 c. à thé	vanille	10 ml

1. Dans une grande casserole, porter à ébullition le vin rouge, le cocktail de canneberge et le sucre à feu moyen-vif. Réduire à feu moyen et laisser mijoter pendant 45 minutes ou jusqu'à ce que la sauce ait réduit à environ 2 t (500 ml). Ajouter la vanille et mélanger. (Vous pouvez préparer la sauce à l'avance et la mettre dans un contenant hermétique. Elle se conservera jusqu'à 2 semaines au réfrigérateur.)

Chapitre cinq

BISCUITS, BARRES ET CARRÉS

Biscuits aux pistaches et au chocolat blanc

DONNE 60 BISCUITS.

- PRÉPARATION : 1 h • CUISSON : 24 min
- TEMPS DE REPOS : 45 min • **Par biscuit :** CALORIES : 98
- PROTÉINES : 2 g • MATIÈRES GRASSES : 6 g (3 g sat.)
- CHOLESTÉROL : 17 mg • GLUCIDES : 10 g • FIBRES : traces
- SODIUM : 46 mg

BISCUITS AUX PISTACHES

1 t	beurre ramolli	250 ml
1 ⅔ t	pistaches écalées, hachées finement	410 ml
1 t	sucre	250 ml
2	œufs, jaunes et blancs séparés	2
1 ½ c. à thé	vanille	7 ml
2 ¼ t	farine	560 ml
¼ c. à thé	sel	1 ml

GARNITURE AU CHOCOLAT BLANC

7 oz	chocolat blanc haché finement	210 g
2 c. à thé	huile végétale	10 ml

PRÉPARATION DES BISCUITS

1. Dans un grand bol, à l'aide d'un batteur électrique, battre le beurre et ⅓ t (80 ml) des pistaches pendant 1 minute. Ajouter le sucre en battant jusqu'à ce que le mélange soit aéré. Ajouter les jaunes d'œufs, un à un, en battant bien après chaque ajout. Incorporer la vanille. Dans un autre bol, mélanger la farine et le sel. Ajouter les ingrédients secs au mélange de beurre en battant jusqu'à ce que la pâte soit homogène. Façonner la pâte en boules, environ 1 c. à tab (15 ml) à la fois.

2. Dans un petit bol, à l'aide d'un fouet, mélanger les blancs d'œufs jusqu'à ce qu'ils soient mousseux. Mettre le reste des pistaches dans un autre bol. Passer les boules de pâte dans les blancs d'œufs, puis les rouler dans les pistaches, en les pressant délicatement pour faire adhérer les pistaches. Mettre les boules de pâte sur deux plaques à biscuits tapissées de papier-parchemin ou beurrées, en les espaçant d'environ 2 po (5 cm). Avec le pouce, faire une empreinte profonde au centre de chaque boule.

3. Cuire au centre du four préchauffé à 350°F (180°C) pendant environ 12 minutes ou jusqu'à ce que le dessous des biscuits et les pistaches soient dorés. Déposer les plaques sur des grilles et laisser refroidir pendant 5 minutes (refaire l'empreinte au centre de chaque biscuit). Déposer les biscuits sur les grilles et laisser refroidir complètement. Cuire le reste des biscuits de la même manière.

PRÉPARATION DE LA GARNITURE

4. Dans un bol à l'épreuve de la chaleur placé sur une casserole d'eau chaude mais non bouillante, faire fondre le chocolat et l'huile. Garnir chaque biscuit de 1 c. à thé (5 ml) de la préparation. Laisser reposer pendant 45 minutes ou jusqu'à ce que le chocolat ait pris. (Vous pouvez préparer les biscuits à l'avance et les mettre dans un contenant hermétique, en séparant les étages avec du papier ciré. Ils se conserveront jusqu'à 5 jours à la température ambiante ou jusqu'à 3 semaines au congélateur.)

VARIANTE

Biscuits aux pistaches et aux framboises

Remplacer la garniture au chocolat par ⅓ t (80 ml) de confiture de framboises.

Bonshommes de neige au sucre et à la vanille

Pour des bonshommes scintillants, passer les boules de pâte dans du sucre cristallisé avant de les cuire.

DONNE ENVIRON 32 BONSHOMMES.

- PRÉPARATION : 30 min • CUISSON : 13 min
- **Par bonhomme :** CALORIES : 69 • PROTÉINES : 1 g
- MATIÈRES GRASSES : 3 g (2 g sat.) • CHOLESTÉROL : 15 mg
- GLUCIDES : 9 g • FIBRES : traces • SODIUM : 68 mg

½ t	beurre ramolli	125 ml
1 t	sucre glace	250 ml
2 c. à thé	vanille	10 ml
1	œuf battu	1
2 t	farine	500 ml
½ c. à thé	bicarbonate de sodium	2 ml
¼ c. à thé	sel	1 ml
	spaghettis non cuits, brisés en morceaux	
	bonbons miniatures de couleurs variées	

1. Dans un grand bol, à l'aide d'un batteur électrique, battre le beurre et le sucre glace jusqu'à ce que le mélange soit gonflé. Incorporer la vanille en battant. Ajouter l'œuf petit à petit, en battant jusqu'à ce que le mélange soit lisse. Dans un autre bol, mélanger la farine, le bicarbonate de sodium et le sel. Ajouter les ingrédients secs au mélange de beurre et mélanger à l'aide d'une cuiller jusqu'à ce que la pâte soit homogène.

2. Avec les mains, façonner la pâte en un nombre égal de boules de 2 c. à thé (10 ml), de 1 c. à thé (5 ml) et de ½ c. à thé (2 ml). Sur des plaques à biscuits tapissées de papier-parchemin ou beurrées, superposer trois boules de différentes grosseurs pour chaque bonhomme (presser délicatement la base de chaque boule sur celle du dessous pour les souder). Former les bras et le nez des bonshommes avec des spaghettis. Ajouter des bonbons miniatures pour former les yeux, la bouche et les boutons.

3. Déposer une plaque à biscuits sur la grille supérieure du four préchauffé à 350°F (180°C) et une autre sur la grille inférieure. Cuire pendant 13 minutes ou jusqu'à ce que les bonshommes soient fermes au toucher (intervertir et tourner les plaques à la mi-cuisson). Déposer les plaques sur des grilles et laisser refroidir pendant 5 minutes. Déposer les bonshommes sur les grilles et laisser refroidir complètement. (Vous pouvez préparer les bonshommes à l'avance et les mettre à plat en une seule couche dans des contenants hermétiques. Ils se conserveront jusqu'à 5 jours à la température ambiante ou jusqu'à 1 mois au congélateur.)

Biscuits au beurre et à la cardamome

Le beurre clarifié donne une texture croustillante à ces biscuits.

DONNE ENVIRON 36 BISCUITS.

- PRÉPARATION : 1 h • CUISSON : 15 min
- RÉFRIGÉRATION : 2 h 30 m • **Par biscuit :** CALORIES : 87
- PROTÉINES : 1 g • MATIÈRES GRASSES : 6 g (3 g sat.)
- CHOLESTÉROL : 13 mg • GLUCIDES : 8 g • FIBRES : traces
- SODIUM : 17 mg

1 t	beurre non salé, coupé en cubes	250 ml
1 t	sucre glace (environ)	250 ml
½ c. à thé	eau de fleur d'oranger ou vanille	2 ml
1 ¾ t	farine	430 ml
½ c. à thé	cardamome moulue	2 ml
¼ c. à thé	sel	1 ml
36	amandes entières, blanchies	36

1. Dans une casserole, faire fondre le beurre à feu doux. Laisser refroidir pendant 5 minutes. Écumer la surface du beurre. À l'aide d'une passoire tapissée d'une double épaisseur d'étamine (coton à fromage), filtrer le beurre dans un grand bol. Réfrigérer pendant environ 2 heures ou jusqu'à ce que le beurre clarifié se solidifie et que le dépôt blanchâtre (petit lait) reste au fond du bol.

2. Jeter le petit lait. À l'aide d'un batteur électrique, battre le beurre clarifié jusqu'à ce qu'il soit aéré et crémeux et qu'il ait doublé de volume. Ajouter le sucre glace, en trois fois, en battant. Incorporer l'eau de fleur d'oranger.

3. Dans un autre bol, mélanger la farine, la cardamome et le sel. Ajouter les ingrédients secs au mélange de beurre clarifié en battant jusqu'à ce que la pâte soit friable. Sur une surface légèrement farinée, pétrir la pâte pendant 3 minutes ou jusqu'à ce qu'elle soit lisse. Façonner la pâte en un disque et l'envelopper d'une pellicule de plastique. Réfrigérer pendant 30 minutes ou jusqu'à ce que la pâte soit légèrement ferme.

4. Sur une surface légèrement farinée, façonner la pâte, environ 1 c. à tab (15 ml) à la fois, en rouleaux de 3 ½ po (9 cm) de longueur chacun. Presser les extrémités de chaque rouleau de pâte ensemble, en les faisant se chevaucher légèrement, de manière à former un anneau. Garnir chaque anneau d'une amande en la pressant dans la pâte. Mettre les anneaux de pâte sur deux plaques à biscuits tapissées de papier-parchemin ou beurrées, en les espaçant d'environ 2 po (5 cm).

5. Déposer une plaque à biscuits sur la grille supérieure du four préchauffé à 300°F (150°C) et une autre sur la grille inférieure. Cuire pendant environ 15 minutes ou jusqu'à ce que les biscuits soient dorés (intervertir et tourner les plaques à la mi-cuisson). Déposer les plaques sur des grilles et laisser refroidir pendant 5 minutes. Déposer les biscuits sur les grilles et laisser refroidir complètement. (Vous pouvez préparer les biscuits à l'avance et les mettre dans un contenant hermétique, en séparant les étages avec du papier ciré. Ils se conserveront jusqu'à 1 semaine à la température ambiante ou jusqu'à 1 mois au congélateur.) Saupoudrer les biscuits de sucre glace.

Brownies nœuds papillon

DONNE 50 BISCUITS.

- PRÉPARATION : 1 h 30 min • RÉFRIGÉRATION : 1 h
- CUISSON : 26 min • **Par biscuit :** CALORIES : 50
- PROTÉINES : 1 g • MATIÈRES GRASSES : 4 g (2 g sat.)
- CHOLESTÉROL : 17 mg • GLUCIDES : 4 g • FIBRES : traces
- SODIUM : 24 mg

BISCUITS AU FROMAGE À LA CRÈME

1	paquet de fromage à la crème, ramolli (125 g)	1
½ t	beurre ramolli	125 ml
1 c. à tab	sucre	15 ml
1 t	farine	250 ml

GARNITURE BROWNIE

2 c. à tab	beurre	30 ml
1 ½ oz	chocolat non sucré haché	45 g
2 c. à tab	sucre	30 ml
½ c. à thé	vanille	2 ml
1	jaune d'œuf	1
2 c. à thé	farine	10 ml
2 c. à tab	abricots, cerises ou canneberges séchés, hachés	30 ml

GARNITURE À L'ŒUF

1	jaune d'œuf	1
1 c. à tab	eau	15 ml
1 c. à tab	sucre à gros cristaux	15 ml

PRÉPARATION DES BISCUITS

1. Dans un grand bol, à l'aide d'un batteur électrique, battre le fromage à la crème et le beurre jusqu'à ce que le mélange soit aéré. Incorporer le sucre. Incorporer la farine, en deux fois, en battant jusqu'à ce que la pâte se tienne. Façonner la pâte en un rectangle et le couper en deux portions. Envelopper chaque portion d'une pellicule de plastique et réfrigérer pendant environ 1 heure ou jusqu'à ce que la pâte soit ferme. (Vous pouvez préparer la pâte à biscuits à l'avance. Elle se conservera jusqu'au lendemain au réfrigérateur.)

PRÉPARATION DE LA GARNITURE BROWNIE

2. Dans une petite casserole, faire fondre le beurre et le chocolat à feu moyen-doux. Retirer la casserole du feu. À l'aide d'un fouet, ajouter le sucre et la vanille. Laisser refroidir légèrement. À l'aide du fouet, ajouter le jaune d'œuf et la farine. Ajouter les abricots et mélanger. Laisser refroidir.

3. Sur une surface légèrement farinée, abaisser une portion de pâte en un carré de 10 po (25 cm) de côté. À l'aide d'une roulette à pâtisserie dentelée, couper les côtés pour les égaliser. Couper le carré de pâte en 25 petits carrés de 2 po (5 cm) chacun. Procéder de la même manière avec l'autre portion de pâte.

4. Façonner la garniture brownie, ½ c. à thé (2 ml) à la fois, en petits rouleaux de 1 po (2,5 cm) de longueur chacun. Aplatir légèrement les rouleaux. Déposer un rouleau, sur le biais, au centre de chaque petit carré de pâte. Replier un coin du carré de pâte sur la garniture et le badigeonner d'eau. Replier le coin opposé sur le premier coin, en les faisant se chevaucher légèrement, et pincer les coins ensemble pour sceller. Déposer les biscuits sur deux plaques à biscuits tapissées de papier-parchemin ou beurrées, en les espaçant d'environ 1 po (2,5 cm).

PRÉPARATION DE LA GARNITURE À L'ŒUF

5. Dans un bol, mélanger le jaune d'œuf et l'eau. Badigeonner le dessus de chaque biscuit du mélange de jaune d'œuf. Saupoudrer du sucre à gros cristaux. Cuire au centre du four préchauffé à 325°F (160°C) pendant environ 13 minutes ou jusqu'à ce que les biscuits soient dorés. Déposer les plaques sur des grilles et laisser refroidir pendant 5 minutes. Déposer les biscuits sur les grilles et laisser refroidir complètement. Cuire le reste des biscuits de la même manière. (Vous pouvez préparer les biscuits à l'avance et les mettre dans un contenant hermétique, en séparant les étages avec du papier ciré. Ils se conserveront jusqu'à 1 semaine à la température ambiante ou jusqu'à 1 mois au congélateur.)

Brownie nœud papillon
et sablé étagé au chocolat

Sablés étagés au chocolat

Ce sablé riche en beurre comprend trois étages : celui du bas, très foncé, est fait avec du chocolat mi-amer, celui du centre, avec du chocolat au lait et celui du haut, avec de la vanille.

DONNE ENVIRON 40 SABLÉS.

- PRÉPARATION : 1 h • RÉFRIGÉRATION : 2 h
- CUISSON : 20 min • **Par sablé :** CALORIES : 84
- PROTÉINES : 1 g • MATIÈRES GRASSES : 6 g (4 g sat.)
- CHOLESTÉROL : 12 mg • GLUCIDES : 8 g • FIBRES : traces
- SODIUM : 34 mg

2 oz	chocolat mi-amer haché	60 g
1 oz	chocolat au lait haché	30 g
1 t	beurre ramolli	250 ml
½ t	sucre à dissolution rapide (sucre extra fin)	125 ml
1 c. à thé	vanille	5 ml
2 t	farine	500 ml
1	pincée de sel	1

1. Dans un bol à l'épreuve de la chaleur placé sur une casserole d'eau chaude mais non bouillante, faire fondre le chocolat mi-amer. Dans un autre bol, et de la même manière, faire fondre le chocolat au lait. Laisser refroidir à la température ambiante.

2. Dans un bol, à l'aide d'un batteur électrique, battre le beurre et le sucre jusqu'à ce que le mélange soit aéré. Incorporer la vanille. Ajouter la farine et le sel, et mélanger. Réserver la moitié de la pâte à la vanille dans un autre bol. Ajouter le chocolat mi-amer fondu et mélanger. Diviser le reste de la pâte à la vanille en trois portions et en réserver une. Ajouter le chocolat au lait fondu au reste de la pâte à la vanille.

3. Sur une pellicule de plastique, façonner la moitié de la pâte au chocolat mi-amer en un rectangle de 9 po x 2 po (23 cm x 5 cm). Façonner la moitié de la pâte au chocolat au lait en un rectangle de 9 po x 1 ¾ po (23 cm x 4,5 cm) et le mettre au centre du rectangle de pâte au chocolat mi-amer.

4. Façonner la moitié de la pâte à la vanille réservée en un rouleau de 9 po (23 cm) de longueur et le mettre au centre de la pâte au chocolat au lait. Envelopper la pâte d'une pellicule de plastique et la façonner de manière à obtenir une longue forme triangulaire. Répéter les opérations avec le reste de la pâte. Réfrigérer pendant environ 2 heures ou jusqu'à ce que la pâte soit ferme. (Vous pouvez préparer la pâte à biscuits à l'avance et la mettre dans un contenant hermétique. Elle se conservera jusqu'à 3 semaines au congélateur.)

5. Couper les triangles de pâte en tranches de ¼ po (5 mm) d'épaisseur. Déposer les tranches de pâte sur deux plaques à biscuits tapissées de papier-parchemin ou beurrées, en les espaçant d'environ 1 po (2,5 cm). Déposer une plaque à biscuits sur la grille supérieure du four préchauffé à 300°F (150°C) et une autre sur la grille inférieure. Cuire pendant environ 20 minutes ou jusqu'à ce que les biscuits soient fermes et le dessous, doré (intervertir et tourner les plaques à la mi-cuisson.) Déposer les plaques sur des grilles et laisser refroidir pendant 5 minutes. Déposer les biscuits sur les grilles et laisser refroidir complètement. (Vous pouvez préparer les sablés à l'avance et les mettre dans un contenant hermétique, en séparant les étages avec du papier ciré. Ils se conserveront jusqu'à 1 semaine à la température ambiante ou jusqu'à 1 mois au congélateur.)

Sablés étoilés

DONNE 34 SABLÉS.

- **PRÉPARATION** : 25 min • **CONGÉLATION** : 30 min
- **CUISSON** : 40 min à 50 min • **Par sablé** : **CALORIES** : 80
- **PROTÉINES** : 1 g • **MATIÈRES GRASSES** : 5 g (3 g sat.)
- **CHOLESTÉROL** : 15 mg • **GLUCIDES** : 7 g • **FIBRES** : traces
- **SODIUM** : 55 mg

1 t	beurre ramolli	250 ml
3 c. à tab	fécule de maïs	45 ml
¼ t	sucre	60 ml
1 ¾ t	farine	430 ml

1. Dans un grand bol, à l'aide d'un batteur électrique, battre le beurre jusqu'à ce qu'il soit aéré. Ajouter petit à petit la fécule de maïs, puis le sucre en battant. À l'aide d'une cuiller de bois, incorporer la farine, ¼ t (60 ml) à la fois, et battre jusqu'à ce que la pâte se tienne.

2. Sur une surface légèrement farinée, abaisser la pâte à ¼ po (5 mm) d'épaisseur. À l'aide d'un emporte-pièce en forme d'étoile de 2 po (5 cm) fariné, découper des biscuits dans la pâte. Mettre les biscuits sur deux plaques à biscuits tapissées de papier-parchemin ou beurrées, en les espaçant d'environ 1 po (2,5 cm). Congeler pendant 30 minutes ou jusqu'à ce que la pâte soit ferme.

3. Déposer une plaque à biscuits sur la grille supérieure du four préchauffé à 275°F (140°C) et une autre sur la grille inférieure. Cuire de 40 à 50 minutes ou jusqu'à ce que les sablés soient fermes (intervertir et tourner les plaques à la mi-cuisson). Déposer les plaques sur des grilles et laisser refroidir pendant 5 minutes. Déposer les sablés sur les grilles et laisser refroidir complètement. (Vous pouvez préparer les sablés à l'avance et les mettre dans un contenant hermétique, en séparant les étages avec du papier ciré. Ils se conserveront jusqu'à 1 semaine à la température ambiante ou jusqu'à 1 mois au congélateur.)

L'art de faire fondre le chocolat

Le chocolat, qui contient une grande quantité de beurre de cacao, est un ingrédient délicat qu'il faut traiter avec soin lorsqu'on le fait fondre pour éviter qu'il ne durcisse, ne colle ou ne perde son brillant.

❯ Hacher le chocolat finement. Mettre le chocolat dans un bol à l'épreuve de la chaleur ou dans un bol en métal. (Le bol doit être un peu plus large que la casserole sur laquelle il sera placé et il ne doit pas toucher l'eau. Si le bol est trop large, il sera chauffé par l'élément de la cuisinière et le chocolat brûlera.)

❯ Verser de l'eau à hauteur de 1 po (2,5 cm) dans la casserole. Chauffer à feu moyen jusqu'à ce que l'eau soit fumante mais non bouillante. Mettre le bol contenant le chocolat par-dessus. Laisser fondre le chocolat aux trois quarts.

❯ Retirer le bol de la casserole et brasser à l'aide d'une cuiller en métal jusqu'à ce que le chocolat ait fondu.

❯ Ne pas couvrir. Des gouttes d'humidité pourraient s'accumuler sur le couvercle et tomber dans le chocolat, ce qui le ferait durcir.

Biscuits aux épices

DONNE ENVIRON 28 BISCUITS.

- PRÉPARATION : 25 min • RÉFRIGÉRATION : 30 min
- CUISSON : 8 min à 10 min • **Par biscuit :** CALORIES : 101
- PROTÉINES : 2 g • MATIÈRES GRASSES : 5 g (2 g sat.)
- CHOLESTÉROL : 17 mg • GLUCIDES : 14 g • FIBRES : 1 g
- SODIUM : 85 mg

½ t	beurre ramolli	125 ml
1 t	cassonade tassée	250 ml
1	œuf	1
1 t	farine tout usage	250 ml
¾ t	farine de blé entier	180 ml
2 c. à thé	cannelle moulue	10 ml
2 c. à thé	gingembre moulu	10 ml
½ c. à thé	poudre à pâte	2 ml
½ c. à thé	bicarbonate de sodium	2 ml
½ c. à thé	piment de la Jamaïque	2 ml
¼ c. à thé	cardamome moulue	1 ml
¼ c. à thé	clou de girofle moulu	1 ml
¼ c. à thé	muscade moulue	1 ml
¼ c. à thé	sel	1 ml
¼ c. à thé	poivre noir du moulin	1 ml
1 c. à tab	lait	15 ml
½ t	amandes coupées en tranches	125 ml

1. Dans un grand bol, à l'aide d'un batteur électrique, battre le beurre et la cassonade jusqu'à ce que le mélange soit aéré. Ajouter l'œuf en battant. Dans un autre bol, mélanger la farine tout usage, la farine de blé entier, la cannelle, le gingembre, la poudre à pâte, le bicarbonate de sodium, le piment de la Jamaïque, la cardamome, le clou de girofle, la muscade, le sel et le poivre. Ajouter les ingrédients secs, en trois fois, au mélange de beurre et mélanger à l'aide d'une cuiller de bois jusqu'à ce que la pâte soit homogène.

2. Sur une surface légèrement farinée, façonner la pâte en une boule et la pétrir 10 fois. Abaisser la pâte en un rectangle et l'envelopper d'une pellicule de plastique. Réfrigérer pendant 30 minutes.

3. Sur une surface légèrement farinée, abaisser le rectangle de pâte à ¼ po (5 mm) d'épaisseur. À l'aide d'un emporte-pièce, découper des rectangles, ou d'autres formes, de 3 po x 2 po (8 cm x 5 cm) dans la pâte. Déposer les rectangles de pâte sur deux plaques à biscuits tapissées de papier-parchemin ou beurrées, en les espaçant d'environ ½ po (1 cm). Badigeonner de lait les rectangles de pâte. Presser des tranches d'amandes sur le dessus de chaque rectangle de pâte.

4. Cuire au centre du four préchauffé à 350°F (180°C) de 8 à 10 minutes ou jusqu'à ce que le pourtour des biscuits soit légèrement doré et que le dessus soit ferme. Déposer les plaques sur des grilles et laisser refroidir pendant 5 minutes. Déposer les biscuits sur les grilles et laisser refroidir complètement. (Vous pouvez préparer les biscuits à l'avance et les mettre dans un contenant hermétique, en séparant les étages avec du papier ciré. Ils se conserveront jusqu'à 4 jours à la température ambiante ou jusqu'à 2 semaines au congélateur.)

Roulades au chocolat et aux noix

DONNE 48 BISCUITS.

- **PRÉPARATION :** 1 h • **RÉFRIGÉRATION :** 1 h 30 min
- **CUISSON :** 25 min • **Par biscuit : CALORIES :** 147
- **PROTÉINES :** 2 g • **MATIÈRES GRASSES :** 10 g (5 g sat.)
- **CHOLESTÉROL :** 24 mg • **GLUCIDES :** 14 g • **FIBRES :** 1 g
- **SODIUM :** 65 mg

BISCUITS AU FROMAGE À LA CRÈME

1	paquet de fromage à la crème, ramolli (250 g)	1
1 t	beurre ramolli	250 ml
2 c. à tab	sucre	30 ml
2 t	farine	500 ml

GARNITURE AUX NOIX DE GRENOBLE

1 ½ t	noix de Grenoble hachées	375 ml
4 oz	chocolat mi-sucré haché	125 g
¼ t	sucre	60 ml
¼ t	cassonade tassée	60 ml
¾ c. à thé	cannelle moulue	4 ml
¾ t	marmelade d'oranges	180 ml

GARNITURE À L'ŒUF ET AU SUCRE

1	œuf battu légèrement	1
2 c. à tab	sucre à gros cristaux ou sucre ordinaire	30 ml

PRÉPARATION DES BISCUITS

1. Dans un bol, à l'aide d'un batteur électrique, battre le fromage à la crème et le beurre jusqu'à ce que le mélange soit aéré. Incorporer le sucre en battant. Ajouter la farine, en deux fois, et mélanger jusqu'à ce que la pâte se tienne. Façonner la pâte en un rectangle et le couper en quatre portions. Façonner chaque portion de pâte en un rectangle et l'envelopper d'une pellicule de plastique. Réfrigérer pendant environ 1 heure ou jusqu'à ce que la pâte soit ferme. (Vous pouvez préparer la pâte à biscuits à l'avance. Elle se conservera jusqu'au lendemain au réfrigérateur.)

PRÉPARATION DE LA GARNITURE AUX NOIX

2. Dans un bol, mélanger les noix de Grenoble, le chocolat, le sucre, la cassonade et la cannelle.

3. Sur une surface légèrement farinée, abaisser une portion de pâte en un rectangle de 12 po x 8 po (30 cm x 20 cm). Étendre uniformément 3 c. à tab (45 ml) de la marmelade d'oranges sur le rectangle de pâte. Parsemer du quart de la garniture aux noix de Grenoble. En commençant par l'un des côtés longs, rouler le rectangle en serrant bien.

4. Couper le rouleau de pâte en 12 tranches de 1 po (2,5 cm) d'épaisseur. Déposer les tranches de pâte debout sur deux plaques de cuisson tapissées de papier-parchemin ou beurrées, en les espaçant d'environ ¼ po (5 mm). Répéter les opérations avec le reste de la pâte. Réfrigérer pendant 30 minutes.

PRÉPARATION DE LA GARNITURE À L'ŒUF

5. Badigeonner le dessus des biscuits de l'œuf et saupoudrer du sucre. Déposer une plaque à biscuits sur la grille supérieure du four préchauffé à 350°F (180°C) et une autre sur la grille inférieure. Cuire pendant environ 25 minutes ou jusqu'à ce que les biscuits soient dorés (intervertir et tourner les plaques à la mi-cuisson). Déposer les plaques sur des grilles et laisser refroidir pendant 5 minutes. Déposer les biscuits sur les grilles et laisser refroidir complètement. (Vous pouvez préparer les biscuits à l'avance et les mettre dans un contenant hermétique, en séparant les étages avec du papier ciré. Ils se conserveront jusqu'à 5 jours à la température ambiante ou jusqu'à 1 mois au congélateur.)

VARIANTE

Roulades aux abricots et aux amandes

Remplacer les noix de Grenoble par des amandes coupées en tranches, le chocolat par 1 t (250 ml) d'abricots séchés, hachés et la marmelade d'oranges par de la confiture d'abricots.

Biscuits au sucre et à la vanille

La pâte de la recette présentée ici est facile à préparer et, en un rien de temps, les biscuits auront pris diverses formes — flocons de neige, étoiles, arbres, ornements, mitaines — que l'on recouvrira d'un glaçage festif.

DONNE 36 BISCUITS.

- PRÉPARATION : 20 min • RÉFRIGÉRATION : 1 h
- CUISSON : 10 min • **Par biscuit :** CALORIES : 89
- PROTÉINES : 1 g • MATIÈRES GRASSES : 4 g (2 g sat.)
- CHOLESTÉROL : 17 mg • GLUCIDES : 12 g • FIBRES : traces
- SODIUM : 45 mg

¾ t	beurre ramolli	180 ml
1 t	sucre ou cassonade tassée	250 ml
1	œuf	1
1 c. à thé	vanille	5 ml
2 ½ t	farine	625 ml
½ c. à thé	poudre à pâte	2 ml
1	pincée de sel	1

1. Dans un grand bol, à l'aide d'un batteur électrique, battre le beurre jusqu'à ce qu'il soit aéré. Ajouter le sucre, en trois fois, et mélanger. Incorporer l'œuf et la vanille en battant. Dans un autre bol, mélanger la farine, la poudre à pâte et le sel. Ajouter les ingrédients secs au mélange de beurre, en trois fois, et mélanger à l'aide d'une cuiller de bois jusqu'à ce que la pâte soit homogène.

2. Diviser la pâte en deux portions. Aplatir chaque portion en un disque. Envelopper chaque disque de pâte d'une pellicule de plastique et réfrigérer pendant 1 heure ou jusqu'à ce que la pâte soit ferme. (Vous pouvez préparer la pâte à biscuits à l'avance. Elle se conservera jusqu'au lendemain au réfrigérateur.)

3. Sur une surface légèrement farinée, abaisser chaque portion de pâte à ¼ po (5 mm) d'épaisseur. À l'aide d'un emporte-pièce de 3 po (8 cm) de diamètre, découper des biscuits dans la pâte. Déposer les biscuits sur deux plaques à biscuits tapissées de papier-parchemin ou beurrées, en les espaçant d'environ 1 po (2,5 cm).

4. Déposer une plaque à biscuits sur la grille supérieure du four préchauffé à 375°F (190°C) et une autre sur la grille inférieure. Cuire pendant environ 10 minutes ou jusqu'à ce que les biscuits soient légèrement dorés (intervertir et tourner les plaques à la mi-cuisson). Déposer les plaques sur des grilles et laisser refroidir pendant 1 minute. Déposer les biscuits sur les grilles et laisser refroidir complètement. (Vous pouvez préparer les biscuits à l'avance et les mettre dans un contenant hermétique, en séparant les étages avec du papier ciré. Ils se conserveront jusqu'à 1 semaine à la température ambiante ou jusqu'à 1 mois au congélateur.)

Glaçage à biscuits

DONNE ¾ T (180 ML) DE GLAÇAGE.

2 t	sucre glace	500 ml
3 c. à tab	lait ou eau	45 ml
	colorant végétal (facultatif)	
	bonbons miniatures de couleurs variées, cristaux de sucre, paillettes de chocolat	

1. Dans un bol, mélanger le sucre glace et le lait jusqu'à ce que la préparation soit lisse. Ajouter du colorant végétal, si désiré (le colorant en pâte donne des couleurs plus intenses que le colorant liquide). Ajouter plus de liquide pour éclaircir le glaçage. Badigeonner de glaçage le dessus des biscuits refroidis. Parsemer de bonbons miniatures de couleurs variées, de cristaux de sucre colorés ou de paillettes de chocolat.

Gaufrettes au sésame

DONNE ENVIRON 36 GAUFRETTES.

- PRÉPARATION : 25 min • CUISSON : 7 min
- **Par gaufrette :** CALORIES : 90 • PROTÉINES : 1 g
- MATIÈRES GRASSES : 6 g (2 g sat.) • CHOLESTÉROL : 13 mg
- GLUCIDES : 9 g • FIBRES : traces • SODIUM : 33 mg

½ t	beurre ramolli	125 ml
1 t	cassonade tassée	250 ml
1	œuf	1
2 c. à tab	lait	30 ml
1 c. à thé	vanille	5 ml
1 t	farine	250 ml
¼ c. à thé	poudre à pâte	1 ml
⅓ t	graines de sésame blanches, grillées	80 ml
1 t	moitiés de pacanes	250 ml
1 c. à tab	graines de sésame noires (facultatif)	15 ml

1. Dans un grand bol, à l'aide d'un batteur électrique, battre le beurre et la cassonade jusqu'à ce que le mélange soit aéré. Ajouter l'œuf, le lait et la vanille en battant. Dans un autre bol, mélanger la farine et la poudre à pâte. Ajouter les ingrédients secs au mélange de beurre et mélanger jusqu'à ce que la préparation soit lisse. Ajouter ¼ t (60 ml) des graines de sésame blanches et mélanger.

2. Laisser tomber la pâte, 1 c. à thé (5 ml) à la fois, sur deux plaques à biscuits tapissées de papier-parchemin ou beurrées, en espaçant les gaufrettes d'environ 2 po (5 cm). Presser une moitié de pacane au centre de chaque gaufrette. Saupoudrer des graines de sésame noires, si désiré, et du reste des graines de sésame blanches.

3. Déposer une plaque à biscuits sur la grille supérieure du four préchauffé à 375°F (190°C) et une autre sur la grille inférieure. Cuire pendant environ 7 minutes ou jusqu'à ce que les gaufrettes soient croustillantes et dorées (intervertir et tourner les plaques à la mi-cuisson). Déposer les plaques sur des grilles et laisser refroidir pendant 5 minutes. Déposer les gaufrettes sur les grilles et laisser refroidir complètement. (Vous pouvez préparer les gaufrettes à l'avance et les mettre dans un contenant hermétique, en séparant les étages avec du papier ciré. Elles se conserveront jusqu'à 1 semaine à la température ambiante ou jusqu'à 1 mois au congélateur.)

Biscuits aux amandes

Ces biscuits de diverses formes que l'on prépare à l'aide d'une presse à biscuits feront fureur durant la période des Fêtes. Une astuce à retenir : les plaques à biscuits doivent être bien propres et froides. Si vous utilisez les plaques à quelques reprises, laissez-les refroidir et lavez-les soigneusement après chaque fournée.

DONNE ENVIRON 90 BISCUITS.

- PRÉPARATION : 25 min • CUISSON : 24 min à 30 min
- **Par biscuit :** CALORIES : 42 • PROTÉINES : 1 g
- MATIÈRES GRASSES : 3 g (2 g sat.) • CHOLESTÉROL : 9 mg
- GLUCIDES : 4 g • FIBRES : traces • SODIUM : 21 mg

BISCUITS AUX AMANDES

1 t	beurre ramolli	250 ml
⅔ t	sucre glace	160 ml
1	jaune d'œuf	1
1 ½ c. à thé	vanille	7 ml
¼ c. à thé	essence d'amande	1 ml
1	pincée de sel	1
2 t	farine	500 ml
½ t	amandes moulues	125 ml

GLAÇAGE AUX AMANDES

1 t	sucre glace (environ)	250 ml
¼ t	crème à 35 % (environ)	60 ml
¼ c. à thé	essence d'amande	1 ml
	dragées argent ou or ou cerises confites	

PRÉPARATION DES BISCUITS

1. Réfrigérer deux plaques à biscuits non beurrées jusqu'à ce qu'elles soient froides.

2. Dans un grand bol, à l'aide d'un batteur électrique, battre le beurre et le sucre glace jusqu'à ce que le mélange soit aéré. Ajouter le jaune d'œuf, la vanille, l'essence d'amande et le sel en battant. Ajouter la farine, puis les amandes et mélanger jusqu'à ce que la pâte soit homogène.

3. Mettre la pâte dans une presse à biscuits, en plusieurs fois. Presser la pâte en rosettes d'environ 1 po (2,5 cm) de diamètre sur les plaques à biscuits froides, en les espaçant d'environ 1 po (2,5 cm).

4. Cuire au centre du four préchauffé à 350°F (180°C) de 8 à 10 minutes ou jusqu'à ce que le dessous des biscuits soit légèrement doré. Déposer les plaques sur des grilles et laisser refroidir pendant 1 minute. Déposer les biscuits sur les grilles (placer une feuille de papier ciré sous les grilles) et laisser refroidir complètement. Cuire le reste des biscuits de la même manière.

PRÉPARATION DU GLAÇAGE

5. Dans un bol, mélanger le sucre glace, la crème et l'essence d'amande (au besoin, ajouter un peu de sucre glace ou de crème de manière à obtenir une consistance assez liquide). Verser le glaçage sur les biscuits chauds. Presser aussitôt une dragée au centre de chaque biscuit. Laisser refroidir. (Vous pouvez préparer les biscuits à l'avance et les mettre dans un contenant hermétique, en séparant les étages avec du papier ciré. Ils se conserveront jusqu'à 1 semaine à la température ambiante ou jusqu'à 1 mois au congélateur.)

Biscotti au citron et aux pistaches

Les pistaches écalées, vendues en vrac dans les épiceries, vous feront gagner un temps précieux.

DONNE ENVIRON 80 BISCOTTI.

- PRÉPARATION : 1 h • CUISSON : 2 h
- **Par biscotti :** CALORIES : 99 • PROTÉINES : 2 g
- MATIÈRES GRASSES : 4 g (2 g sat.) • CHOLESTÉROL : 22 mg
- GLUCIDES : 13 g • FIBRES : traces • SODIUM : 77 mg

BISCOTTI AU CITRON ET AUX PISTACHES

1 t	beurre ramolli	250 ml
2 t	sucre	500 ml
6	œufs	6
2 c. à tab	zeste de citron râpé	30 ml
2 c. à thé	vanille	10 ml
5 ½ t	farine	1,375 L
1 c. à tab	poudre à pâte	15 ml
½ c. à thé	sel	2 ml
2 t	pistaches écalées, salées	500 ml

GLACE AU CITRON

½ t	sucre glace	125 ml
1 c. à tab	jus de citron (environ)	15 ml

PRÉPARATION DES BISCOTTI

1. Dans un grand bol, à l'aide d'un batteur électrique, battre le beurre et le sucre jusqu'à ce que le mélange soit aéré. Incorporer les œufs, un à un, en battant. Incorporer le zeste de citron et la vanille. Dans un autre bol, mélanger la farine, la poudre à pâte et le sel. Ajouter les ingrédients secs au mélange de beurre et mélanger à l'aide d'un fouet jusqu'à ce que la pâte soit homogène. Ajouter les pistaches et mélanger.

2. Diviser la pâte en quatre portions. Sur une surface légèrement farinée, avec les mains farinées, façonner chaque portion de pâte en un rouleau d'environ 12 po (30 cm) de longueur. Déposer les rouleaux de pâte sur deux plaques à biscuits tapissées de papier-parchemin ou beurrées, en les espaçant d'environ 4 po (10 cm). Aplatir chaque rouleau de pâte jusqu'à ce qu'il ait environ 3 po (8 cm) de largeur, en laissant le dessus légèrement arrondi.

3. Déposer une plaque à biscuits sur la grille supérieure du four préchauffé à 325°F (160°C) et une autre sur la grille inférieure. Cuire pendant environ 30 minutes ou jusqu'à ce que les rouleaux de pâte soient fermes et qu'ils commencent à dorer (intervertir et tourner les plaques à la mi-cuisson). Déposer les plaques sur des grilles et laisser refroidir pendant 10 minutes.

Planifier un échange de biscuits

Recevoir et offrir des biscuits permet d'en goûter une grande variété sans avoir à les préparer soi-même. De plus, l'échange est une belle occasion de rencontrer amis, parents, voisins et collègues.

❯ Organiser l'échange de biscuits pour six à huit personnes.

❯ Pour éviter de se retrouver avec des biscuits tous pareils, demander aux convives d'indiquer ceux qu'ils ont l'intention d'apporter.

❯ Demander à chaque convive d'apporter une douzaine de biscuits par personne et d'en choisir qui ne soient ni trop fragiles ni trop collants.

❯ Chaque convive apportera ses propres contenants, dans lesquels il pourra rapporter les biscuits qu'il recevra. Ou peut aussi suggérer aux convives de mettre leurs biscuits dans des contenants neufs peu coûteux, pour éviter d'avoir à les manipuler à nouveau au moment de les rapporter à la maison. On devrait avoir sous la

4. Déposer les rouleaux sur une planche à découper. Couper les rouleaux, sur le biais, en tranches de ½ po (1 cm) d'épaisseur. Déposer les tranches debout sur les plaques à biscuits, en les espaçant d'environ ½ po (1 cm). Déposer une plaque à biscuits sur la grille supérieure du four préchauffé à 325°F (160°C) et l'autre sur la grille inférieure. Cuire de 30 à 40 minutes ou jusqu'à ce que les biscotti soient secs et croustillants (intervertir et tourner les plaques à la mi-cuisson). Déposer les biscotti, le côté coupé vers le haut, sur les grilles (placer une feuille de papier ciré sous les grilles) et laisser refroidir complètement. Cuire le reste des biscotti de la même manière.

PRÉPARATION DE LA GLACE
5. Dans un petit bol, mélanger le sucre glace et suffisamment de jus de citron pour obtenir une glace coulante. Arroser les biscotti refroidis de la glace au citron. (Vous pouvez préparer les biscotti à l'avance et les mettre dans un contenant hermétique, en séparant les étages avec du papier ciré. Ils se conserveront jusqu'à 2 semaines à la température ambiante ou jusqu'à 1 mois au congélateur.)

Biscuits aux fruits et aux noix

DONNE 84 BISCUITS.

- PRÉPARATION : 45 min • CUISSON : 45 min
- **Par biscuit** : CALORIES : 77 • PROTÉINES : 1 g
- MATIÈRES GRASSES : 3 g (1 g sat.) • CHOLESTÉROL : 8 mg
- GLUCIDES : 12 g • FIBRES : traces • SODIUM : 40 mg

BISCUITS AUX FRUITS ET AUX NOIX

1 t	beurre ramolli	250 ml
1 t	cassonade tassée	250 ml
2	œufs	2
1 c. à thé	essence de rhum	5 ml
2 ½ t	farine	625 ml
1 c. à thé	poudre à pâte	5 ml
1 c. à thé	cannelle moulue	5 ml
1 c. à thé	muscade moulue	5 ml
1 c. à thé	gingembre moulu	5 ml
½ c. à thé	bicarbonate de sodium	2 ml
½ c. à thé	sel	2 ml
1 t	cerises rouges ou vertes confites, coupées en quatre	250 ml
1 t	raisins secs	250 ml
1 t	zestes de fruits confits	250 ml
¾ t	pacanes hachées grossièrement	180 ml
84	moitiés de pacanes (environ 3 t/750 ml) (facultatif)	84

GLAÇAGE AU RHUM

¾ t	sucre glace	180 ml
2 c. à tab	rhum	30 ml

main une bonne quantité de papier ciré pour séparer les étages de biscuits dans les contenants.

❯ Les convives devront apporter plusieurs copies des recettes de leurs biscuits pour en offrir à toutes les personnes présentes.

❯ Décorer joliment la table sur laquelle on mettra les biscuits.

❯ Prévoir des boissons et des amuse-gueule en quantité suffisante pour tous les invités.

PRÉPARATION DES BISCUITS

1. Dans un grand bol, à l'aide d'un batteur électrique, battre le beurre et la cassonade jusqu'à ce que le mélange soit aéré. Incorporer les œufs, un à un, en battant. Incorporer l'essence de rhum.

2. Dans un autre bol, mélanger la farine, la poudre à pâte, la cannelle, la muscade, le gingembre, le bicarbonate de sodium et le sel. Ajouter les ingrédients secs au mélange de beurre, en trois fois, et mélanger jusqu'à ce que la pâte se tienne. Ajouter les cerises confites, les raisins secs, les zestes de fruits confits et les pacanes hachées et mélanger pour bien répartir les fruits et les noix dans la pâte.

3. Laisser tomber la pâte, 1 c. à tab (15 ml) à la fois, sur deux plaques à biscuits tapissées de papier-parchemin, en espaçant les biscuits d'environ 2 po (5 cm). Presser une moitié de pacane sur chaque biscuit, si désiré. (Vous pouvez préparer les biscuits jusqu'à cette étape et les mettre dans un contenant hermétique, en séparant les étages avec du papier ciré. Ils se conserveront jusqu'au lendemain au réfrigérateur ou jusqu'à 1 mois au congélateur.)

4. Déposer une plaque à biscuits sur la grille supérieure du four préchauffé à 350°F (180°C) et une autre sur la grille inférieure. Cuire pendant environ 15 minutes ou jusqu'à ce que le dessous des biscuits soit doré et que le centre soit encore mou (intervertir et tourner les plaques à la mi-cuisson). Déposer les biscuits sur des grilles et laisser refroidir. Cuire le reste des biscuits de la même manière.

PRÉPARATION DU GLAÇAGE

5. Dans un petit bol, mélanger le sucre glace et le rhum jusqu'à ce que la préparation soit lisse. Étendre environ ½ c. à thé (2 ml) du glaçage sur chaque biscuit. Laisser sécher pendant environ 10 minutes. (Vous pouvez préparer les biscuits à l'avance et les mettre dans un contenant hermétique, en séparant les étages avec du papier ciré. Ils se conserveront jusqu'à 1 semaine à la température ambiante ou jusqu'à 1 mois au congélateur.)

Biscuits yin yang

Pour former les pois en chocolat, utiliser un petit sac de plastique dont on aura coupé un coin, en guise de poche à douille.

DONNE ENVIRON 60 BISCUITS.

- PRÉPARATION : 1 h • CUISSON : 30 min
- RÉFRIGÉRATION : 45 min • Par biscuit : CALORIES : 44
- PROTÉINES : 1 g • MATIÈRES GRASSES : 2 g (1 g sat.)
- CHOLESTÉROL : 8 mg • GLUCIDES : 6 g • FIBRES : traces
- SODIUM : 47 mg

½	recette de pâte à l'orange (voir recette, page suivante)	½
½	recette de pâte au chocolat (voir recette, page suivante)	½
1	blanc d'œuf battu	1
2 oz	chocolat mi-sucré haché	60 g
2 oz	chocolat blanc haché	60 g

1. Diviser la pâte à l'orange en deux. Sur une surface légèrement farinée, façonner chaque portion de pâte en un rouleau de 5 po (12 cm) de longueur. Procéder de la même façon avec la pâte au chocolat. Envelopper chaque rouleau de pâte d'une pellicule de plastique et réfrigérer pendant environ 15 minutes ou jusqu'à ce que la pâte soit ferme.

2. À l'aide d'un rouleau à pâtisserie, presser le tiers de chaque rouleau sur la longueur de manière à former un renflement. Badigeonner la partie aplatie et le renflement de blanc d'œuf. Placer un rouleau à l'orange sur un rouleau au chocolat de manière qu'ils s'imbriquent l'un dans l'autre pour former un motif yin yang (vous devriez obtenir quatre rouleaux). Envelopper chaque rouleau d'une pellicule de plastique et réfrigérer pendant 30 minutes ou jusqu'à ce que la pâte soit ferme. (Vous pouvez préparer les rouleaux de pâte à l'avance et les mettre dans un contenant hermétique. Ils se conserveront jusqu'à 3 jours au réfrigérateur ou jusqu'à 1 mois au congélateur.)

3. Couper les rouleaux de pâte en tranches de ¼ po (5 mm) d'épaisseur. Mettre les tranches

sur deux plaques à biscuits tapissées de papier-parchemin ou beurrées, en les espaçant de 1 po (2,5 cm). Cuire au centre du four préchauffé à 350°F (180°C) pendant 15 minutes ou jusqu'à ce que les biscuits soient fermes au toucher. Déposer les plaques sur des grilles et laisser refroidir pendant 1 minute. Déposer les biscuits sur les grilles et laisser refroidir complètement.

4. Dans un bol à l'épreuve de la chaleur placé sur une casserole d'eau chaude mais non bouillante, faire fondre le chocolat mi-sucré. Faire fondre le chocolat blanc de la même manière. Laisser refroidir légèrement. À l'aide d'une poche à douille, dessiner un pois de chocolat blanc sur le côté foncé et un pois de chocolat foncé sur le côté pâle. (Vous pouvez préparer les biscuits à l'avance et les mettre dans un contenant hermétique, en séparant les étages avec du papier ciré. Ils se conserveront jusqu'à 1 semaine au réfrigérateur et jusqu'à 2 semaines au congélateur.)

Pâte au chocolat

Cette pâte au chocolat et sa variante à l'orange permettront de préparer les biscuits arlequin deux tons ou les biscuits yin yang (recettes à la page 174 et ci-contre). On peut aussi s'en servir pour faire des biscuits d'une seule couleur, au chocolat ou à l'orange.

DONNE ASSEZ DE PÂTE POUR 60 BISCUITS.

- PRÉPARATION : 20 min • CUISSON : aucune
- RÉFRIGÉRATION : 30 min • **Par biscuit :** CALORIES : 44
- PROTÉINES : 1 g • MATIÈRES GRASSES : 2 g (1 g sat.)
- CHOLESTÉROL : 8 mg • GLUCIDES : 6 g • FIBRES : traces
- SODIUM : 47 mg

2 oz	chocolat non sucré haché	60 g
½ t	beurre ramolli	125 ml
¾ t	sucre	180 ml
1	œuf	1
1 ¾ t	farine	430 ml
½ c. à thé	sel	2 ml
½ c. à thé	bicarbonate de sodium	2 ml

1. Dans un bol à l'épreuve de la chaleur placé sur une casserole d'eau chaude mais non bouillante, faire fondre le chocolat en brassant de temps à autre. Laisser refroidir à la température ambiante.

2. Dans un grand bol, à l'aide d'un batteur électrique, battre le beurre et le sucre jusqu'à ce que le mélange soit aéré. Ajouter l'œuf en battant. Incorporer le chocolat fondu.

3. Dans un autre bol, mélanger la farine, le sel et le bicarbonate de sodium. Incorporer les ingrédients secs au mélange de beurre, en deux fois.

4. Diviser la pâte en deux et façonner chaque partie en un rectangle. Envelopper chaque rectangle de pâte d'une pellicule de plastique et réfrigérer pendant environ 30 minutes ou jusqu'à ce que la pâte soit ferme. (Vous pouvez préparer la pâte à l'avance et la mettre dans un contenant hermétique. Elle se conservera jusqu'à 3 jours au réfrigérateur.)

VARIANTE

Pâte à l'orange

Omettre le chocolat. Ajouter 1 c. à tab (15 ml) de zeste d'orange râpé finement et ½ c. à thé (2 ml) de vanille en même temps que l'œuf.

❯ *Un village sous la neige*

Les enfants adoreront ce petit village endormi sous la neige, qui comprend une haute église en pierre, une école en briques, une grange, un magasin général et des maisons de toutes les dimensions (même le chien a sa niche). Les petits bâtiments enneigés constituent de parfaites cachettes pour des cadeaux originaux ; en nombre égal à celui des jours de l'Avent, ils permettent aux enfants de faire, en s'amusant, le compte à rebours jusqu'à Noël.

Préparation des contenants

• Couper le bas des contenants de façon à obtenir des bâtiments de diverses hauteurs (3 ⅛ à 6 po/8 à 15 cm). Rentrer les becs de plastique dans les contenants. Réserver les retailles pour faire les cheminées.

• Pour faire un bâtiment long et bas (une grange, par exemple), coller ensemble des contenants de même hauteur, face triangulaire contre face triangulaire, puis recouvrir des murs et du toit.

• Pour faire un bâtiment comprenant une partie basse et une partie haute (l'église, par exemple), recouvrir 2 contenants de diverses hauteurs de murs et de toits, puis les coller ensemble (enlever d'abord l'avant-toit du petit bâtiment, du côté attenant au grand bâtiment).

Fabrication des patrons

Il faut préparer des patrons pour chacun des différents formats de contenants.

Murs : placer le contenant sur du papier kraft, face triangulaire dessous ; tirer un trait le long des côtés verticaux en ajoutant ¾ po (2 cm) dans le bas pour permettre le pliage ; réunir les traits verticaux par un trait horizontal. Avec la règle, dessiner les traits réunissant les coins du triangle au faîte. Retourner le contenant sur une autre face, tracer les contours en ajoutant ¾ po (2 cm), tel qu'indiqué ci-dessus. Continuer ainsi de manière que les quatre faces soient dessinées et que le dessin ressemble au plan A, illustré ci-contre. Découper et vérifier l'exactitude de la coupe en enveloppant le contenant de ses « murs ».

Toit : mettre le contenant sur la table, face triangulaire dessous ; mesurer la distance entre le coin du triangle et le faîte, puis entre le faîte et l'autre coin ; ajouter 1 à 2 po (2,5 à 5 cm) au chiffre obtenu pour tenir compte de l'avant-toit. Retourner le contenant sur l'autre face et mesurer le faîte ; ajouter 1 à 2 po (2,5 à 5 cm) pour tenir compte de l'avant-toit. Reporter ces mesures (largeur x longueur) sur du papier kraft et dessiner le patron du toit. Découper.

Cheminée : reproduire sur du papier kraft le patron de la cheminée de la page ci-contre (grandeur réelle) ou le photocopier. Découper.

Montage

Lorsqu'on pique des motifs décoratifs à la machine à coudre, faire un point arrière aux deux bouts de la couture, puis faire deux rangées au point droit pour donner de l'épaisseur au trait.

Murs : en se servant des patrons, découper les murs dans de la mousse de la couleur désirée, en envelopper les contenants en encollant un côté à la fois le long des arêtes. Replier la mousse sous le contenant et coller.

Toit : en se servant des patrons, découper les toits dans la doublure isolante blanche (au besoin mettre deux épaisseurs que l'on collera ensemble pour cacher les arêtes du contenant). Plier la toiture en deux le long de la ligne centrale et placer sur le bâtiment en centrant. Appliquer de la colle sur le contenant le long de l'arête de la pente ; mettre le toit en place en appuyant pour qu'il adhère bien.

Faire la même chose à l'autre bout du même côté du toit, puis aux deux bouts de l'autre côté. Soulever délicatement les bords horizontaux de la doublure, appliquer un trait de colle et appuyer pour faire adhérer.

Cheminée : en se servant du patron, découper la cheminée dans les retailles des contenants ; plier le long des lignes pointillées puis faire se chevaucher les parties ombragées et les coller ensemble. Dans de la feutrine rouge, découper un morceau de 2 ⅛ po x 1 ⅜ po (5,5 cm x 3,5 cm) et le coller sur la cheminée, en repliant une bande à l'intérieur de la cheminée, que l'on collera. Découper dans de la feutrine blanche un morceau de 2 ⅛ po x ¾ po (5,5 cm x 2 cm) ; en envelopper le haut de la cheminée en repliant une partie à l'intérieur et en collant. Coller la cheminée sur le toit, côté court le long ou en parallèle du faîte.

Porte : sur de la feutrine, piquer à la machine le contour de la porte de la couleur, la forme et les dimensions désirées (un rectangle pour une maison, un carré divisé verticalement en deux pour la grange, l'école ou le magasin, un arc divisé verticalement en deux pour l'église) ; découper à ⅛ po (3 mm) de la piqûre. Si désiré, coudre à la main une perle en guise de poignée de porte. Coller la ou les portes sur le bâtiment.

Fenêtres : sur de la feutrine, piquer à la machine les montants et traverses de la fenêtre. Si désiré, découper juste au-delà des bouts. Pour l'église, l'école et le magasin, coller la (les) fenêtre(s) sur de la feutrine de couleur contrastée, puis couper en laissant un cadre de ⅛ po à ¼ po (3 à 5 mm). Coller sur le bâtiment.

Les articles dont vous aurez besoin :

• au moins 26 contenants propres, tels que cartons de lait, de crème ou de jus, pour les bâtiments ;

• doublure isolante, feutre, bourre ou molleton synthétique de couleur blanche (59 po x 29 ½ po/150 cm x 75 cm) pour les toits enneigés ;

• environ 15 morceaux de 12 po x 9 po (30,5 cm x 23 cm) de mousse de nylon ou de feutrine dans des tons de beige, rouge brique, brun, gris et couleurs pastel, pour les murs ;

• retailles de feutrine dans des tons de noir, bleu pâle et bleu foncé, brun roux et jaune, pour les portes et les fenêtres ;

• petites perles de bois ou de métal pour les poignées de portes ;

• fil à broder de diverses couleurs ;

• peinture pour tissu de couleur blanc cassé, lustrée, dans une bouteille souple, pour dessiner les joints de mortier et les joints entre les rondins ;

• marqueur indélébile noir à pointe moyenne pour dessiner les planches de la grange ;

• pistolet à colle ;

• règle ;

• papier kraft.

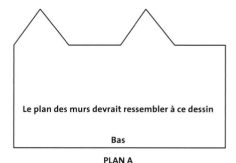

Le plan des murs devrait ressembler à ce dessin

Bas

PLAN A

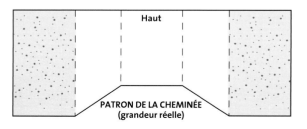

Haut

PATRON DE LA CHEMINÉE
(grandeur réelle)

Biscuits au citron et à la lime

Mettez quelques rouleaux de pâte de côté pour les jours où vous aurez envie de remplir la cuisine d'une bonne odeur de biscuits. Faites des rouleaux assez courts ; vous pourrez ainsi en cuire une petite fournée dans le four grille-pain.

DONNE ENVIRON 60 BISCUITS.

• PRÉPARATION : 1 h • RÉFRIGÉRATION : 3 h
• CUISSON : 20 min • **Par biscuit :** CALORIES : 77
• PROTÉINES : 1 g • MATIÈRES GRASSES : 4 g (2 g sat.)
• CHOLESTÉROL : 14 mg • GLUCIDES : 9 g • FIBRES : traces
• SODIUM : 47 mg

BISCUITS AU CITRON ET À LA LIME

1 t	beurre ramolli	250 ml
1 t	sucre	250 ml
1	œuf	1
1 c. à tab	zeste de citron râpé finement	15 ml
2 c. à thé	zeste de lime râpé finement	10 ml
2 ½ t	farine	625 ml
½ c. à thé	poudre à pâte	2 ml
¼ c. à thé	sel	1 ml
4 oz	chocolat blanc haché finement (facultatif)	125 g
1	blanc d'œuf	1
⅔ t	amandes hachées finement	160 ml

GLAÇAGE AUX ZESTES D'AGRUMES

1 t	sucre glace	250 ml
3 c. à tab	crème à 35 %	45 ml
1 c. à tab	beurre ramolli	15 ml
1 c. à thé	zeste de citron râpé finement	5 ml
½ c. à thé	zeste de lime râpé finement	2 ml

PRÉPARATION DES BISCUITS

1. Dans un grand bol, à l'aide d'un batteur électrique, battre le beurre et le sucre jusqu'à ce que le mélange soit aéré. Incorporer l'œuf, puis les zestes de citron et de lime en battant. Dans un autre bol, mélanger la farine, la poudre à pâte et le sel. Ajouter les ingrédients secs au mélange de beurre, en trois fois, et mélanger jusqu'à ce que la pâte soit homogène. Ajouter le chocolat blanc, si désiré, et mélanger.

2. Dans un petit bol, battre le blanc d'oeuf jusqu'à ce qu'il soit mousseux. Réserver.

3. Diviser la pâte en quatre portions. Placer une portion de pâte sur une grande feuille de papier ciré. En s'aidant du papier ciré, façonner la pâte, en la pressant fermement, en un rouleau de 6 po (15 cm) de longueur. Retirer le papier ciré. Badigeonner le rouleau de pâte de blanc d'oeuf et le rouler dans le quart des amandes. Envelopper le rouleau de pâte d'une pellicule de plastique et tordre les extrémités pour sceller. Réfrigérer pendant environ 3 heures ou jusqu'à ce que la pâte soit ferme (au besoin, rouler de nouveau à mesure que le rouleau refroidit pour lui donner une forme bien ronde). Procéder de la même manière avec le reste de la pâte et des amandes. (Vous pouvez préparer la pâte à biscuits à l'avance et la mettre dans un contenant hermétique. Elle se conservera jusqu'à 3 jours au réfrigérateur ou jusqu'à 3 semaines au congélateur. Laisser reposer à la température ambiante pendant 20 minutes avant de poursuivre la recette.)

4. Couper le rouleau de pâte en tranches de ¼ po (5 mm) d'épaisseur. Mettre les tranches de pâte sur deux plaques à biscuits tapissées de papier-parchemin ou beurrées, en les espaçant d'environ 2 po (5 cm). Déposer une plaque à biscuits sur la grille supérieure du four préchauffé à 375°F (190°C) et une autre sur la grille inférieure. Cuire pendant environ 10 minutes ou jusqu'à ce que le dessous des biscuits soit légèrement doré (intervertir et tourner les plaques à la mi-cuisson). Cuire le reste des biscuits de la même manière.

PRÉPARATION DU GLAÇAGE

5. Dans un bol, mélanger le sucre glace, la crème, le beurre et les zestes de citron et de lime jusqu'à ce que la préparation soit lisse. Étendre le glaçage sur le dessus des biscuits chauds. Déposer les biscuits sur des grilles et laisser refroidir. (Vous pouvez préparer les biscuits à l'avance et les mettre dans un contenant hermétique, en séparant les étages avec du papier ciré. Ils se conserveront jusqu'à 5 jours à la température ambiante ou jusqu'à 2 semaines au congélateur.)

Biscuits et carrés réussis

> Les meilleures plaques à biscuits sont brillantes et sans rebords. Leurs côtés légèrement recourbés permettent de prendre les biscuits plus facilement.

> Tapisser les plaques à biscuits de papier-parchemin, de papier d'aluminium ou de toile pâtissière en silicone. Ou encore, beurrer légèrement les plaques. Parfois les plaques peuvent être utilisées telles quelles. On l'indique alors dans la recette.

> Pour les barres et les carrés, utiliser des moules à gâteau brillants, en métal, dont les côtés forment un angle de 90°.

> À moins d'indication contraire, les œufs sont toujours gros et la vanille est de l'extrait pur.

> Le beurre est habituellement salé, à moins d'indication contraire. Si l'on préfère le beurre non salé, ajouter une pincée de sel à tout mélange de beurre.

Biscuits aux amandes sans sucre

DONNE ENVIRON 36 BISCUITS.

- PRÉPARATION : 25 min • RÉFRIGÉRATION : 1 h
- CUISSON : 10 min • **Par biscuit :** CALORIES : 68
- PROTÉINES : 1 g • MATIÈRES GRASSES : 4 g (2 g sat.)
- CHOLESTÉROL : 17 mg • GLUCIDES : 6 g • FIBRES : traces
- SODIUM : 45 mg

¾ t	beurre ramolli	180 ml
1 t	succédané de sucre	250 ml
1	œuf	1
¾ c. à thé	essence d'amande	4 ml
2 t	farine	500 ml
½ c. à thé	poudre à pâte	2 ml
¼ t	amandes coupées en tranches, non blanchies	60 ml

1. Dans un bol, à l'aide d'un batteur électrique, battre le beurre et le succédané de sucre jusqu'à ce que le mélange soit lisse. Incorporer l'œuf, puis l'essence d'amande en battant. Dans un autre bol, mélanger la farine et la poudre à pâte. Ajouter les ingrédients secs au mélange de beurre, en deux fois, et mélanger jusqu'à ce que la pâte soit homogène.

2. Diviser la pâte en deux portions. Sur une surface légèrement farinée, façonner chaque portion de pâte en un rouleau d'environ 2 po (5 cm) de diamètre. Envelopper chaque rouleau de pâte d'une pellicule de plastique et réfrigérer pendant environ 1 heure ou jusqu'à ce que la pâte soit ferme. (Vous pouvez préparer la pâte à biscuits à l'avance et la mettre dans un contenant hermétique. Elle se conservera jusqu'à 3 jours au réfrigérateur ou jusqu'à 3 semaines au congélateur.)

3. Couper chaque rouleau de pâte en tranches de ¼ po (5 mm) d'épaisseur. Déposer les tranches de pâte sur deux plaques à biscuits tapissées de papier-parchemin ou beurrées, en les espaçant de 1 po (2,5 cm). Mettre une tranche d'amande au centre de chaque biscuit et la presser légèrement dans la pâte.

4. Déposer une plaque à biscuits sur la grille supérieure du four préchauffé à 375°F (190°C) et une autre sur la grille inférieure. Cuire pendant environ 10 minutes ou jusqu'à ce que le pourtour des biscuits soit doré (intervertir et tourner les plaques à la mi-cuisson). Déposer les plaques sur des grilles et laisser refroidir pendant 1 minute. Déposer les biscuits sur les grilles et laisser refroidir complètement. (Vous pouvez préparer les biscuits à l'avance et les mettre dans un contenant hermétique, en séparant les étages avec du papier ciré. Ils se conserveront jusqu'à 5 jours à la température ambiante ou jusqu'à 1 mois au congélateur.)

Étoiles à la cannelle

Comme la pâte est collante, il faut manipuler les étoiles avec un peu plus de délicatesse que les biscuits abaissés ordinaires.

DONNE ENVIRON 48 BISCUITS.

- PRÉPARATION : 45 min • RÉFRIGÉRATION : 2 h
- CUISSON : 30 min • **Par biscuit :** CALORIES : 69
- PROTÉINES : 1 g • MATIÈRES GRASSES : 4 g (traces sat.)
- CHOLESTÉROL : aucun • GLUCIDES : 7 g • FIBRES : 1 g
- SODIUM : 3 mg

2 ½ t	moitiés de noisettes ou de noix de Grenoble	625 ml
3	blancs d'œufs	3
1	pincée de sel	1
1	pincée de crème de tartre	1
1 ½ t	sucre	375 ml
2 c. à thé	cannelle moulue	10 ml
½ c. à thé	vanille	2 ml

1. Au robot culinaire, moudre grossièrement les noisettes, puis les mettre dans un grand bol. Réserver.

2. Dans un autre grand bol, à l'aide d'un batteur électrique, battre les blancs d'œufs jusqu'à ce qu'ils soient mousseux. Incorporer le sel et la crème de tartre en battant. Ajouter 1 t (250 ml) du sucre, 2 c. à tab (30 ml) à la fois,

et battre pendant environ 5 minutes ou jusqu'à ce que le mélange forme des pics fermes. Incorporer la cannelle et la vanille en battant. Réserver ½ t (125 ml) du mélange de blancs d'œufs, couvrir et mettre au réfrigérateur. Incorporer le reste du mélange de blancs d'œufs aux noisettes réservées et mélanger jusqu'à ce que la préparation forme une pâte collante. Couvrir et réfrigérer pendant 2 heures. (Vous pouvez préparer la pâte à biscuits à l'avance et la couvrir. Elle se conservera jusqu'à 6 heures au réfrigérateur.)

3. Saupoudrer généreusement d'un peu du reste du sucre la surface de travail. Mettre environ le tiers de la pâte sur la surface de travail et saupoudrer généreusement de sucre. Procéder de la même façon pour chacun des deux tiers restants. Humecter le rouleau à pâtisserie avec un linge mouillé. Abaisser la pâte à environ ¼ po (5 mm) d'épaisseur (humecter le rouleau après chaque passe). À l'aide d'un emporte-pièce en forme d'étoile de 2 po (5 cm), découper des biscuits dans la pâte. À l'aide d'une spatule, déposer les biscuits sur deux plaques à biscuits tapissées de papier-parchemin ou beurrées.

4. Avec une petite palette métallique ou un pinceau, étaler 2 c. à thé (10 ml) de meringue sur chacun des biscuits. Cuire au centre du four réglé à 300°F (150°C) pendant environ 30 minutes ou jusqu'à ce que les biscuits soient croustillants. Laisser refroidir les biscuits pendant 5 minutes sur les plaques, puis les mettre sur des grilles et laisser refroidir entièrement. (Vous pouvez préparer les biscuits à l'avance et les mettre dans un contenant hermétique, en séparant les étages avec du papier ciré. Ils se conserveront jusqu'à 1 semaine à la température ambiante.)

Comment cuire les biscuits

❯ Avant de commencer une recette, amener tous les ingrédients à la température ambiante.

❯ Préparer des biscuits de même grosseur et de même forme pour qu'ils cuisent et dorent uniformément.

❯ Pour la cuisson, il est préférable d'utiliser des plaques à biscuits sans rebords, car la chaleur circule mieux. Si l'on ne possède que des plaques munies de rebords, les retourner à l'envers et faire cuire les biscuits sur le fond. Choisir des plaques lourdes et brillantes, ce qui permet de cuire les biscuits uniformément, sans brûler le dessous. Autre avantage : elles ne se tordent pas.

❯ Si l'on n'utilise qu'une plaque à biscuits, cuire les biscuits au centre du four. Si l'on en utilise deux, déposer une plaque sur la grille supérieure du four et une autre sur la grille inférieure. Intervertir et tourner les plaques à la mi-cuisson.

❯ Si l'on ne possède qu'une ou deux plaques à biscuits, les laisser refroidir complètement entre les fournées. Une plaque à biscuits chaude fera fondre la pâte à biscuits, ce qui modifiera la texture et la forme des biscuits.

❯ Toujours vérifier le degré de cuisson au terme de la durée minimale indiquée, sinon on risque d'avoir des biscuits trop cuits, durs ou brûlés.

❯ Laisser refroidir les biscuits complètement sur des grilles pour éviter que le dessous ne soit détrempé.

❯ Conserver les biscuits dans un contenant hermétique, en séparant les étages avec du papier ciré. Conserver séparément biscuits mous et biscuits durs.

Pignoli

Ces macarons italiens sont croustillants à l'extérieur et tendres à l'intérieur. Ils tirent leur nom de leur ingrédient principal, le pignon, ou noix de pin.

DONNE 32 MACARONS.

- PRÉPARATION : 25 min • SÉCHAGE : 4 h
- CUISSON : 20 min • **Par macaron** : CALORIES : 57
- PROTÉINES : 1 g • MATIÈRES GRASSES : 2 g (traces sat.)
- CHOLESTÉROL : aucun • GLUCIDES : 9 g • FIBRES : 1 g
- SODIUM : 4 mg

1	paquet de pâte d'amandes (200 g)	1
2	blancs d'œufs	2
½ t	sucre	125 ml
2 c. à thé	zeste de citron haché finement	10 ml
½ t	pignons grillés	125 ml

1. Au robot culinaire, hacher grossièrement la pâte d'amandes et l'étaler sur un plateau. Laisser sécher pendant environ 4 heures. (Vous pouvez préparer la pâte d'amandes à l'avance et la laisser sécher jusqu'au lendemain). Remettre la pâte d'amandes dans le robot et la réduire en miettes.

2. Dans un grand bol, à l'aide d'un batteur électrique, battre les blancs d'œufs jusqu'à ce qu'ils soient mousseux. En battant, incorporer le sucre, 2 c. à tab (30 ml) à la fois, puis le zeste de citron, et continuer à battre jusqu'à ce que le mélange forme des pics mous. Incorporer la pâte d'amandes. Laisser tomber la pâte sur deux plaques à biscuits tapissées de papier-parchemin ou beurrées, 1 c. à tab (15 ml) à la fois, en espaçant les biscuits d'environ 2 po (5 cm). Avec le dos d'une cuiller, presser les pignons sur le dessus des biscuits.

3. Déposer une plaque à biscuits sur la grille supérieure du four préchauffé à 350°F (180°C) et une autre sur la grille inférieure. Cuire pendant environ 20 minutes environ ou jusqu'à ce que les biscuits soient dorés (intervertir et tourner les plaques à la mi-cuisson.) Déposer les plaques sur des grilles et laisser refroidir pendant 2 minutes. Déposer les biscuits sur les grilles et laisser refroidir complètement. (Vous pouvez préparer les biscuits à l'avance et les mettre dans un contenant hermétique, en séparant les étages avec du papier ciré. Ils se conserveront jusqu'à 5 jours à la température ambiante.)

Bouchées au caramel et au chocolat

DONNE 45 BOUCHÉES.

- PRÉPARATION : 20 min • TEMPS DE REFROIDISSEMENT : 30 min
- RÉFRIGÉRATION : 2 h • CUISSON : 3 à 5 min
- **Par bouchée** : CALORIES : 77 • PROTÉINES : 1 g
- MATIÈRES GRASSES : 6 g (3 g sat.) • CHOLESTÉROL : 6 mg
- GLUCIDES : 6 g • FIBRES : traces • SODIUM : 40 mg

¾ t	brisures de caramel au beurre (de type butterscotch)	180 ml
¾ t	brisures de chocolat mi-sucré	180 ml
½ t	beurre	125 ml
½ t	beurre d'arachides crémeux	125 ml
2 t	guimauves miniatures de couleur	500 ml
1 t	flocons de noix de coco	250 ml

1. Dans une casserole, chauffer les brisures de caramel au beurre, les brisures de chocolat, le beurre et le beurre d'arachides à feu moyen-doux, en brassant, de 3 à 5 minutes ou jusqu'à ce qu'ils aient fondu. Retirer la casserole du feu et laisser refroidir à la température ambiante pendant environ 30 minutes.

2. Ajouter les guimauves et les flocons de noix de coco et mélanger. Réfrigérer pendant environ 1 heure ou jusqu'à ce que la préparation soit ferme.

3. Diviser la préparation au caramel et au chocolat en trois portions. Sur une pellicule de plastique de 10 po x 6 po (25 cm x 15 cm),

Pâtisserie 101

Mesurer les ingrédients

On trouve deux types de tasses à mesurer : celles pour les ingrédients secs et celles pour les ingrédients liquides.

> Tasses individuelles pour mesurer les ingrédients secs : ¼ t (60 ml), ⅓ t (80 ml), ½ t (125 ml) et 1 t (250 ml).

> Les marques indiquant les quantités se trouvent sur l'extérieur des tasses à mesurer destinées aux ingrédients liquides.

> On utilise le même type de cuillers à mesurer pour les ingrédients secs et pour les ingrédients liquides : ¼ c. à thé (1 ml), ½ c. à thé (2 ml), 1 c. à thé (5 ml) et 1 c. à tab (15 ml).

Ingrédients secs

> Déposer les ingrédients secs, tels que farine et sucre, délicatement dans les récipients à mesurer.

> Ne pas tasser les ingrédients secs dans le récipient à mesurer ni frapper le récipient sur le comptoir (sauf pour la cassonade, qu'on mesure tassée).

> Bien remplir les tasses ou les cuillers à mesurer. Puis, en travaillant au-dessus d'un contenant, passer la lame d'un couteau sur le dessus pour enlever le surplus.

Ingrédients liquides

> Mettre la tasse à mesurer sur le comptoir. Verser la quantité de liquide désirée, puis se pencher pour vérifier le niveau de liquide. Ajouter ou enlever un peu de liquide au besoin.

Tamisage

> La farine tout usage ne nécessite pas de tamisage.

> Tamiser la farine à gâteau et à pâtisserie avant de la mesurer.

> Tamiser la poudre de cacao et le sucre glace après les avoir mesurés pour éliminer les grumeaux.

façonner une portion de manière à obtenir un rouleau de 6 po (15 cm) de longueur et de 2 po (5 cm) de diamètre. Envelopper le rouleau dans la pellicule de plastique et tordre les extrémités pour sceller. Procéder de la même manière avec les deux autres portions. Réfrigérer pendant 1 heure. (Vous pouvez préparer les rouleaux au caramel et au chocolat à l'avance. Ils se conserveront jusqu'à 2 semaines au réfrigérateur ou jusqu'à 1 mois au congélateur, enveloppés de papier d'aluminium.) Couper les rouleaux en tranches de ½ po (1 cm) d'épaisseur

Biscuits arlequin

La pâte à l'orange et la pâte au chocolat sont coupées et assemblées en forme de losange pour reproduire le motif arlequin.

DONNE ENVIRON 80 BISCUITS.

- PRÉPARATION : 50 min • RÉFRIGÉRATION : 1 h
- CUISSON : 20 min • **Par biscuit :** CALORIES : 31
- PROTÉINES : traces • MATIÈRES GRASSES : 1 g (1 g sat.)
- CHOLESTÉROL : 6 mg • GLUCIDES : 4 g
- FIBRES : traces • SODIUM : 35 mg

½	recette de pâte à l'orange (voir recette, p. 165)	½
½	recette de pâte au chocolat (voir recette, p. 165)	½
1	blanc d'œuf battu	1

1. Diviser la pâte à l'orange en deux. Sur une surface légèrement farinée, façonner chaque portion de pâte en un rouleau de 7 po (18 cm) de longueur. Procéder de la même façon avec la pâte au chocolat. Envelopper chaque rouleau de pâte d'une pellicule de plastique et réfrigérer pendant 30 minutes ou jusqu'à ce que la pâte soit ferme.

2. Couper chaque rouleau en deux sur la longueur, puis couper encore chaque demi-rouleau en deux, de façon à obtenir 16 quarts

de rouleaux en tout. Badigeonner les côtés coupés du blanc d'œuf. Rassembler les quarts de rouleaux en alternant les deux sortes de pâte (vous devriez obtenir quatre rouleaux). Rouler délicatement pour sceller. Envelopper chaque rouleau de pâte d'une pellicule de plastique et réfrigérer pendant 30 minutes ou jusqu'à ce que la pâte soit ferme. (Vous pouvez préparer les rouleaux de pâte à l'avance et les mettre dans un contenant hermétique. Ils se conserveront jusqu'à 3 jours au réfrigérateur et jusqu'à 1 mois au congélateur.)

3. Couper les rouleaux de pâte en tranches de ¼ po (5 mm) d'épaisseur. Mettre les tranches sur deux plaques à biscuits tapissées de papier-parchemin ou beurrées, en les espaçant d'environ 1 po (2,5 cm). Cuire au centre du four préchauffé à 350°F (180°C) pendant 10 minutes ou jusqu'à ce que les biscuits soient fermes. Déposer les plaques sur des grilles et laisser refroidir pendant 1 minute. Déposer les biscuits sur les grilles et laisser refroidir complètement. Cuire le reste des biscuits de la même manière. (Vous pouvez préparer les biscuits à l'avance et les mettre dans un contenant hermétique, en séparant les étages avec du papier ciré. Ils se conserveront jusqu'à 1 semaine à la température ambiante et jusqu'à 2 semaines au congélateur.)

> Cadres des fêtes

Enrouler du fil métallique de calibre moyen autour du cadre. Sur le devant du cadre, glisser sous le fil des brins de faux buis. Créer un point d'intérêt à l'intérieur du cadre en y mettant une fleur fraîche ou artificielle, ou une rangée de bourgeons, que l'on fixera avec du fil sur l'arrière du cadre, dans le haut ou le bas. Ou fixer un nœud ou une autre décoration dans le haut du cadre.

> Faire un nœud

Quelques conseils pour faire un nœud d'apparence nette qui restera noué bien solidement :

1. Dans du ruban, former une boucle de chaque côté.

2. Sans tordre ou serrer le ruban, passer la boucle de droite derrière, puis la ramener devant en la passant dans la boucle de gauche.

3. Tirer sur les boucles de façon à former un petit nœud. Ajuster les boucles pour leur donner la forme et les dimensions désirées, puis découper une entaille en V dans chacune des extrémités du ruban.

Boules aux amandes et au rhum

DONNE ENVIRON 36 BOULES.

- PRÉPARATION : 25 min • RÉFRIGÉRATION : 15 min
- CUISSON : aucune • SÉCHAGE : 1 h
- **Par boule :** CALORIES : 57 • PROTÉINES : 1 g
- MATIÈRES GRASSES : 3 g (1 g sat.) • CHOLESTÉROL : aucun
- GLUCIDES : 6 g • FIBRES : 1 g • SODIUM : 1 mg

1 t	sucre glace	250 ml
1 t	amandes moulues	250 ml
3 oz	chocolat mi-amer râpé	90 g
⅓ t	rhum brun	80 ml
1 c. à thé	vanille	5 ml
½ t	paillettes de chocolat	125 ml

1. Dans un grand bol, mélanger le sucre glace, les amandes et le chocolat mi-amer. Ajouter ¼ t (60 ml) du rhum et la vanille, et mélanger jusqu'à ce que la préparation soit humide. Presser la préparation pour que tous les ingrédients tiennent bien ensemble. Réfrigérer pendant environ 15 minutes ou jusqu'à ce que la préparation soit assez ferme pour être façonnée en boules.

2. Avec les mains humides, façonner la préparation en petites boules, environ 1 c. à thé (5 ml) à la fois. Déposer les boules sur des plaques à biscuits tapissées de papier ciré.

3. Verser le reste du rhum dans un bol peu profond. Mettre les paillettes de chocolat dans un autre bol peu profond. Tremper les boules dans le rhum, puis les rouler dans les paillettes de chocolat, en les pressant délicatement pour faire adhérer les paillettes. Remettre les boules sur les plaques à biscuits et laisser sécher pendant environ 1 heure. Réfrigérer jusqu'à ce que les boules soient fermes. (Vous pouvez préparer les boules à l'avance et les mettre dans un contenant hermétique, en séparant les étages avec du papier ciré. Elles se conserveront jusqu'à 1 mois au réfrigérateur ou au congélateur.)

Barres au chocolat et aux canneberges

DONNE 20 BARRES.

- PRÉPARATION : 15 min • RÉFRIGÉRATION : 2 h
- CUISSON : 3 à 5 min • **Par barre :** CALORIES : 195
- PROTÉINES : 2 g • MATIÈRES GRASSES : 11 g (traces sat.)
- CHOLESTÉROL : 10 mg • GLUCIDES : 25 g • FIBRES : 1 g
- SODIUM : 76 mg

⅓ t	beurre	80 ml
8 oz	chocolat mi-sucré haché	250 g
3 c. à tab	sirop de maïs	45 ml
2 t	chapelure de gaufrettes au chocolat	500 ml
1 t	brisures de chocolat blanc	250 ml
½ t	canneberges séchées, hachées	125 ml
1 c. à tab	boules argentées (facultatif)	15 ml

1. Dans une casserole, mélanger le beurre, le chocolat mi-sucré et le sirop de maïs et cuire à feu doux de 3 à 5 minutes ou jusqu'à ce que le chocolat ait fondu. Ajouter la chapelure de gaufrettes et mélanger. Étendre la préparation au chocolat dans le fond d'un moule en métal de 8 po (20 cm) de côté tapissé de papier-parchemin.

2. Parsemer uniformément des brisures de chocolat blanc, puis des canneberges et des boules argentées, si désiré. Presser délicatement les garnitures pour les faire adhérer à la préparation au chocolat. Réfrigérer pendant environ 2 heures ou jusqu'à ce que la préparation soit ferme. Couper en barres. (Vous pouvez préparer les barres à l'avance et les mettre dans un contenant hermétique en séparant les étages de papier ciré. Elles se conserveront jusqu'à 2 semaines au réfrigérateur ou jusqu'à 1 mois au congélateur.)

Barres Nanaimo au beurre d'arachides

DONNE 40 BARRES.

- PRÉPARATION : 30 min • RÉFRIGÉRATION : 3 h
- CUISSON : 15 à 15 min • **Par barre :** CALORIES : 232
- PROTÉINES : 4 g • MATIÈRES GRASSES : 15 g (6 g sat.)
- CHOLESTÉROL : 27 mg • GLUCIDES : 22 g • FIBRES : 2 g
- SODIUM : 144 mg

CROÛTE À LA NOIX DE COCO

¾ t	beurre fondu	180 ml
⅓ t	sucre	80 ml
2	œufs battus	2
2 ½ t	chapelure de gaufrettes Graham	625 ml
¾ t	flocons de noix de coco sucrés	180 ml
¾ t	arachides grillées, hachées finement	180 ml
⅓ t	poudre de cacao	80 ml

GARNITURE AU BEURRE D'ARACHIDES

1 ¼ t	beurre d'arachides crémeux	310 ml
⅓ t	beurre	80 ml
3 t	sucre glace	750 ml
⅓ t	lait	80 ml

GLAÇAGE AU CHOCOLAT

8 oz	chocolat mi-sucré haché grossièrement	250 g
2 c. à tab	beurre	30 ml
⅓ t	arachides hachées finement	80 ml

PRÉPARATION DE LA CROÛTE

1. Tapisser de papier-parchemin ou beurrer un moule en métal de 13 po x 9 po (33 cm x 23 cm) en laissant un excédent d'environ 1 po (2,5 cm) sur les deux côtés courts. Réserver. Dans un bol, à l'aide d'un fouet, mélanger le beurre, le sucre et les œufs jusqu'à ce que la préparation soit lisse. Ajouter la chapelure de gaufrettes, les flocons de noix de coco, les arachides et la poudre de cacao, et bien mélanger. Presser la préparation à la noix de coco dans le fond du moule réservé.

2. Cuire au centre du four préchauffé à 350°F (180°C) de 12 à 15 minutes ou jusqu'à ce que la croûte soit ferme et ait perdu son lustre. Déposer le moule sur une grille et laisser refroidir.

PRÉPARATION DE LA GARNITURE

3. Dans une casserole, chauffer le beurre d'arachides et le beurre à feu moyen, en brassant, jusqu'à ce que le mélange soit lisse. Mettre le mélange de beurre d'arachides dans un bol. À l'aide d'un batteur électrique, incorporer le sucre glace, 1 t (250 ml) à la fois. Ajouter le lait et mélanger jusqu'à ce que la préparation soit lisse. Étendre la garniture au beurre d'arachides sur la croûte refroidie. Réfrigérer pendant environ 1 heure ou jusqu'à ce que la garniture soit ferme.

PRÉPARATION DU GLAÇAGE

4. Dans un bol à l'épreuve de la chaleur placé sur une casserole contenant de l'eau chaude mais non bouillante, faire fondre le chocolat et le beurre. Étendre le glaçage au chocolat sur la garniture au beurre d'arachides. Parsemer des arachides. Réfrigérer pendant environ 2 heures ou jusqu'à ce que le glaçage ait pris.

5. En soulevant le papier-parchemin qui dépasse sur les côtés, démouler le gâteau et le mettre sur une planche à découper. Couper en barres. (Vous pouvez préparer les barres à l'avance, les envelopper d'une pellicule de plastique et les mettre dans un contenant hermétique. Elles se conserveront jusqu'à 1 semaine au réfrigérateur ou jusqu'à 1 mois au congélateur.)

Barres Nanaimo au chocolat blanc et aux amandes

DONNE ENVIRON 24 BARRES.

- PRÉPARATION : 30 min • CUISSON : 12 à 15 min
- RÉFRIGÉRATION : 3 h • **Par barre :** CALORIES : 166
- PROTÉINES : 2 g • MATIÈRES GRASSES : 10 g (5 g sat.)
- CHOLESTÉROL : 23 mg • GLUCIDES : 18 g • FIBRES : 1 g
- SODIUM : 106 mg

CROÛTE AUX AMANDES

1 oz	chocolat blanc haché	30 g
¼ t	beurre	60 ml
1	œuf battu	1
½ t	flocons de noix de coco	125 ml
¼ t	amandes hachées finement	60 ml
1 ½ t	chapelure de gaufrettes Graham	375 ml

GARNITURE AU CACAO

⅓ t	beurre	80 ml
⅔ t	poudre de cacao	160 ml
1 ⅓ t	sucre glace	330 ml
3 c. à tab	lait	45 ml
2 c. à tab	mélange à crème caramel (de type Shirriff)	30 ml
1 c. à thé	vanille	5 ml

GLAÇAGE AU CHOCOLAT BLANC

4 c. à thé	huile végétale	20 ml
4 oz	chocolat blanc haché	125 g
1 oz	chocolat mi-amer haché	30 g

PRÉPARATION DE LA CROÛTE

1. Tapisser de papier-parchemin un moule en métal de 8 po (20 cm) de côté en laissant un excédent d'environ 1 po (2,5 cm) sur deux côtés opposés. Réserver. Dans une petite casserole à fond épais, faire fondre le chocolat blanc et le beurre à feu doux, en brassant, jusqu'à ce que la préparation soit lisse. Ajouter l'œuf, les flocons de noix de coco et les amandes, et mélanger. Retirer la casserole du feu. Ajouter la chapelure de gaufrettes et mélanger. Presser la préparation au chocolat blanc dans le fond du moule réservé. Cuire au centre du four préchauffé à 350°F (180°C) de 12 à 15 minutes ou jusqu'à ce que la croûte soit ferme. Déposer le moule sur une grille et laisser refroidir.

PRÉPARATION DE LA GARNITURE

2. Dans une casserole, faire fondre le beurre à feu doux. Ajouter la poudre de cacao et mélanger jusqu'à ce que le mélange soit lisse. Mettre le mélange de beurre dans un bol. Ajouter le sucre glace, le lait, le mélange à crème caramel et la vanille, et mélanger jusqu'à ce que la préparation soit lisse. Étendre la garniture au cacao sur la croûte refroidie. Réfrigérer jusqu'à ce que la garniture soit ferme.

PRÉPARATION DU GLAÇAGE

3. Réserver ¼ c. à thé (1 ml) de l'huile. Dans une petite casserole, faire fondre le chocolat blanc et le reste de l'huile à feu doux. Verser le glaçage sur la garniture au cacao. Lisser le dessus. Réfrigérer jusqu'à ce que le glaçage ait pris.

4. Dans la casserole, faire fondre le chocolat mi-amer et l'huile réservée. Verser sur le glaçage au chocolat blanc. Réfrigérer jusqu'à ce que le glaçage au chocolat ait pris.

5. En soulevant le papier-parchemin qui dépasse sur les côtés, démouler le gâteau et le mettre sur une planche à découper. Couper en barres ou en carrés. (Vous pouvez préparer les barres à l'avance, les envelopper d'une pellicule de plastique et les mettre dans un contenant hermétique. Elles se conserveront jusqu'à 3 jours au réfrigérateur ou jusqu'à 1 mois au congélateur.)

Barres Nanaimo au beurre d'arachides
et barres Nanaimo au chocolat blanc
et aux amandes

Barres panpepato

Cette sucrerie romaine rappelle le gâteau aux fruits, chocolat en prime.

DONNE 36 BARRES.

- PRÉPARATION : 25 min • CUISSON : 40 min
- **Par barre :** CALORIES : 114 • PROTÉINES : 2 g
- MATIÈRES GRASSES : 6 g (1 g sat.) • CHOLESTÉROL : aucun
- GLUCIDES : 16 g • FIBRES : 2 g • SODIUM : 6 mg

1 t	amandes entières, non blanchies	250 ml
½ t	pignons	125 ml
½ t	noix de Grenoble	125 ml
¾ t	raisins secs	180 ml
¾ t	zestes de fruits confits, mélangés	180 ml
⅔ t	farine	160 ml
1 c. à thé	poivre noir du moulin	5 ml
¾ c. à thé	cannelle moulue	4 ml
½ c. à thé	muscade moulue	2 ml
¼ c. à thé	clou de girofle moulu	1 ml
½ t	miel liquide	125 ml
¼ t	gelée de raisins	60 ml
1 c. à tab	eau	15 ml
3 oz	chocolat mi-amer haché	90 g
3 c. à tab	sucre glace	45 ml

1. Tapisser de papier-parchemin un moule en métal de 9 po (23 cm) de côté en laissant un excédent d'environ 1 po (2,5 cm) sur deux côtés opposés. Réserver.

2. Étaler les amandes, les pignons et les noix de Grenoble sur une plaque de cuisson. Cuire au four préchauffé à 350°F (180°C) pendant environ 10 minutes ou jusqu'à ce que les noix soient dorées. Mettre les noix dans un grand bol. Ajouter les raisins secs et les zestes de fruits confits. Réserver.

3. Dans un petit bol, mélanger la farine, le poivre, la cannelle, la muscade et le clou de girofle. Réserver.

4. Dans une casserole, porter à ébullition, en brassant, le miel, la gelée de raisins et l'eau. Retirer la casserole du feu. Ajouter le chocolat et mélanger jusqu'à ce qu'il ait fondu. Ajouter la préparation au miel au mélange de noix et mélanger pour bien les enrober. Ajouter le mélange de farine et mélanger. Étendre la pâte dans le fond du moule réservé.

5. Cuire au centre du four préchauffé à 350°F (180°C) pendant 30 minutes ou jusqu'à ce qu'un cure-dents inséré au centre du gâteau en ressorte sec et que le gâteau ait gonflé. Déposer le moule sur une grille et laisser refroidir. En soulevant le papier-parchemin sur les côtés, démouler le gâteau et le mettre sur une planche à découper. Saupoudrer du sucre glace. Couper en barres. (Vous pouvez préparer les barres à l'avance, les envelopper d'une pellicule de plastique et les mettre dans un contenant hermétique. Elles se conserveront jusqu'à 1 semaine à la température ambiante ou jusqu'à 1 mois au congélateur.)

Barres sablées au chocolat et à l'orange

DONNE 72 BARRES.

- PRÉPARATION : 20 min • CUISSON : 30 à 35 min
- **Par barre :** CALORIES : 92 • PROTÉINES : 1 g
- MATIÈRES GRASSES : 6 g (4 g sat.) • CHOLESTÉROL : 14 mg
- GLUCIDES : 9 g • FIBRES : traces • SODIUM : 53 mg

2 t	beurre ramolli	500 ml
1 t	sucre à dissolution rapide (sucre extra fin)	250 ml
1 c. à tab	zeste d'orange râpé	15 ml
3 ¼ t	farine tout usage	810 ml
½ t	farine de riz	125 ml
1 t	brisures de chocolat miniatures	250 ml

1. Tapisser de papier-parchemin une plaque de cuisson munie de rebords de 17 po x 11 po (45 cm x 29 cm) en laissant un excédent d'environ 1 po (2,5 cm) sur les deux côtés courts. Réserver.

2. Dans un bol, à l'aide d'un batteur électrique, battre le beurre jusqu'à ce qu'il soit aéré. Ajouter le sucre en battant jusqu'à ce que le mélange soit lisse. Ajouter le zeste d'orange et mélanger. Dans un autre bol, mélanger la farine tout usage et la farine de riz. Ajouter les ingrédients secs au mélange de beurre, en deux fois, et mélanger. Ajouter les brisures de chocolat et mélanger. Presser la pâte dans la plaque de cuisson réservée.

3. Cuire dans le tiers inférieur du four préchauffé à 325°F (160°C) de 30 à 35 minutes ou jusqu'à ce que le gâteau soit légèrement doré. Déposer la plaque sur une grille et laisser refroidir. En soulevant le papier-parchemin sur les côtés, démouler le gâteau et le mettre sur une planche à découper. Couper en barres. (Vous pouvez préparer les barres à l'avance, les envelopper d'une pellicule de plastique et les mettre dans un contenant hermétique. Elles se conserveront jusqu'à 1 semaine à la température ambiante ou jusqu'à 1 mois au congélateur.)

TRUC

> Pour une présentation plus raffinée, tremper les barres, aux quatre coins, dans du chocolat mi-sucré fondu, une à la fois, en laissant égoutter l'excédent, puis les mettre sur une grille jusqu'à ce que le chocolat ait pris.

Barres et carrés parfaits

Pour bien réussir barres et carrés, il importe de bien préparer les moules à gâteau et de couper le gâteau en barres et en carrés de mêmes dimensions. Voici comment procéder :

Préparation des moules à gâteau

Mettre le moule sur du papier-parchemin ou sur du papier d'aluminium. Couper un carré de papier dont les dimensions auront celles du moule plus 3 po (8 cm) de chaque côté. Faire une incision de 3 po (8 cm) à chaque coin, sur le biais, vers le centre. Presser le carré de papier contre le fond et les parois du moule, en faisant se chevaucher les morceaux coupés dans chacun des coins.

Couper les barres et les carrés

Il est préférable de couper les barres croustillantes, par exemple celles qui contiennent beaucoup de chocolat, de la pâte sablée ou un glaçage aux truffes, quand elles sont encore chaudes. Elles se coupent alors plus facilement et avec plus de précision.

En s'aidant du papier-parchemin qui dépasse sur les côtés du moule, démouler le gâteau et le mettre sur une planche à découper. Retirer le papier-parchemin. À l'aide d'un long couteau, couper les côtés pour égaliser. Utiliser une règle et un long couteau bien aiguisé afin de couper des barres et des carrés de mêmes dimensions (passer la lame du couteau sous l'eau chaude et l'essuyer après avoir coupé chacun des carrés ou chacune des barres).

Barres aux pacanes et au caramel

DONNE 36 BARRES.

- PRÉPARATION : 25 min • CUISSON : 35 min
- **Par barre :** CALORIES : 98 • PROTÉINES : 1 g
- MATIÈRES GRASSES : 6 g (3 g sat.) • CHOLESTÉROL : 22 mg
- GLUCIDES : 11 g • FIBRES : traces • SODIUM : 48 mg

CROÛTE AUX PACANES

1 t	farine	250 ml
¼ t	cassonade tassée	60 ml
½ t	beurre froid, coupé en cubes	125 ml
¾ t	pacanes hachées	180 ml

GARNITURE AU CARAMEL

¼ t	beurre ramolli	60 ml
¾ t	cassonade tassée	180 ml
¼ t	sirop de maïs	60 ml
2	œufs	2
2 c. à thé	vanille	10 ml
2 c. à tab	farine	30 ml
1	pincée de sel	1

PRÉPARATION DE LA CROÛTE

1. Tapisser de papier-parchemin un moule en métal de 9 po (23 cm) de côté en laissant un excédent d'environ 1 po (2,5 cm) sur deux côtés opposés. Réserver.

2. Dans un grand bol, mélanger la farine et la cassonade. Ajouter le beurre et, à l'aide d'un coupe-pâte ou de deux couteaux, travailler la préparation jusqu'à ce qu'elle soit humide et friable. Presser la pâte dans le fond du moule réservé.

3. Cuire au centre du four préchauffé à 350°F (180°C) pendant environ 10 minutes. Parsemer des pacanes et les presser légèrement sur la pâte. Poursuivre la cuisson pendant 5 minutes ou jusqu'à ce que la croûte soit ferme. Déposer le moule sur une grille et laisser refroidir.

PRÉPARATION DE LA GARNITURE

4. Dans un bol, à l'aide d'un batteur électrique, battre le beurre, la cassonade et le sirop de maïs jusqu'à ce que le mélange soit lisse. Incorporer les œufs et la vanille en battant. Ajouter la farine et le sel et mélanger. Étendre la garniture sur la croûte refroidie. Cuire au four préchauffé à 350°F (180°C) pendant environ 20 minutes ou jusqu'à ce que le dessus de la garniture soit doré et que le centre soit encore un peu gélatineux. Déposer le moule sur une grille et laisser refroidir. En soulevant le papier-parchemin sur les côtés, démouler le gâteau et le mettre sur une planche à découper. Couper en barres. (Vous pouvez préparer les barres à l'avance, les envelopper d'une pellicule de plastique et les mettre dans un contenant hermétique. Elles se conserveront jusqu'à 1 semaine à la température ambiante ou jusqu'à 1 mois au congélateur.)

Carrés au caramel et au chocolat

DONNE ENVIRON 96 CARRÉS.

- PRÉPARATION : 30 min • RÉFRIGÉRATION : 2 h
- CUISSON : 20 à 24 min • **Par carré :** CALORIES : 70
- PROTÉINES : 1 g • MATIÈRES GRASSES : 5 g (3 g sat.)
- CHOLESTÉROL : 13 mg • GLUCIDES : 7 g • FIBRES : traces
- SODIUM : 32 mg

CROÛTE À LA VANILLE

2 t	chapelure de gaufrettes à la vanille	500 ml
2 c. à tab	sucre	30 ml
⅓ t	beurre fondu	80 ml
1	œuf	1

GARNITURE AU CARAMEL

1 t	beurre	250 ml
1 t	cassonade tassée	250 ml
1	boîte de lait concentré sucré (de type Eagle Brand) (300 ml)	1
¼ t	sirop de maïs	60 ml

GANACHE

6 oz	chocolat mi-amer haché	180 g
⅔ t	crème à 35 %	160 ml

PRÉPARATION DE LA CROÛTE

1. Tapisser de papier-parchemin un moule en métal de 13 po x 9 po (33 cm x 23 cm) en laissant un excédent d'environ 1 po (2,5 cm) sur les deux côtés courts. Réserver.

2. Dans un bol, mélanger la chapelure de gaufrettes et le sucre. Dans un autre bol, à l'aide d'un fouet, mélanger le beurre et l'œuf. Ajouter le mélange de beurre au mélange de chapelure et mélanger jusqu'à ce que la préparation soit humide. Presser la préparation dans le fond du moule réservé. Cuire au centre du four préchauffé à 350°F (180°C) pendant environ 10 minutes ou jusqu'à ce que la croûte soit dorée et ferme. Déposer le moule sur une grille et laisser refroidir.

PRÉPARATION DE LA GARNITURE

3. Dans une casserole, chauffer le beurre, la cassonade, le lait concentré et le sirop de maïs à feu moyen-doux, en brassant sans arrêt, de 12 à 15 minutes ou jusqu'à ce qu'un thermomètre à bonbons indique entre 230°F et 234°F (110°C et 112°C). Étendre la garniture au caramel dans la croûte refroidie. Réfrigérer pendant environ 1 heure ou jusqu'à ce que la garniture soit froide.

PRÉPARATION DE LA GANACHE

4. Mettre le chocolat dans un bol. Dans un autre bol allant au micro-ondes ou dans une casserole, porter la crème à ébullition au micro-ondes ou sur la cuisinière. Verser la crème chaude sur le chocolat et, à l'aide d'un fouet, mélanger jusqu'à ce que la préparation soit lisse. Laisser refroidir à la température ambiante. Étendre la ganache sur la garniture au caramel. Réfrigérer pendant environ 1 heure ou jusqu'à ce que la ganache ait pris. En soulevant le papier-parchemin sur les côtés, démouler le gâteau et le mettre sur une planche à découper. Couper en carrés de 1 po (2,5 cm). (Vous pouvez préparer les carrés à l'avance, les envelopper d'une pellicule de plastique et les mettre dans un contenant hermétique. Ils se conserveront jusqu'à 1 semaine au réfrigérateur ou jusqu'à 2 semaines au congélateur.)

L'abc de la congélation des desserts

❯ Pour s'assurer que les aliments conservent un taux d'humidité adéquat, qu'ils ne se dessèchent pas et n'absorbent pas les odeurs ou les saveurs des autres aliments, utiliser des sacs et des pellicules de plastique conçus pour la congélation.

❯ Pour une protection maximale, envelopper de papier d'aluminium résistant les aliments déjà emballés dans une pellicule de plastique. Replier les extrémités du papier d'aluminium deux fois.

❯ Afin de réduire leur taux d'humidité, laisser refroidir tous les aliments avant de les emballer pour les congeler.

❯ Utiliser des contenants de plastique rigide pour protéger les aliments des brûlures de congélation et leur éviter d'être écrasés.

❯ Congeler les croûtes de tarte non cuites dans leur assiette jusqu'à ce qu'elles soient fermes, puis les mettre dans un contenant hermétique et les remettre au congélateur. Avant de les décongeler, remettre les croûtes de tarte dans leur assiette, puis poursuivre la recette. Vérifier la recette avant de décongeler les tartes ou les croûtes de tarte : certaines sont meilleures si on les cuit tout de suite après les avoir sorties du congélateur.

❯ Toujours étiqueter les aliments et y inscrire le contenu, la date de congélation et les instructions de décongélation ou de cuisson.

❯ Si la recette ne donne pas d'instructions de congélation, rechercher une recette qui renferme des ingrédients similaires et, s'il y a lieu, congeler en suivant les instructions.

Barres à la pâte d'amandes

DONNE 40 BARRES.

- PRÉPARATION : 25 min • CUISSON : 45 min
- **Par barre :** CALORIES : 170 • PROTÉINES : 3 g
- MATIÈRES GRASSES : 9 g (3 g sat.) • CHOLESTÉROL : 34 mg
- GLUCIDES : 22 g • FIBRES : 1 g • SODIUM : 82 mg

¼ t	rhum ou brandy	60 ml
1 t	canneberges séchées	250 ml
1 t	beurre ramolli	250 ml
2 t	sucre	500 ml
4	œufs	4
1 c. à tab	vanille	15 ml
½ c. à thé	essence d'amande	2 ml
2 ½ t	farine	625 ml
½ t	amandes moulues	125 ml
2 c. à thé	poudre à pâte	10 ml
¼ c. à thé	sel	1 ml
1 t	amandes coupées en tranches	250 ml
1	paquet de pâte d'amandes (de type massepain), coupée en dés (200 g)	1
1 c. à tab	sucre glace	15 ml

1. Tapisser de papier-parchemin un moule en métal de 13 po x 9 po (33 cm x 23 cm) en laissant un excédent d'environ 1 po (2,5 cm) sur les deux côtés courts. Réserver.

2. Dans une casserole, porter le rhum à ébullition. Ajouter les canneberges et mélanger. Laisser refroidir.

3. Dans un bol, à l'aide d'un batteur électrique, battre le beurre et le sucre jusqu'à ce que le mélange soit aéré. Incorporer les œufs, un à un, en battant. Incorporer la vanille et l'essence d'amande. Dans un autre bol, mélanger la farine, les amandes moulues, la poudre à pâte et le sel. Ajouter les ingrédients secs au mélange de beurre et mélanger. Ajouter les tranches d'amandes, la préparation aux canneberges refroidie et la pâte d'amandes, et mélanger. Étendre la pâte dans le fond du moule réservé.

4. Cuire au centre du four préchauffé à 350°F (180°C) pendant 45 minutes ou jusqu'à ce qu'un cure-dents inséré au centre du gâteau en ressorte propre. Déposer le moule sur une grille et laisser refroidir. En soulevant le papier-parchemin sur les côtés, démouler le gâteau et le mettre sur une planche à découper. Saupoudrer du sucre glace. Couper en barres. (Vous pouvez préparer les barres à l'avance, les envelopper d'une pellicule de plastique et les mettre dans un contenant hermétique. Elles se conserveront jusqu'à 4 jours à la température ambiante ou jusqu'à 1 mois au congélateur.)

Carrés au caramel croquant

On peut trouver de la farine de riz dans le rayon pâtisserie des supermarchés. La gomme de xanthane donne du liant aux plats sans gluten. Elle se vend dans les magasins de produits naturels ou d'aliments en vrac.

DONNE 40 CARRÉS.

- PRÉPARATION : 20 min • CUISSON : 1 h
- **Par carré :** CALORIES : 181 • PROTÉINES : 1 g
- MATIÈRES GRASSES : 11 g (5 g sat.) • CHOLESTÉROL : 20 mg
- GLUCIDES : 21 g • FIBRES : 1 g • SODIUM : 45 mg

CROÛTE AU TAPIOCA

1 ¾ t	farine de riz	430 ml
1 t	cassonade tassée	250 ml
½ t	tapioca	125 ml
2 c. à thé	gomme de xanthane	10 ml
¾ t	beurre froid, coupé en cubes de ½ po (1 cm)	180 ml

GARNITURE AU CARAMEL

⅔ t	beurre	160 ml
½ t	cassonade tassée	125 ml
½ t	crème à 35 %	125 ml
¼ t	sirop de maïs	60 ml
1 t	noix de macadam ou pacanes hachées	250 ml
½ t	zeste d'orange confit	125 ml
4 oz	chocolat mi-sucré fondu (facultatif)	125 g

PRÉPARATION DE LA CROÛTE

1. Au robot culinaire (muni d'une lame en métal), mélanger la farine de riz, la cassonade, le tapioca et la gomme de xanthane. Ajouter le beurre et mélanger jusqu'à ce que la préparation soit grumeleuse et commence à se tenir. Presser la préparation dans le fond d'un moule en métal de 13 po x 9 po (33 cm x 23 cm) tapissé de papier-parchemin. Cuire au centre du four préchauffé à 325°F (160°C) pendant environ 25 minutes ou jusqu'à ce que la croûte soit dorée et légèrement gonflée. Déposer le moule sur une grille et laisser refroidir.

PRÉPARATION DE LA GARNITURE

2. Dans une casserole, faire fondre le beurre avec la cassonade, la crème et le sirop de maïs et porter à ébullition. Laisser bouillir, en brassant sans arrêt, pendant 3 minutes. Retirer du feu. Ajouter les noix de macadam et le zeste d'orange confit et mélanger. Verser la garniture au caramel sur la croûte refroidie en prenant soin de répartir les noix. Cuire au centre du four préchauffé à 325°F (160°C) pendant environ 35 minutes ou jusqu'à ce que la garniture soit bouillonnante sur le pourtour. Déposer sur une grille et laisser refroidir.

3. Si désiré, arroser du chocolat fondu en faisant des zigzags. Réfrigérer jusqu'à ce que le chocolat ait pris. Couper en carrés. (Vous pouvez préparer les carrés à l'avance et les couvrir. Ils se conserveront jusqu'à 5 jours au réfrigérateur et jusqu'à 1 mois au congélateur.)

Mini-tartelettes au chocolat et aux noisettes

DONNE 24 MINI-TARTELETTES.

- PRÉPARATION : 30 min • CONGÉLATION : 1 h
- CUISSON : 30 min • TEMPS DE REPOS : 30 min
- **Par mini-tartelette :** CALORIES : 135 • PROTÉINES : 2 g
- MATIÈRES GRASSES : 11 g (6 g sat.) • CHOLESTÉROL : 22 mg
- GLUCIDES : 8 g • FIBRES : 1 g • SODIUM : 56 mg

CROÛTES AU FROMAGE ET AUX NOISETTES

½ t	beurre ramolli	125 ml
4 oz	fromage à la crème ramolli	125 g
1 ¼ t	farine	310 ml
½ t	noisettes hachées finement	125 ml

GANACHE

4 oz	chocolat mi-amer haché	125 g
½ t	crème à 35 %	125 ml
2 c. à thé	liqueur de noisette (de type Frangelico) (facultatif)	10 ml
12	noisettes coupées en deux (environ)	12

PRÉPARATION DES CROÛTES

1. Dans un grand bol, à l'aide d'un batteur électrique, battre le beurre et le fromage à la crème. Incorporer la farine et les noisettes hachées et mélanger jusqu'à ce que la préparation soit homogène. Mettre environ 1 c. à tab (15 ml) de la préparation dans 24 mini-moules à muffins beurrés. Presser uniformément dans le fond et sur la paroi des moules. Congeler pendant environ 1 heure ou jusqu'à ce que les croûtes soient fermes. (Vous pouvez préparer les croûtes à l'avance et les envelopper de papier d'aluminium résistant. Elles se conserveront jusqu'à 2 semaines au congélateur.) Cuire au centre du four préchauffé à 325°F (160°C) pendant environ 30 minutes ou jusqu'à ce que les croûtes soient dorées. Déposer les moules sur une grille et laisser refroidir.

PRÉPARATION DE LA GANACHE

2. Entre-temps, mettre le chocolat dans un bol à l'épreuve de la chaleur. Dans une petite casserole, chauffer la crème et la liqueur de noisette, si désiré, jusqu'à ce que de petites bulles se forment près de la paroi. Retirer du feu. Verser la crème chaude sur le chocolat et mélanger jusqu'à ce que la préparation soit lisse. Répartir la ganache dans les croûtes refroidies. Mettre une demi-noisette au centre de chaque tartelette. Laisser reposer à la température ambiante pendant 30 minutes ou jusqu'à ce que la ganache ait pris. (Vous pouvez préparer les mini-tartelettes à l'avance et les mettre dans un contenant hermétique. Elles se conserveront jusqu'à 5 jours au réfrigérateur.)

Chapitre six

PAINS SALÉS ET SUCRÉS

Pain tressé au safran

DONNE 1 PAIN DE 16 TRANCHES.

- PRÉPARATION : 30 min • TEMPS DE LEVÉE : 2 h 30 min
- CUISSON : 30 min • **Par tranche :** CALORIES : 227
- PROTÉINES : 5 g • MATIÈRES GRASSES : 6 g (3 g sat.)
- CHOLESTÉROL : 38 mg • GLUCIDES : 37 g • FIBRES : 1 g
- SODIUM : 92 mg

1 c. à thé	filaments de safran	5 ml
⅔ t	sucre granulé	160 ml
1 t	lait	250 ml
1 c. à tab	levure sèche active	15 ml
2	œufs battus	2
⅓ t	beurre fondu	80 ml
¼ c. à thé	sel	1 ml
4 t	farine	1 L
⅓ t	amandes blanchies, hachées	80 ml
⅓ t	raisins secs	80 ml
1 c. à tab	sucre perlé ou sucre à gros cristaux	15 ml

1. À l'aide d'un mortier et d'un pilon, écraser les filaments de safran avec 1 c. à tab (15 ml) du sucre granulé jusqu'à ce que le mélange soit très fin. Réserver.

2. Dans une petite casserole, chauffer le lait. Dans un grand bol, mélanger la levure, 1 c. à tab (15 ml) du sucre granulé et ½ t (125 ml) du lait chaud. Laisser reposer jusqu'à ce que le mélange de levure soit mousseux. Ajouter un des œufs, le beurre, le reste du sucre granulé et du lait chaud, le sel et le mélange de safran.

3. À l'aide d'un batteur électrique, incorporer 2 t (500 ml) de la farine. À l'aide d'une cuiller de bois, ajouter le reste de la farine, les amandes et les raisins secs, en travaillant avec les mains, au besoin, pour incorporer toute la farine.

4. Sur une surface légèrement farinée, pétrir la pâte pendant environ 5 minutes ou jusqu'à ce qu'elle soit lisse et élastique. Mettre la pâte dans un bol huilé et la retourner pour bien l'enrober. Couvrir le bol d'une pellicule de plastique et le mettre dans un endroit chaud, à l'abri des courants d'air. Laisser lever la pâte pendant environ 1 ½ heure ou jusqu'à ce qu'elle ait doublé de volume.

5. Dégonfler la pâte avec le poing et la diviser en trois portions. Sur une surface légèrement farinée, façonner chaque portion en un cordon de 18 po (45 cm) de longueur. Déposer chaque cordon de pâte côte à côte et pincer ensemble les trois cordons à une extrémité. Entrelacer les cordons de pâte de manière à former une tresse et pincer les cordons à l'autre extrémité pour sceller. Mettre la tresse de pâte sur une grande plaque de cuisson tapissée de papier-parchemin ou beurrée. Couvrir la plaque d'une pellicule de plastique et la mettre dans un endroit chaud, à l'abri des courants d'air. Laisser lever la pâte pendant environ 1 heure ou jusqu'à ce qu'elle ait une fois et demie son volume premier. Badigeonner le dessus du pain de l'autre œuf battu. Saupou-drer du sucre à gros cristaux.

6. Cuire au four préchauffé à 375°F (190°C) pendant environ 30 minutes ou jusqu'à ce que le pain rende un son creux lorsqu'on le frappe délicatement à la base. (Vous pouvez préparer le pain à l'avance. Il se conservera jusqu'au lendemain enveloppé d'une pellicule de plastique à la température ambiante ou jusqu'à 2 semaines au congélateur, enveloppé de papier d'aluminium résistant.)

Panettone

Le panettone, mot qui signifie littéralement « gros pain », est une miche de Noël tout en hauteur.

DONNE 1 PAIN DE 12 TRANCHES.

- PRÉPARATION : 1 h • TEMPS DE LEVÉE : 5 h 30 min
- TEMPS DE REPOS : 1 h • CUISSON : 1 h 45 min
- TEMPS DE REFROIDISSEMENT : 1 h
- **Par tranche :** CALORIES : 426 • PROTÉINES : 8 g
- MATIÈRES GRASSES : 16 g (9 g sat.) • CHOLESTÉROL : 132 mg
- GLUCIDES : 63 g • FIBRES : 2 g • SODIUM : 402 mg

PÂTE ÉPONGE

1	sachet de levure sèche active (8 g) (environ 2 ¼ c. à thé/11 ml)	1
⅔ t	lait chaud	160 ml
1 t	farine	250 ml

PAIN AUX FRUITS

¼ t	brandy ou rhum	60 ml
½ t	raisins secs dorés	125 ml
4	jaunes d'œufs	4
2	œufs	2
⅔ t	sucre	160 ml
1 c. à tab	zeste d'orange râpé	15 ml
1 c. à tab	zeste de citron râpé	15 ml
1 c. à tab	vanille	15 ml
1 ½ c. à thé	sel	7 ml
¾ t	beurre ramolli	180 ml
4 t	farine (environ)	1 L
½ t	zestes de fruits confits mélangés	125 ml
2 c. à thé	beurre fondu	10 ml

PRÉPARATION DE LA PÂTE ÉPONGE

1. Beurrer un moule à panettone ou une boîte à café de 2 lb (1 kg), lavée. Tapisser le fond et la paroi intérieure du moule de papier-parchemin de manière qu'il excède le bord de 1 po (2,5 cm). Réserver.

2. Dans un grand bol, saupoudrer la levure sur le lait chaud. Couvrir et laisser reposer pendant environ 10 minutes ou jusqu'à ce que la levure ait gonflé. Ajouter la farine et mélanger jusqu'à ce que la pâte soit collante. Couvrir le bol d'une pellicule de plastique beurrée et le mettre dans un endroit chaud, à l'abri des courants d'air. Laisser lever la pâte pendant environ 1 ½ heure ou jusqu'à ce qu'elle ait doublé de volume.

PRÉPARATION DU PAIN AUX FRUITS

3. Dans une tasse à mesurer, chauffer le brandy au micro-ondes, à intensité maximum, pendant 20 secondes ou jusqu'à ce qu'il soit chaud. Ajouter les raisins secs, couvrir et laisser reposer pendant environ 1 heure ou jusqu'à ce qu'ils aient gonflé. À l'aide d'une passoire placée sur un bol, égoutter les raisins secs et les presser pour en extraire tout le liquide. Réserver le liquide de trempage et les raisins secs séparément.

4. Dans un grand bol, à l'aide d'un batteur électrique, battre les jaunes d'œufs, les œufs, le sucre, les zestes d'orange et de citron, la vanille, le sel et le liquide de trempage des raisins secs réservé jusqu'à ce que la préparation soit légère et qu'elle ait épaissi. Ajouter le beurre, 1 c. à tab (15 ml) à la fois, et battre jusqu'à ce que la préparation ait la texture d'une crème.

5. Ajouter la pâte éponge et 3 t (750 ml) de la farine. Avec les mains, mélanger jusqu'à ce que la pâte soit collante. Sur une surface farinée, pétrir la pâte pendant environ 8 minutes ou jusqu'à ce qu'elle soit lisse, en ajoutant suffisamment du reste de la farine pour l'empêcher de coller. Laisser reposer pendant 5 minutes.

6. Aplatir la pâte avec les mains. Parsemer des raisins secs réservés et des zestes de fruits confits. Replier la pâte sur les fruits et la pétrir pour répartir les fruits également. Mettre la pâte dans un bol huilé et la retourner pour bien l'enrober. Couvrir le bol d'une pellicule de plastique beurrée et le mettre dans un endroit chaud, à l'abri des courants d'air. Laisser lever la pâte pendant environ 2 heures ou jusqu'à ce qu'elle ait doublé de volume. Sur une surface farinée, dégonfler la pâte avec le poing et la façonner en boule, en la pinçant en dessous pour lui donner sa forme.

7. Mettre la pâte, l'ouverture vers le bas, dans le moule. Couvrir d'une pellicule de plastique et laisser lever la pâte dans un endroit chaud, à l'abri des courants d'air, pendant environ 2 heures, ou au réfrigérateur pendant 12 heures, ou jusqu'à ce qu'elle ait doublé de volume. Retirer la pâte du réfrigérateur 1 heure avant de la cuire.

8. Faire une incision de ¼ po (5 mm) de profondeur en forme de X sur le dessus de la pâte et badigeonner du beurre fondu. Cuire dans le tiers inférieur du four préchauffé à 350°F (180°C) de 1 ½ à 1 ¾ heure ou jusqu'à ce qu'un cure-dents inséré au centre du pain en ressorte sec (couvrir de papier d'aluminium après 40 minutes de cuisson si le pain dore trop rapidement). Déposer le moule sur une grille et laisser refroidir pendant 1 heure. En s'aidant du papier-parchemin qui dépasse du moule, démouler le pain. (Vous pouvez préparer le panettone à l'avance. Il se conservera jusqu'au lendemain enveloppé d'une pellicule de plastique à la température ambiante ou jusqu'à 2 semaines au congélateur, enveloppé de papier d'aluminium résistant.)

Couronne de croissants aux abricots et aux amandes

DONNE 12 CROISSANTS.

- PRÉPARATION : 45 min • TEMPS DE LEVÉE : 45 min
- CUISSON : 28 min • **Par croissant :** CALORIES : 399
- PROTÉINES : 9 g • MATIÈRES GRASSES : 12 g (3 g sat.)
- CHOLESTÉROL : 44 mg • GLUCIDES : 66 g • FIBRES : 3 g
- SODIUM : 260 mg

1	paquet de pâte d'amandes (de type massepain) (200 g)	1
	pâte à pain sucrée (voir recette, page suivante)	
¾ t	confiture d'abricots	180 ml
⅔ t + 2 c. à thé	sucre glace	170 ml
1 c. à tab	eau	15 ml
⅓ t	amandes coupées en tranches, grillées	80 ml

1. Diviser la pâte d'amandes en trois portions. Façonner chaque portion en un petit rouleau de 8 po (20 cm) de longueur. Couper chaque rouleau de pâte d'amandes en quatre de manière à obtenir 12 morceaux. Réserver.

2. Dégonfler la pâte à pain sucrée avec le poing. Sur une surface légèrement farinée, abaisser la pâte en un cercle de 14 po (35 cm) de diamètre. Étendre ½ t (125 ml) de la confiture d'abricots sur le cercle de pâte. Couper le cercle en 12 pointes.

3. Mettre un morceau de pâte d'amandes à 1 po (2,5 cm) de la partie la plus large de chacune des pointes de pâte. En commençant par la partie la plus large, rouler les pointes de pâte de manière à former des croissants. Mettre les croissants en cercle sur une plaque à pizza de 12 po (30 cm) de diamètre tapissée de papier-parchemin ou beurrée, en les

espaçant d'environ ¼ po (5 mm). Couvrir la plaque d'une pellicule de plastique et la mettre dans un endroit chaud, à l'abri des courants d'air. Laisser lever la pâte pendant environ 45 minutes ou jusqu'à ce qu'elle ait doublé de volume. Mettre une plaque de cuisson munie de rebords, tapissée de papier d'aluminium, sur la grille inférieure du four pour recueillir ce qui pourrait s'échapper des croissants. Cuire les croissants au centre du four préchauffé à 375°F (190°C) pendant environ 28 minutes ou jusqu'à ce qu'ils soient dorés. Déposer la plaque à pizza sur une grille et laisser refroidir. (Vous pouvez préparer les croissants à l'avance. Ils se conserveront jusqu'au lendemain enveloppés d'une pellicule de plastique à la température ambiante ou jusqu'à 2 semaines au congélateur, enveloppés de papier d'aluminium résistant.)

4. Dans un bol allant au micro-ondes, chauffer le reste de la confiture d'abricots au micro-ondes, à intensité moyenne, pendant environ 20 secondes ou jusqu'à ce qu'elle ait fondu. À l'aide d'une passoire fine placée sur un bol, filtrer la confiture. Ajouter ⅔ t (160 ml) du sucre glace et l'eau, et mélanger jusqu'à ce que la préparation soit lisse. Badigeonner la couronne de croissants de la préparation à la confiture et la parsemer des amandes. Tamiser le reste du sucre glace sur le dessus de la couronne.

Pâte à pain sucrée

DONNE 2 LB (1 KG) DE PÂTE.

¼ t	sucre	60 ml
¼ t	eau chaude	60 ml
1	sachet de levure sèche active (8 g) (environ 2 ¼ c. à thé/11 ml)	1
¾ t	lait	180 ml
¼ t	beurre	60 ml
1 c. à thé	sel	5 ml
2	œufs	2
4 t	farine (environ)	1 L

1. Dans un grand bol, mélanger 2 c. à thé (10 ml) du sucre et l'eau chaude, en brassant jusqu'à ce que le sucre soit dissous. Parsemer de la levure et laisser reposer pendant environ 10 minutes ou jusqu'à ce que la préparation soit mousseuse.

2. Dans une petite casserole, mélanger le lait, le reste du sucre, le beurre et le sel. Chauffer à feu moyen jusqu'à ce que le beurre ait fondu et que le sucre soit dissous. Laisser tiédir pendant environ 5 minutes. À l'aide d'un fouet, incorporer le mélange de lait et les oeufs à la préparation de levure. Ajouter suffisamment de farine, 1 t (250 ml) à la fois, pour obtenir une pâte assez ferme. Sur une surface légèrement farinée, pétrir la pâte pendant environ 10 minutes ou jusqu'à ce qu'elle soit lisse et élastique, en ajoutant suffisamment du reste de la farine pour l'empêcher de coller.

3. Mettre la pâte dans un bol huilé et la retourner pour bien l'enrober. Couvrir le bol d'une pellicule de plastique et le mettre dans un endroit chaud, à l'abri des courants d'air. Laisser lever la pâte pendant environ 1 ½ heure ou jusqu'à ce qu'elle ait doublé de volume.

Gâteau brioché au chocolat et au caramel écossais

DONNE 14 À 16 PORTIONS.

• PRÉPARATION : 1 h • TEMPS DE LEVÉE : 2 h à 2 h 30 min
• CUISSON : 35 min • **Par portion :** CALORIES : 332
• PROTÉINES : 6 g • MATIÈRES GRASSES : 14 g (9 g sat.)
• CHOLESTÉROL : 63 mg • GLUCIDES : 47 g • FIBRES : 2 g
• SODIUM : 265 mg

GÂTEAU BRIOCHÉ

⅓ t	sucre	80 ml
½ t	eau chaude	125 ml
1	sachet de levure sèche active (8 g) (environ 2 ¼ c. à thé/11 ml)	1
¾ t	beurre ramolli	180 ml
¾ t	lait	180 ml
2	œufs	2
1 c. à thé	sel	5 ml
1 c. à thé	vanille	5 ml
4 t	farine (environ)	1 L

GARNITURE AU CHOCOLAT ET AU CARAMEL ÉCOSSAIS

⅔ t	sucre	160 ml
⅓ t	poudre de cacao non sucrée	80 ml
¾ t	brisures de caramel au beurre (de type butterscotch)	180 ml

GARNITURE STREUSEL

⅓ t	sucre glace	80 ml
¼ t	farine	60 ml
2 c. à tab	beurre froid, coupé en dés	30 ml
1	œuf battu	1

PRÉPARATION DU GÂTEAU BRIOCHÉ

1. Dans un grand bol, dissoudre 1 c. à thé (5 ml) du sucre dans l'eau chaude. Parsemer de la levure et laisser reposer pendant environ 10 minutes ou jusqu'à ce que le mélange soit mousseux.

2. Entre-temps, dans une casserole, mélanger le reste du sucre, ¼ t (60 ml) du beurre et le lait. Chauffer à feu moyen jusqu'à ce que le beurre ait fondu et que le sucre soit dissous. Laisser tiédir pendant environ 5 minutes. À l'aide d'un fouet, incorporer le mélange de lait, les œufs, le sel et la vanille au mélange de levure.

3. Ajouter petit à petit suffisamment de farine pour obtenir une pâte lisse et légèrement élastique. Sur une surface de travail légèrement farinée, pétrir la pâte pendant 8 minutes ou jusqu'à ce qu'elle soit lisse et élastique (au besoin, ajouter suffisamment du reste de la farine pour l'empêcher de coller). Mettre la pâte dans un bol huilé et la retourner pour bien l'enrober. Couvrir le bol d'une pellicule de plastique et le mettre dans un endroit chaud, à l'abri des courants d'air. Laisser lever la pâte pendant 1 heure ou jusqu'à ce qu'elle ait doublé de volume.

4. Dégonfler la pâte avec le poing. Sur une surface légèrement farinée, à l'aide d'un rouleau à pâtisserie, abaisser la pâte en un rectangle de 22 po x 10 po (56 cm x 25 cm). Étendre le reste du beurre sur la pâte en laissant une bordure de 1 po (2,5 cm) de largeur sur l'un des côtés longs.

PRÉPARATION DE LA GARNITURE AU CHOCOLAT

5. Dans un bol, tamiser le sucre avec la poudre de cacao. Parsemer uniformément la partie beurrée de la pâte du mélange de cacao et des brisures de caramel au beurre. En commençant par le côté long non garni, rouler la pâte à la manière d'un gâteau roulé. Pincer l'ouverture pour sceller. Tordre les extrémités du rouleau de pâte en sens opposés de 6 à 8 fois. Déposer le rouleau de pâte dans un moule à cheminée (de type Bundt) à fond amovible de 10 po (25 cm) de diamètre, beurré. Pincer les extrémités pour sceller.

6. Couvrir le moule d'une pellicule de plastique et laisser lever la pâte dans un endroit chaud, à l'abri des courants d'air, de 1 à 1 ½ heure ou jusqu'à ce qu'elle ait doublé de volume. (Vous pouvez préparer la pâte à

l'avance et la couvrir. Elle se conservera jusqu'à 8 heures au réfrigérateur. Laisser revenir à la température ambiante pendant environ 30 minutes.)

PRÉPARATION DE LA GARNITURE STREUSEL

7. Entre-temps, dans un bol, mélanger le sucre glace et la farine. Ajouter le beurre et, à l'aide d'un coupe-pâte ou de deux couteaux, travailler la préparation jusqu'à ce qu'elle ait la texture d'une chapelure grossière. À l'aide d'un pinceau à pâtisserie, badigeonner la pâte de l'oeuf battu. Parsemer de la garniture streusel.

8. Cuire au centre du four préchauffé à 350°F (180°C) pendant environ 35 minutes ou jusqu'à ce que le gâteau soit doré. Retirer la paroi du moule et laisser refroidir le gâteau sur une grille. Au moment de servir, retirer la base du moule.

VARIANTES

Gâteau brioché aux pacanes et au chocolat

Ne pas préparer la garniture au chocolat et au caramel. Parsemer la partie beurrée de la pâte de ⅔ t (160 ml) de cassonade tassée, de ½ t (125 ml) de pacanes grillées, hachées et de ¾ t (180 ml) de brisures de chocolat.

Gâteau brioché à la cannelle et au sucre

Ne pas préparer la garniture au chocolat et au caramel. Parsemer la partie beurrée de la pâte de ⅔ t (160 ml) de sucre et de 1 ½ c. à thé (7 ml) de cannelle moulue.

Petits pains au parmesan et au sésame

DONNE 32 PETITS PAINS.

- PRÉPARATION : 45 min • TEMPS DE LEVÉE : 45 min
- CUISSON : 22 min • **Par petit pain :** CALORIES : 69
- PROTÉINES : 2 g • MATIÈRES GRASSES : 3 g (1 g sat.)
- CHOLESTÉROL : 4 mg • GLUCIDES : 8 g • FIBRES : traces
- SODIUM : 142 mg

	pâte à pain salée (voir recette, page suivante)	
⅓ t	parmesan râpé	80 ml
3 c. à tab	graines de pavot	45 ml
¼ t	graines de sésame	60 ml
3 c. à tab	beurre fondu	45 ml

1. Dégonfler la pâte avec le poing. Sur une surface légèrement farinée, façonner la pâte en un petit rouleau et le couper en 32 morceaux. Façonner chaque morceau en une boule, en l'étirant vers l'extérieur et en la pinçant pour lui donner sa forme.

2. Dans un bol peu profond, mélanger la moitié du parmesan et les graines de pavot. Dans un autre bol peu profond, mélanger les graines de sésame et le reste du parmesan. Mettre le beurre dans un troisième bol peu profond. Rouler les boules de pâte dans le beurre (au besoin, réchauffer le beurre). Rouler la moitié des boules de pâte dans le mélange de graines de pavot et l'autre moitié dans le mélange de graines de sésame.

3. Déposer les boules de pâte aux graines de pavot, en alternant avec les boules aux graines de sésame, dans deux moules en métal de 9 po (23 cm) de côté, beurrés. Couvrir chaque moule d'une pellicule de plastique et les mettre dans un endroit chaud, à l'abri des courants d'air. Laisser lever la pâte pendant environ 45 minutes ou jusqu'à ce qu'elle ait doublé de volume.

4. Cuire au centre du four préchauffé à 400°F (200°C) pendant environ 22 minutes ou jusqu'à ce que les petits pains soient dorés et

qu'ils rendent un son creux lorsqu'on les frappe délicatement à la base. Déposer les petits pains sur des grilles et laisser refroidir. (Vous pouvez préparer les petits pains à l'avance. Ils se conserveront jusqu'au lendemain dans un contenant hermétique à la température ambiante, ou jusqu'à 2 semaines au congélateur, enveloppés d'une pellicule de plastique et placés dans un contenant hermétique ou dans un sac à congélation.)

Pâte à pain salée

DONNE 2 LB (1 KG) DE PÂTE.

2 c. à thé	sucre	10 ml
1 ½ t	eau chaude	375 ml
1	sachet de levure sèche active (8 g) (environ 2 ¼ c. à thé/ 11 ml)	1
3 c. tab	huile végétale	45 ml
2 ½ c. à thé	sel	12 ml
4 t	farine (environ)	1 L

1. Dans un grand bol, mélanger le sucre et ¼ t (60 ml) de l'eau chaude, en brassant jusqu'à ce que le sucre soit dissous. Saupoudrer la levure sur le mélange et laisser reposer pendant environ 10 minutes ou jusqu'à ce que la préparation soit mousseuse.

2. Ajouter le reste de l'eau chaude, l'huile et le sel, et mélanger. Ajouter suffisamment de la farine, 1 t (250 ml) à la fois, pour obtenir une pâte assez ferme.

3. Sur une surface légèrement farinée, pétrir la pâte pendant environ 10 minutes ou jusqu'à ce qu'elle soit lisse et élastique, en ajoutant suffisamment de farine pour l'empêcher de coller.

4. Mettre la pâte dans un bol huilé et la retourner pour bien l'enrober. Couvrir le bol d'une pellicule de plastique et le mettre dans un endroit chaud, à l'abri des courants d'air. Laisser lever la pâte pendant environ 1 ½ heure ou jusqu'à ce qu'elle ait doublé de volume.

Pâte à pain salée au batteur sur socle

• Au batteur, préparer le mélange de levure et laisser reposer jusqu'à ce qu'il soit mousseux. Ajouter le reste de l'eau chaude, l'huile, le sel et 3 ½ t (875 ml) de farine, 1 t (250 ml) à la fois, et, à l'aide de la palette de l'appareil, mélanger jusqu'à ce que la pâte soit ferme.

• À l'aide du crochet pétrisseur, mélanger la pâte à faible vitesse pendant environ 8 minutes ou jusqu'à ce qu'elle soit lisse et élastique (racler la paroi du bol vers le bas une fois et, au besoin, ajouter suffisamment du reste de farine pour l'empêcher de coller).

Pâte à pain salée à la machine à pain

• Dans le récipient d'une machine à pain d'une capacité de 1 ½ à 2 lb (750 g à 1 kg), mettre, dans l'ordre, 1 ½ t (375 ml) d'eau chaude, l'huile, le sucre, le sel et la farine. Saupoudrer 2 c. à thé (10 ml) de levure pour machine à pain sur les ingrédients (la levure ne doit pas toucher aux ingrédients liquides). En suivant les indications du fabricant, choisir le mode approprié pour ce type de pâte.

❯ Élégance branchée

Utiliser un vase (ou autre contenant) haut et transparent, à fond lourd et épais.

• Mettre une ou plusieurs guirlandes de mini-lumières à l'intérieur.

• Couper des branches et les disposer dans le vase (pour une allure rustique, laisser les branches au naturel ; pour une allure plus recherchée, les vaporiser de peinture blanche, argent ou or).

• Si désiré, remplir les vides entre les branches avec de la mousse.

• Suspendre aux branches des décorations légères dans des tons monochromes, en évitant d'en mettre trop.

❯ Arbre sur table

Voici un petit arbre à réaliser en un rien de temps et qui ne répandra pas d'aiguilles dans la maison. Utiliser un vase haut à fond lourd et épais (ou, tel qu'illustré, un contenant léger que l'on stabilisera d'abord en y mettant des pierres ou une brique).

• Avec un couteau, tailler de la mousse florale aux dimensions intérieures du vase et en remplir le fond du vase.

• Couper des branches d'une longueur équivalant à environ 3 fois la hauteur du vase, puis les piquer dans la mousse (placer celles du centre à la verticale et celles des bords à angle, de manière à ce qu'elles soient inclinées vers l'extérieur).

• Si désiré, placer des guirlandes de mini-lumières entre les branches ou autour de la base du vase.

• Suspendre diverses décorations légères aux branches, en évitant d'en mettre trop.

Pain au fenouil et au fromage romano

DONNE 6 À 8 PORTIONS.

- PRÉPARATION : 1 h • TEMPS DE LEVÉE : 1 h
- TEMPS D'ÉGOUTTAGE : 45 min • CUISSON : 30 min
- **Par portion :** CALORIES : 313 • PROTÉINES : 14 g
- MATIÈRES GRASSES : 14 g (7 g sat.) • CHOLESTÉROL : 61 mg
- GLUCIDES : 31 g • FIBRES : 1 g • SODIUM : 504 mg

PÂTE À PAIN AU FROMAGE ROMANO

1 c. à tab	cassonade tassée	15 ml
¾ t	eau chaude	180 ml
1	sachet de levure sèche active (8 g) (environ 2 ¼ c. à thé / 11 ml)	1
2 c. à tab	huile d'olive	30 ml
¼ t	fromage romano râpé	60 ml
2 ¼ t	farine (environ)	560 ml
1 c. à thé	sel	5 ml
1	blanc d'œuf battu	1

GARNITURE AU FROMAGE RICOTTA

1	contenant de fromage ricotta (475 g)	1
1	œuf	1
¼ t	persil frais, haché	60 ml
1 c. à thé	graines de fenouil écrasées	5 ml
¼ c. à thé	sel	1 ml
¼ c. à thé	poivre noir du moulin	1 ml
¼ t	fromage romano râpé	60 ml

PRÉPARATION DE LA PÂTE À PAIN

1. Dans un grand bol, dissoudre la cassonade dans l'eau chaude. Saupoudrer la levure sur l'eau chaude et laisser reposer pendant environ 10 minutes ou jusqu'à ce que la préparation soit mousseuse. À l'aide d'un fouet, ajouter l'huile. Ajouter le fromage romano, 1 ½ t (375 ml) de la farine et le sel, et mélanger en ajoutant suffisamment du reste de la farine pour obtenir une pâte molle et collante.

2. Sur une surface légèrement farinée, pétrir la pâte pendant environ 5 minutes ou jusqu'à ce qu'elle soit lisse. Mettre la pâte dans un bol huilé et la retourner pour bien l'enrober. Couvrir le bol d'une pellicule de plastique et le mettre dans un endroit chaud, à l'abri des courants d'air. Laisser lever la pâte pendant environ 1 heure ou jusqu'à ce qu'elle ait doublé de volume.

PRÉPARATION DE LA GARNITURE AU FROMAGE

3. Dans une passoire fine tapissée d'étamine (coton à fromage) et placée sur un bol, égoutter le fromage ricotta au réfrigérateur pendant environ 45 minutes ou jusqu'à ce qu'il ne reste plus de liquide quand on le presse.

4. Dans un autre bol, à l'aide d'un fouet, mélanger l'œuf, le persil, les graines de fenouil, le sel et le poivre. Ajouter le fromage ricotta égoutté et le fromage romano, et mélanger à l'aide du fouet. Réserver.

5. Dégonfler la pâte avec le poing. Sur une surface légèrement farinée, abaisser la pâte en un rectangle de 15 po x 10 po (38 cm x 25 cm). Mettre le rectangle de pâte sur une grande plaque de cuisson tapissée de papier-parchemin ou beurrée.

6. Étendre la garniture au fromage dans le sens de la longueur, au centre du rectangle de pâte, en une bande de 4 po (10 cm) de largeur. À l'aide de ciseaux, et en commençant par un coin, découper les côtés du rectangle, en diagonale, à intervalles d'environ 1 po (2,5 cm) et sur une longueur de 2 po (5 cm). Replier, en alternant, les lanières de pâte sur la garniture de manière à donner l'apparence d'une tresse. Badigeonner le pain du blanc d'œuf.

7. Cuire au centre du four préchauffé à 400°F (200°C) pendant environ 30 minutes ou jusqu'à ce que le pain soit doré et qu'il rende un son creux lorsqu'on le frappe délicatement à la base. Déposer le pain sur une grille et laisser refroidir avant de servir. (Vous pouvez préparer le pain à l'avance et le couvrir. Il se conservera jusqu'à 8 heures au réfrigérateur.)

Pâte pour le pain au fenouil et au fromage romano, à la machine à pain
• Dans le récipient de la machine à pain, mettre, dans l'ordre, l'eau, l'huile, la cassonade, le sel, le fromage romano et 2 t (500 ml) de farine. Saupoudrer 2 c. à thé (10 ml) de levure pour machine à pain sur les ingrédients (la levure ne doit pas toucher aux ingrédients liquides). En suivant les indications du fabricant, choisir le mode approprié pour cette pâte. (Laisser reposer la pâte pendant 5 minutes avant de l'abaisser.)

Craquelins à l'oignon et au fenouil

DONNE 16 PAINS-BISCUITS OU 32 PORTIONS.

• PRÉPARATION : 25 min • TEMPS DE REPOS : 30 min
• CUISSON : 20 min • **Par portion :** CALORIES : 60
• PROTÉINES : 2 g • MATIÈRES GRASSES : 2 g (traces sat.)
• CHOLESTÉROL : 12 mg • GLUCIDES : 9 g • FIBRES : 1 g
• SODIUM : 156 mg

2 ½ t	farine	625 ml
2 c. tab	graines de fenouil	30 ml
4 c. à thé	sucre	20 ml
2 c. à thé	sel	10 ml
1 c. à thé	poudre à pâte	5 ml
1 c. à thé	poivre noir du moulin	5 ml
1 t	oignon haché	250 ml
2	œufs	2
¼ t	huile d'olive ou huile végétale	60 ml

1. Dans un grand bol, mélanger la farine, les graines de fenouil, le sucre, le sel, la poudre à pâte et le poivre. Réserver.

2. Au robot culinaire, réduire en purée l'oignon, les oeufs et l'huile. Ajouter les ingrédients liquides aux ingrédients secs réservés et mélanger jusqu'à ce que la pâte commence à se tenir.

3. Sur une surface légèrement farinée, pétrir la pâte pendant environ 5 minutes ou jusqu'à ce qu'elle soit ferme mais souple. Couper la pâte en 16 morceaux et façonner chaque morceau en une boule. Couvrir d'une pellicule de plastique et laisser reposer pendant 30 minutes.

4. Sur une surface légèrement farinée, abaisser chaque boule de pâte en un long rectangle très mince, aux bouts arrondis. Mettre les rectangles de pâte sur deux plaques de cuisson légèrement beurrées. Mettre une plaque de cuisson sur la grille supérieure du four préchauffé à 400°F (200°C) et une autre sur la grille inférieure. Cuire pendant environ 10 minutes ou jusqu'à ce que les craquelins soient dorés (intervertir et tourner les plaques à la mi-cuisson).

5. Réduire la température du four à 300°F (150°C) et poursuivre la cuisson de 8 à 10 minutes ou jusqu'à ce que les craquelins soient bien dorés et croustillants. Déposer les craquelins sur des grilles et laisser refroidir. (Vous pouvez préparer les craquelins à l'avance et les mettre dans un contenant hermétique. Ils se conserveront jusqu'à 1 semaine à la température ambiante ou jusqu'à 1 mois au congélateur.)

Pains-biscuits à l'origan et au parmesan

DONNE ENVIRON 28 BISCUITS.

- PRÉPARATION : 45 min • TEMPS DE LEVÉE : 15 min
- CUISSON : 15 min • **Par biscuit :** CALORIES : 86
- PROTÉINES : 2 g • MATIÈRES GRASSES : 4 g (3 g sat.)
- CHOLESTÉROL : 19 mg • GLUCIDES : 10 g • FIBRES : traces
- SODIUM : 152 mg

2 c. à thé	levure sèche active	10 ml
¼ t	eau chaude	60 ml
2 ½ t	farine	625 ml
1 c. à tab	sucre	15 ml
1 ½ c. à thé	poudre à pâte	7 ml
1 c. à thé	origan ou thym séché	5 ml
½ c. à thé	bicarbonate de sodium	2 ml
½ c. à thé	sel	2 ml
½ t	beurre froid, coupé en cubes	125 ml
½ t	parmesan râpé	125 ml
1 t	babeurre	250 ml
1	jaune d'œuf	1
1 c. à thé	eau	5 ml

1. Dans un bol, mélanger la levure et l'eau chaude. Laisser reposer pendant environ 10 minutes ou jusqu'à ce que le mélange soit mousseux.

2. Dans un grand bol, mélanger la farine, le sucre, la poudre à pâte, l'origan, le bicarbonate de sodium et le sel. Ajouter le beurre et, à l'aide d'un coupe-pâte ou de deux couteaux, travailler la préparation jusqu'à ce qu'elle ait la texture d'une chapelure grossière. Ajouter le parmesan et mélanger.

3. Ajouter le babeurre au mélange de levure et mélanger à l'aide d'un fouet. Ajouter la préparation au babeurre aux ingrédients secs et, à l'aide d'une fourchette, mélanger jusqu'à ce que la pâte soit molle.

4. Sur une surface légèrement farinée, pétrir la pâte environ 10 fois ou jusqu'à ce qu'elle soit lisse. Abaisser la pâte à ¾ po (2 cm) d'épaisseur. À l'aide d'un emporte-pièce rond fariné de 2 po (5 cm) de diamètre, découper des cercles dans la pâte (au besoin, abaisser de nouveau les retailles de pâte). Déposer les cercles de pâte sur une plaque de cuisson tapissée de papier-parchemin ou saupoudrée de farine et laisser lever pendant 15 minutes. Dans un bol, mélanger le jaune d'œuf et l'eau. Badigeonner le dessus des cercles de pâte du mélange de jaune d'œuf.

5. Cuire au centre du four préchauffé à 400°F (200°C) pendant environ 15 minutes ou jusqu'à ce que les pains-biscuits soient dorés. Déposer les pains-biscuits sur une grille et laisser refroidir. (Vous pouvez préparer les pains-biscuits à l'avance. Ils se conserveront jusqu'au lendemain dans un contenant hermétique à la température ambiante ou jusqu'à 2 semaines au congélateur, enveloppés individuellement d'une pellicule de plastique et placés dans un contenant hermétique ou dans un sac à congélation.)

Chapitre sept

PROJETS AMUSANTS POUR TOUTE LA FAMILLE

Pâte à pain d'épices

Cette préparation permettra de réaliser plusieurs des créations proposées dans ce chapitre.

DONNE 4 DISQUES DE PÂTE.

• PRÉPARATION : 15 min • CUISSON : aucune
• RÉFRIGÉRATION : 2 h

1 t	beurre ramolli	250 ml
1 t	sucre	250 ml
2	œufs	2
1 ¼ t	mélasse	310 ml
6 t	farine	1,5 L
2 c. à thé	gingembre moulu	10 ml
1 c. à thé	bicarbonate de sodium	5 ml
1 c. à thé	sel	5 ml
1 c. à thé	clou de girofle moulu	5 ml
1 c. à thé	cannelle moulue	5 ml

1. Dans un grand bol, à l'aide d'un batteur électrique, battre le beurre et le sucre jusqu'à ce que le mélange soit aéré. Ajouter les œufs un à un, en battant, puis la mélasse. Dans un autre bol, à l'aide d'une cuiller de bois, battre la farine, le gingembre, le bicarbonate de sodium, le sel, le clou de girofle et la cannelle. Ajouter les ingrédients secs au mélange de beurre, en deux fois, et bien mélanger.

2. Diviser la préparation en quatre portions et façonner chacune en un disque. Envelopper les disques individuellement dans une pellicule de plastique. Réfrigérer pendant environ 2 heures ou jusqu'à ce que la pâte soit ferme. (Vous pouvez préparer la pâte à l'avance. Elle se conservera jusqu'à 1 semaine au réfrigérateur ou jusqu'à 2 semaines au congélateur, enveloppée de papier d'aluminium résistant.)

Glaçage royal

On trouve de la poudre pour meringue dans certaines pâtisseries et boutiques d'accessoires de cuisine. Réserver 2 t (500 ml) de ce glaçage pour confectionner le glaçage liquide (voir recette, ci-dessous) qui servira à décorer la pâte.

DONNE ENVIRON 2 ½ T (625 ML).

• PRÉPARATION : 15 min • CUISSON : aucune

¼ t	poudre pour meringue	60 ml
½ t	eau	125 ml
4 ⅔ t	sucre glace	1,16 L

1. Dans un bol, à l'aide d'un batteur électrique, battre la poudre pour meringue et l'eau pendant environ 2 minutes ou jusqu'à ce que le mélange soit mousseux.

2. Ajouter le sucre glace et battre pendant environ 9 minutes ou jusqu'à ce que le mélange forme des pics fermes. Couvrir d'un linge humide pour éviter que la préparation ne se dessèche.

Glaçage liquide

Ce glaçage est assez dilué pour être appliqué comme de la peinture sur les biscuits.

DONNE 2 T (500 ML).

• PRÉPARATION : 15 min • CUISSON : aucune

2 c. à tab	eau (environ)	30 ml
2 t	glaçage royal (voir recette, ci-dessus)	500 ml

1. Dans un petit bol, à l'aide d'un fouet, incorporer l'eau au glaçage jusqu'à ce qu'il soit lisse (ajouter au besoin jusqu'à 1 c. à tab/15 ml d'eau pour que le glaçage soit assez liquide pour être appliqué sur les biscuits).

Arbres de Noël et bonshommes de neige en pain d'épices

Décorez chaque pièce de la maison avec une variété de biscuits en pain d'épices glacés et colorés : bonshommes de neige, sapins, étoiles, cloches, personnages, etc. Vous pouvez aussi les accrocher dans l'arbre de Noël, ou vous en servir comme marque-places ou étiquettes-cadeaux.

DONNE ENVIRON 100 BISCUITS.

- PRÉPARATION : 2 h • RÉFRIGÉRATION : 30 min
- CUISSON : 54 min • REPOS : 8 h
- **Par biscuit (sans les bonbons décoratifs) :** CALORIES : 87
- PROTÉINES : 1 g • MATIÈRES GRASSES : 2 g (1 g sat.)
- CHOLESTÉROL : 10 mg • GLUCIDES : 16 g • FIBRES : traces
- SODIUM : 63 mg

pâte à pain d'épices (voir recette, p. 203)
glaçage royal (voir recette, p. 203)
glaçage liquide (voir recette, p. 203)
colorants alimentaires (vert, rouge, jaune, noir)
bonbons assortis, cristaux de sucre colorés, friandises roulées aux fruits (de type Fruit-O-Long), paillettes et dragées argentées

1. Entre deux feuilles de papier ciré, abaisser chaque disque de pâte à environ ¼ po (5 mm) d'épaisseur. Enlever le papier du dessus. Découper des formes dans la pâte avec des emporte-pièces de 3 à 4 po (8 à 10 cm). Enlever les retailles de pâte. Déposer le papier ciré avec les formes en pâte sur une plaque de cuisson et réfrigérer pendant environ 30 minutes ou jusqu'à ce que la pâte soit ferme.

2. Mettre les biscuits sur deux plaques de cuisson tapissées de papier-parchemin, en les espaçant d'environ 1 po (2,5 cm). À l'aide d'une brochette de bois, faire un trou dans le haut de chacun des biscuits.

3. Déposer une plaque sur la grille supérieure du four préchauffé à 325°F (160°C) et une autre sur la grille inférieure. Cuire pendant environ 18 minutes ou jusqu'à ce que la pâte soit ferme (intervertir et tourner les plaques à la mi-cuisson). Refaire les trous, au besoin, tandis que les biscuits sont encore chauds. Déposer les plaques sur des grilles et laisser refroidir pendant 5 minutes. Déposer les biscuits sur les grilles et laisser refroidir complètement. Cuire le reste des biscuits de la même manière.

4. Mettre ½ t (125 ml) de glaçage royal dans une poche à douille munie d'un petit embout rond et tracer une ligne sur le pourtour des biscuits. Laisser sécher pendant environ 2 heures sur les grilles.

5. Colorer ½ t (125 ml) de glaçage liquide en vert et ¼ t (60 ml) en rouge. Si désiré, colorer 2 c. à thé (10 ml) de glaçage liquide en jaune pour les balais des bonshommes de neige, et 2 c. à thé (10 ml) en noir pour les hauts-de-forme.

6. À l'aide d'un petit pinceau, peindre les bonshommes de neige en blanc et les arbres en vert (laisser la bordure intacte). Pour les traits des bonshommes de neige, les décorations des arbres, les balais et les hauts-de-forme, mettre des bonbons sur le glaçage alors qu'il est encore collant. Laisser sécher pendant 4 heures sur les grilles.

7. Peindre les tuques en rouge. Confectionner des écharpes avec des friandises roulées. Laisser sécher pendant environ 2 heures. À l'aide d'une aiguille, passer un ruban ou une ficelle dans les trous du haut afin de suspendre les biscuits.

Boîte à bougies

DONNE 1 BOÎTE.

- PRÉPARATION : 1 h • RÉFRIGÉRATION : 30 min
- CUISSON : 18 min • REPOS : 2 à 4 h

2	disques de pâte à pain d'épices (voir recette, p. 203)	2
5 t	glaçage royal (voir recette, p. 203)	1,25 L
	colorant alimentaire vert (en pâte)	

1. Abaisser chaque disque de pâte entre deux feuilles de papier ciré, à ¼ po (5 mm) d'épaisseur. Enlever le papier ciré du dessus. Découper dans la pâte un rectangle de 12 po x 4 ½ po (30 cm x 10,5 cm), deux de 3 ½ po x 2 ½ po (9 cm x 6 cm) et deux de 12 po x 2 ½ po (30 cm x 6 cm). À l'aide d'un emporte-pièce en forme de sapin de 5 ¼ po (12,5 cm), découper des formes dans le reste de la pâte (au besoin, façonner les retailles en une boule et abaisser de nouveau). Enlever les retailles de pâte sur le papier. Mettre le papier avec les formes en pâte sur une plaque de cuisson et réfrigérer pendant environ 30 minutes ou jusqu'à ce que la pâte soit ferme.

2. Mettre les biscuits sur deux plaques de cuisson tapissées de papier-parchemin, en les espaçant de 1 po (2,5 cm). Déposer une plaque sur la grille supérieure du four préchauffé à

Cadres en pain d'épices

Exposez vos photos de famille dans ces cadres originaux faits de pain d'épices. Décorez-les avec des étoiles, des sapins ou d'autres formes découpées dans les retailles de pâte. Suspendez vos cadres avec un joli ruban ou placez-les sur de petits chevalets.

DONNE 8 CADRES.

- PRÉPARATION : 45 min • RÉFRIGÉRATION : 30 min
- CUISSON : 18 min • REPOS : 8 h

2	disques de pâte à pain d'épices (voir recette, p. 203)	2
1 ¼ t	glaçage royal (voir recette, p. 203)	310 ml

1. Photocopier le patron en l'agrandissant de sorte que les carrés de la grille aient 1 po (2,5 cm) de côté. Découper le patron.

2. Abaisser chaque disque de pâte, l'un après l'autre, entre deux feuilles de papier ciré en formant deux rectangles de 12 po x 8 po (30 cm x 20 cm). Enlever la feuille de papier ciré du dessus. Découper la pâte avec la pointe d'un

325°F (160°C) et une autre sur la grille inférieure. Cuire pendant environ 18 minutes ou jusqu'à ce que la pâte soit ferme (intervertir et tourner les plaques à la mi-cuisson). Déposer les plaques sur des grilles et laisser refroidir pendant 5 minutes. Déposer les biscuits sur les grilles et laisser refroidir complètement.

3. À l'aide du glaçage, assembler les rectangles de pâte (sauf le plus grand) pour former une boîte rectangulaire. Laisser sécher pendant environ 2 heures. À l'aide du glaçage, fixer le fond aux côtés. Laisser sécher. Mélanger 1 ¼ t (310 ml) de glaçage et 1 c. à thé (5 ml) d'eau. Avec une spatule de métal, appliquer le glaçage dilué sur l'intérieur et l'extérieur de la boîte. Laisser sécher.

4. Colorer 1 ½ t (375 ml) de glaçage en vert. Avec la spatule, appliquer le glaçage vert sur la moitié supérieure à l'arrière des arbres. Laisser sécher. Appliquer le glaçage sur le devant des arbres (sauf le tronc). Mélanger ¾ t (180 ml) de glaçage blanc et ¾ c. à thé (4 ml) d'eau; appliquer sur le bord et le haut des arbres de manière à simuler la neige. Laisser sécher. Si désiré, colorer un peu de glaçage en brun et dessiner des cocottes sur les arbres à l'aide d'une poche à douille. À l'aide du glaçage, fixer les arbres sur l'extérieur de la boîte (de façon qu'ils se chevauchent pour donner l'impression d'une forêt). Laisser sécher complètement.

couteau en suivant les contours du patron. Si désiré, percer un trou dans le haut avec une paille pour accrocher le cadre. Enlever les retailles de pâte et, si désiré, les abaisser et y découper des formes décoratives. Mettre le papier ciré avec les formes en pâte sur une plaque de cuisson et réfrigérer pendant environ 30 minutes ou jusqu'à ce que la pâte soit ferme.

3. Mettre les formes sur des plaques de cuisson tapissées de papier-parchemin, en les espaçant de 1 po (2,5 cm). Déposer une plaque sur la grille supérieure du four préchauffé à 325°F (160°C) et une autre sur la grille inférieure. Cuire pendant 18 minutes ou jusqu'à ce que la pâte soit ferme (intervertir et tourner les plaques à la mi-cuisson). Déposer les plaques sur des grilles et laisser refroidir pendant 5 minutes. Déposer les formes sur les grilles et laisser refroidir complètement.

4. Si désiré, diviser le glaçage en quelques portions et les colorer. À l'aide d'un pinceau ou d'une poche à douille, appliquer le glaçage sur le cadre et les formes décoratives. Mettre les formes décoratives sur le cadre. Couvrir le glaçage non utilisé d'une pellicule de plastique et réfrigérer. Laisser le cadre sécher complètement pendant environ 8 heures.

5. Découper la photo de sorte qu'elle soit légèrement plus grande que l'ouverture du cadre. Appliquer quelques points de glaçage sur les bords de la photo, puis presser contre le cadre pour faire adhérer. Laisser sécher. Enfiler un ruban dans le trou et faire un nœud, si désiré.

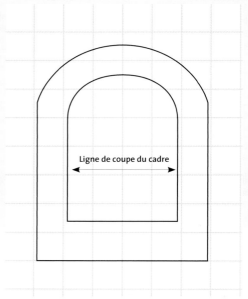

Ligne de coupe du cadre

Village enneigé en pain d'épices

Avec la pâte à pain d'épices et le glaçage, vous pouvez confectionner un joli petit village comprenant quatre bâtiments et une tour. Avec les restes, vous pouvez façonner des marches, un banc ou des pavés. Le patron de base peut être modifié assez facilement pour faire une école, un hôtel de ville, une église ou un magasin. Vous pouvez préparer la pâte à l'avance, couper les morceaux le jour qui vous convient et les assembler le lendemain.

Pour faire des arbustes, enroulez de la réglisse en ruban autour d'un jujube ou, pour les plus gros, autour d'un cornet à crème glacée tronqué à la base. Le gros arbre qui figure sur l'illustration est en tissu.

• PRÉPARATION : 5 h • CONGÉLATION : 1 h
• CUISSON : 22 min • REPOS : 1 h 10 min

4	disques de pâte à pain d'épices (voir recette, p. 203)	4
	glaçage royal (voir recette, p. 203)	
	réglisse en ruban, gomme à bulles en ruban ou friandises aux fruits pour les bardeaux (facultatif)	
	bonbons assortis	

1. Agrandir à 200 % les morceaux du patron de la page 210 au photocopieur et les découper dans du papier-parchemin ou du papier ciré. Découper les autres morceaux selon les indications suivantes :

• côté : 4 ½ po x 3 ½ po (11 cm x 9 cm)

• toit : 5 ½ po x 4 po (13 cm x 10 cm)

• côté de la cheminée : carré de 1 ½ po (4 cm) de côté

• côté du clocher : 2 ½ po x ½ po (6 cm x 1 cm)

• toit du clocher : 1 ¾ po x 1 ¼ po (4,5 cm x 3 cm)

• côté du mini-pignon de l'école : carré de ¾ po (2 cm) de côté

• toit du mini-pignon de l'école : carré de 1 ¼ po (3 cm) de côté

• côtés de la tour de l'horloge : 8 po x 1 ¼ po (20 cm x 3 cm)

• toit de la tour de l'horloge : carré de 1 ¼ po (3 cm) de côté

• portes et fenêtres : au goût

• base des bâtiments et de la tour : dans du carton épais ou du carton-mousse, découper 4 rectangles de 8 po x 6 po (20 cm x 15 cm) et 1 rectangle de 4 po x 3 po (10 cm x 8 cm). (Vous pouvez aussi utiliser des assiettes jetables robustes.)

2. Abaisser chaque disque de pâte entre deux feuilles de papier ciré ou de papier-parchemin de 20 po (50 cm) de longueur. Les abaisses devraient mesurer environ 14 po x 12 po (35 cm x 30 cm) et avoir environ ¼ po (5 mm) d'épaisseur. Mettre le papier ciré avec la pâte sur des plaques de cuisson et laisser refroidir au congélateur pendant environ 15 minutes ou jusqu'à ce que la pâte soit ferme. Remettre sur la surface de travail et enlever le papier du dessus.

3. Poser les patrons sur la pâte et découper avec la pointe d'un couteau : 8 pièces devant/arrière, 8 côtés, 8 toits. Déposer le papier et la pâte sur des plaques de cuisson. Enlever les retailles de pâte et réserver. Remettre les plaques au congélateur pendant environ 15 minutes ou jusqu'à ce que la pâte soit ferme.

4. Entre-temps, récupérer les retailles et les façonner en une boule. Abaisser à ¼ po (5 mm) d'épaisseur. Découper dans l'abaisse les autres pièces des bâtiments :

• cheminée : 2 pièces devant/arrière et 2 côtés

• clocher et mini-pignons : 2 pièces devant/arrière, 2 côtés et 2 toits pour chacun

• tour de l'horloge : 4 côtés, 1 toit

• portes et fenêtres : selon son imagination

Récupérer les retailles, former une boule, abaisser et découper les marches, le banc et tout autre élément, au gré de ses envies. Laisser refroidir au congélateur tel qu'indiqué ci-dessus.

5. Déposer les morceaux de pâte sur des plaques de cuisson tapissées de papier-parchemin, en les espaçant de 1 po (2,5 cm). Cuire, une plaque à la fois, au centre du four préchauffé à 350°F (180°C) pendant environ 22 minutes pour les gros morceaux et 15 minutes pour les plus petits ou jusqu'à ce que le pourtour des biscuits soit légèrement doré et qu'ils soient fermes au toucher. Déposer les plaques sur des grilles et laisser refroidir.

6. À l'aide d'une poche à douillr munie d'un embout de ¼ po (5 mm) (ou d'un petit sac de plastique coupé dans un coin), assembler le devant et un côté d'un bâtiment en appliquant

du glaçage au bord inférieur et le long d'un côté de chaque pièce. Poser sur la base en carton en formant bien le coin. Procéder de la même manière avec l'arrière du bâtiment et l'autre côté. Procéder de la même manière pour tous les bâtiments. Laisser sécher complètement pendant environ 20 minutes, en soutenant les murs avec des boîtes de conserve, au besoin.

7. À l'aide de la poche à douille, appliquer du glaçage le long des bords supérieurs des murs. Fixer un pan de toit. Appliquer du glaçage le long du bord supérieur du toit. Fixer l'autre pan du toit. Laisser sécher complètement, pendant environ 20 minutes. Assembler la tour de l'horloge de la même manière que les bâtiments.

8. Entre-temps, assembler la cheminée, le clocher et le mini-pignon de l'école en appliquant du glaçage le long des côtés des morceaux du devant et de l'arrière. Tenir le devant debout sur un plan de travail; assembler les côtés en pressant les bords dans le glaçage. Assembler l'arrière en pressant les bords dans le glaçage. Laisser sécher pendant environ 10 minutes.

9. Fixer les toits du clocher et du mini-pignon en procédant comme pour les bâtiments. Laisser sécher complètement, pendant environ 20 minutes. Pour fixer le clocher et le mini-pignon, appliquer du glaçage le long des bords inférieurs et placer sur le faîte du toit en appuyant.

10. Orner de portes et de fenêtres en pain d'épices et de bonbons et les fixer avec du glaçage. (Pour couvrir les murs de glaçage, faire un mur à la fois; décorer avec des bonbons avant de passer au suivant.)

11. Bardeaux : découper de la réglisse en longueurs de 5 ½ po (13 cm). En commençant par le bord inférieur du toit, fixer la réglisse horizontalement avec du glaçage en faisant se chevaucher les étages de bardeaux. Au besoin, découper les bardeaux autour de la cheminée, du clocher et du mini-pignon.

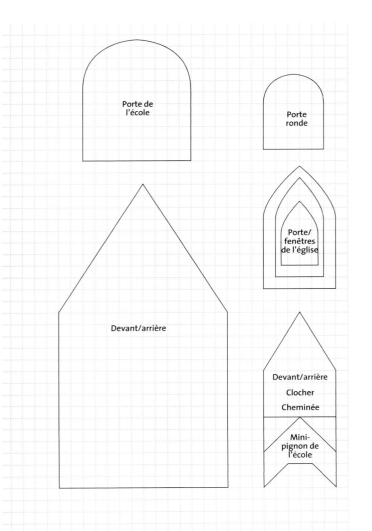

Boîtes en pain d'épices

Remplissez ces petites boîtes de bonbons ou de minuscules biscuits et offrez-les en cadeau aux amateurs de sucreries, ou faites-en des centres de table pour égayer un repas des fêtes.

DONNE 4 PETITES BOÎTES.

- PRÉPARATION : 45 min • RÉFRIGÉRATION : 30 min
- CUISSON : 18 min

2	disques de pâte à pain d'épices (voir recette, p. 203)	2
1 ¼ t	glaçage royal (voir recette, p. 203)	310 ml

1. Abaisser chaque disque de pâte à à ¼ po (5 mm) d'épaisseur entre deux feuilles de papier ciré. Enlever le papier du dessus. Avec la pointe d'un couteau, découper 16 morceaux de 2 po (5 cm) de côté (côtés des boîtes) et 4 morceaux de 2 ½ po (6 cm) de côté (fond des boîtes). Enlever les retailles de pâte. Mettre le papier et la pâte sur des plaques de cuisson. Réfrigérer pendant environ 30 mi-nutes ou jusqu'à ce que la pâte soit ferme.

2. Déposer les morceaux de pâte sur deux plaques de cuisson tapissées de papier-parchemin, en les espaçant de 1 po (2,5 cm). Déposer une plaque sur la grille supérieure du four préchauffé à 325°F (160°C) et une autre sur la grille inférieure. Cuire pendant environ 18 minutes ou jusqu'à ce que la pâte soit ferme au toucher (intervertir et tourner les plaques à la mi-cuisson). Déposer sur des grilles et laisser refroidir complètement.

3. Déposer le fond d'une boîte sur le plan de travail. À l'aide d'une poche à douille ou d'une spatule, appliquer le glaçage sur trois bords de chacun des côtés (ne pas en appliquer sur le bord supérieur). Fixer les côtés sur le fond pour former la boîte, en se servant de boîtes de conserve comme support jusqu'à ce que le glaçage ait durci. Décorer avec du glaçage. Procéder de la même manière pour les autres boîtes.

Couronne étoilée

DONNE 1 COURONNE.

- PRÉPARATION : 30 min • RÉFRIGÉRATION : 30 min
- CUISSON : 18 min

2	disques de pâte à pain d'épices (voir recette, p. 203)	2
1 ½ t	glaçage royal (voir recette, p. 203)	375 ml
	dragées argentées et amandes enrobées de sucre et argentées	
	sucre glace (facultatif)	

1. Abaisser chaque disques de pâte à ¼ po (5 mm) d'épaisseur entre deux feuilles de papier ciré. Enlever le papier du dessus. Découper des étoiles dans la pâte à l'aide d'emporte-pièces de diverses grandeurs. Enlever les retailles de pâte. Mettre le papier et les étoiles sur des plaques de cuisson. Réfrigérer pendant environ 30 mi- nutes ou jusqu'à ce que la pâte soit ferme.

2. Déposer les étoiles de pâte sur deux plaques de cuisson tapissées de papier-parchemin, en les espaçant de 1 po (2,5 cm). Déposer une plaque sur la grille supérieure du four préchauffé à 325°F (160°C) et une autre sur la grille inférieure. Cuire pendant environ 18 minutes ou jusqu'à ce que la pâte soit ferme au toucher (intervertir et tourner les plaques à la mi-cuisson). Déposer sur des grilles et laisser refroidir complètement.

3. Mettre une assiette plate sur du carton rigide et en tracer le contour. Découper, puis tracer un autre cercle 1 à 2 ½ po (2,5 à 6 cm) à l'intérieur du premier. Découper. Envelopper la couronne de carton de papier d'aluminium. Avec le glaçage, fixer les étoiles sur la couronne de sorte qu'elles se chevauchent. Décorer avec les dragées et les amandes. Saupoudrer de sucre glace, si désiré.

Maisonnettes en pâte à biscuits

Contrairement aux maisons en pâte à pain d'épices, plus complexes à réaliser, ces petites maisons peuvent être entièrement faites en une journée.

DONNE 2 MAISONNETTES

- PRÉPARATION : 2 h • RÉFRIGÉRATION : 30 min
- REPOS : 1 h 30 min

BISCUITS AU CHOCOLAT

1 ¼ t	beurre ramolli	310 ml
1 ½ t	sucre	375 ml
1 ½ c. à thé	vanille	7 ml
½ c. à thé	sel	2 ml
3 t	farine	750 ml
1 t	brisures de chocolat	250 ml
1 t	caramels mous (de type Kraft)	250 ml
	décorations (voir Décorations pour les maisonnettes, p. 214)	

GLAÇAGE ROYAL

3 c. à tab	eau	45 ml
2 c. à tab	poudre pour meringue	30 ml
2 t	sucre glace	500 ml

PRÉPARATION DES BISCUITS

1. Dans un bol, à l'aide d'un batteur électrique, battre le beurre avec le sucre jusqu'à ce que le mélange soit aéré. En battant, incorporer la vanille et le sel. Ajouter la farine, 1 t (250 ml) à la fois, de manière à obtenir une pâte sèche et grumeleuse. Incorporer les brisures de chocolat et les caramels.

2. Pétrir délicatement la pâte avec les mains jusqu'à ce qu'elle se tienne, sans plus. Presser la pâte sur une plaque de cuisson de 17 po x 11 po (45 x 29 cm) tapissée de papier-parchemin. Cuire au centre du four préchauffé à 325°F (160°C) pendant environ 30 minutes ou jusqu'à ce qu'elle soit ferme au toucher et que les bords commencent à dorer.

Laisser refroidir sur des grilles pendant environ 8 minutes ou jusqu'à ce que le centre de la pâte soit ferme.

3. Déposer une grande planche à découper sur la plaque de cuisson et, en tenant bien, retourner pour faire passer la pâte à biscuit de la plaque à la planche. Enlever la plaque et le papier. À l'aide d'un couteau, enlever une bordure de pâte de ½ po (1 cm). À l'aide du couteau, découper les parties des maisonnettes : 2 fonds de 4 ½ po x 3 ½ po (11 cm x 9 cm); 4 côtés de 3 po x 1 ¾ po (8 cm x 4,5 cm); 4 côtés de toit de 3 ½ po x 2 ½ po (9 cm x 6 cm); 4 pièces devant/arrière (découpées en plaçant le patron – voir page 214 – sur la pâte et en suivant le contour). Déposer les morceaux de pâte sur des grilles et laisser sécher complètement. (Vous pouvez préparer les biscuits à l'avance et les mettre dans un contenant hermétique en séparant les étages avec du papier ciré. Ils se conserveront jusqu'à 5 jours à la température ambiante ou jusqu'à 3 semaines au congélateur.)

PRÉPARATION DU GLAÇAGE

4. Entre-temps, dans un grand bol, à l'aide du batteur électrique, battre l'eau et la poudre pour meringue pendant environ 2 minutes ou jusqu'à ce que le mélange soit mousseux. Incorporer le sucre glace, 1 t (250 ml) à la fois, et battre pendant environ 4 minutes ou jusqu'à ce que la préparation forme des pics fermes. Couvrir d'un linge humide pour éviter que la préparation ne se dessèche.

5. Pour chacune des maisonnettes : à l'aide d'une spatule, enduire de glaçage un côté du fond et déposer sur du papier ou une assiette, le côté glacé dessous. Enduire de glaçage les bords du fond, du devant et d'un côté; assembler les deux murs et fixer sur le fond. Procéder de la même manière pour l'arrière et l'autre côté, et les fixer sur le fond et sur les deux autres murs.

Décorations pour les maisonnettes

Servez-vous de la liste suivante comme guide pour faire vos emplettes de bonbons pour la décoration des maisonnettes (voir recette, p. 213).

➤ 3 t (750 ml) d'amandes entières non blanchies, de graines de citrouille, de moitiés de pacanes ou de carrés de blé filamenté (de type Shreddies) (pour les toits)

➤ 10 ou 15 friandises au chocolat (de type Hershey's Kisses)

➤ 1 paquet (4 oz/113 g) de cœurs ou autres bonbons à la cannelle

➤ 1 paquet (300 g) de brisures de chocolat ou de caramel

➤ 1 t (250 ml) de jujubes

➤ 1 paquet (200 g) de bonbons à la menthe

➤ 10 tranches de fruits en gelée

➤ 1 t (250 ml) de pastilles au chocolat (de type Smarties)

➤ 1 t (250 ml) de bretzels enrobés de chocolat blanc

➤ 2 morceaux de réglisse (de type Pull-n-Peel)

➤ réglisse rouge, verte et noire

➤ 6 bâtonnets de sucre à gros cristaux (pour les arbres)

➤ amandes enrobées de sucre

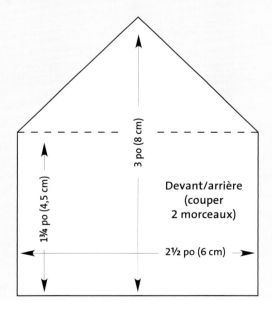

3 po (8 cm)

1¾ po (4,5 cm)

Devant/arrière
(couper
2 morceaux)

2½ po (6 cm)

Laisser sécher pendant environ 20 minutes ou jusqu'à ce que le glaçage soit complètement sec. Enduire les bords supérieurs des murs de glaçage et fixer un pan du toit. Enduire le bord supérieur du toit de glaçage, fixer l'autre pan du toit et laisser sécher pendant environ 10 minutes. Fixer les décorations avec des gouttes de glaçage.

Barres croquantes au caramel

DONNE 28 BARRES.

- PRÉPARATION : 20 min • CUISSON : 12 min
- Par barre : CALORIES : 147 • PROTÉINES : 2 g
- MATIÈRES GRASSES : 10 g (5 g sat.) • CHOLESTÉROL : 18 mg
- GLUCIDES : 14 g • FIBRES : 1 g • SODIUM : 50 mg

28	biscuits Graham	28
1 t	beurre non salé	250 ml
1 t	cassonade tassée	250 ml
1 ½ t	amandes en tranches, grillées	375 ml

1. Beurrer légèrement une plaque de cuisson munie de rebords de 15 po x 10 po (40 cm x 25 cm). Déposer les biscuits côte à côte sur la plaque. Réserver.

2. Dans une casserole, faire fondre le beurre à feu moyen. Ajouter la cassonade et battre à l'aide d'un fouet pour bien mélanger, sans faire bouillir. Retirer la casserole du feu. Incorporer les amandes. Étaler la préparation sur les biscuits.

3. Cuire au centre du four préchauffé à 375°F (190°C) pendant environ 10 minutes ou jusqu'à ce que la préparation bouillonne. Déposer la plaque sur une grille et laisser refroidir pendant 10 minutes. Couper en barres. (Vous pouvez préparer les barres à l'avance et les mettre dans un contenant hermétique, en séparant les étages avec du papier ciré. Elles se conserveront jusqu'à 3 jours à la température ambiante.)

Mitaines

DONNE ENVIRON 8 MITAINES DE 5 ½ PO (13 CM) DE LONGUEUR.

- PRÉPARATION : 25 min • RÉFRIGÉRATION : 30 min
- CUISSON : 18 min

2	disques de pâte à pain d'épices (voir recette, p. 203)	2
1 ¼ t	glaçage royal (voir recette, p. 203)	310 ml
	bonbons assortis	

1. Sur du papier-parchemin ou du papier ciré, dessiner le contour des mains de l'enfant en ajoutant environ 1 po (2,5 cm) à partir du poignet. Abaisser chaque disque de pâte à ¼ po (5 mm) d'épaisseur entre deux feuilles de papier ciré. Enlever le papier du dessus. Avec la pointe d'un couteau, tracer le contour des patrons sur la pâte et la découper. Si désiré, percer un trou à l'aide d'une paille au centre de la mitaine, près de la bordure, pour l'accrocher. Enlever les retailles de pâte. Mettre le papier et la pâte sur des plaques de cuisson et réfrigérer pendant environ 30 minutes ou jusqu'à ce que la pâte soit ferme.

2. Déposer les morceaux de pâte sur deux plaques de cuisson tapissées de papier-parchemin, en les espaçant de 1 po (2,5 cm). Mettre une plaque de cuisson sur la grille supérieure du four préchauffé à 325°F (160°C) et une autre sur la grille inférieure. Cuire pendant environ 18 minutes ou jusqu'à ce que la pâte soit ferme (intervertir et tourner les plaques à la mi-cuisson). Déposer sur des grilles et laisser refroidir complètement.

3. Décorer avec du glaçage et des bonbons. Si désiré, personnaliser les mitaines en inscrivant le nom de l'enfant à l'aide d'une poche à douille.

Sucettes croustillantes

DONNE 12 SUCETTES.

- PRÉPARATION : 30 min • CUISSON : 15 min
- **Par sucette :** CALORIES : 310 • PROTÉINES : 2 g
- MATIÈRES GRASSES : 11 g (6 g sat.) • CHOLESTÉROL : 11 mg
- GLUCIDES : 54 g • FIBRES : 1 g • SODIUM : 208 mg

¼ t	beurre	60 ml
2 c. à thé	vanille	10 ml
1	sachet de mini-guimauves (250 g)	1
6 t	céréales de riz soufflé (de type Rice Krispies)	1,5 L
8 oz	chocolat mi-sucré haché	250 g
1 t	paillettes	250 ml

1. Dans une grande casserole, faire fondre le beurre avec la vanille à feu moyen. Ajouter les mini-guimauves et cuire en brassant pendant environ 8 minutes ou jusqu'à ce qu'elles aient fondu. Retirer la casserole du feu. Incorporer les céréales en mélangeant bien. Laisser refroidir quelques minutes. Avec les mains beurrées, façonner 12 boulettes. Laisser refroidir complètement sur une plaque de cuisson.

2. Entre-temps, dans un bol à l'épreuve de la chaleur placé sur une casserole d'eau chaude, mais non bouillante, faire fondre le chocolat. Tremper les boulettes à moitié dans le chocolat fondu puis dans les paillettes. Déposer sur du papier ciré et laisser refroidir complètement.

3. Introduire un bâtonnet à café dans chacune des boulettes, les envelopper dans une pellicule de plastique et fermer avec un ruban.

Paysage d'hiver beau à croquer

Cette scène hivernale peut se préparer à la dernière minute. Elle coûte moins cher et est plus facile à réaliser que le village ou d'autres créations en pain d'épices. Utilisez une boîte de céréales non entamée; exposées à l'air, les céréales ramollissent. Même chose pour les guimauves : celles des paquets entamés ou vendues en vrac pourraient ne pas fondre uniformément.

DONNE 4 BONSHOMMES ADULTES, 5 ENFANTS, 2 CHIENS ET 5 SAPINS.

- PRÉPARATION : 2 h • CUISSON : 10 min
- RÉFRIGÉRATION : 30 min

BONSHOMMES DE NEIGE

5 t	mini-guimauves (ou 40 grosses)	1,25 L
¼ t	beurre	60 ml
1 c. à thé	vanille	5 ml
6 t	céréales de riz soufflé (de type Rice Krispies)	1,5 L
1 t	petits bonbons assortis	250 ml
	jujubes	
	rubans et ficelles de réglisse	

SAPINS DE NOËL

5 t	mini-guimauves (ou 40 grosses)	1,25 L
¼ t	beurre	60 ml
1 c. à tab	colorant alimentaire vert ou	15 ml
⅛ c. à thé	colorant en pâte vert	0,5 ml
6 t	céréales de riz soufflé (de type Rice Krispies)	1,5 L
30	mini-jujubes	30
5	bonbons durs assortis (de préférence en forme d'étoile)	5
	flocons de noix de coco et sucre glacé	

PRÉPARATION DES BONSHOMMES

1. Dans une grande casserole, faire fondre les guimauves et le beurre à feu moyen-doux, en brassant constamment, pendant environ 5 minutes ou jusqu'à ce que le mélange soit lisse. Retirer la casserole du feu et ajouter la vanille. Ajouter la moitié des céréales et bien mélanger. Ajouter le reste des céréales et bien mélanger. Déposer la préparation dans un bol beurré et laisser refroidir légèrement.

2. Avec les mains beurrées, faire des boulettes. Bonshommes adultes : 4 boulettes de 2 po (5 cm) de diamètre pour le bas du corps, 4 de 1 ½ po (4 cm) pour le milieu du corps, et 4 de 1 po (2,5 cm) pour la tête. Enfants : 5 boulettes de 1 ½ po (4 cm) pour le corps et 5 de 1 po (2,5 cm) pour la tête. Chiens : 2 boulettes de 1 ½ po (4 cm) pour le corps (leur donner une forme ovale) et 2 de 1 po (2,5 cm) pour la tête.

3. Dans les boulettes, presser des bonbons assortis pour former les yeux, le nez et les boutons des bonshommes, et les oreilles et les pattes des chiens. Mettre des jujubes sur des cure-dents et les piquer dans la tête des bonshommes pour former les chapeaux. Pour les écharpes, enrouler les rubans de réglisse autour du cou des bonshommes; pratiquer une fente à environ 1 po (2,5 cm) d'une extrémité et passer l'autre extrémité à travers pour retenir l'écharpe. En guise de queue pour les chiens, utiliser de la ficelle de réglisse. Réfrigérer les bonshommes et les chiens pendant environ 30 minutes ou jusqu'à ce qu'ils soient fermes.

PRÉPARATION DES SAPINS

4. Beurrer légèrement une plaque de cuisson de 15 po x 10 po (40 cm x 25 cm). Réserver. Dans une grande casserole, faire fondre les guimauves et le beurre à feu moyen-doux, en brassant constamment, pendant environ 5 minutes ou jusqu'à ce que la préparation soit lisse. Retirer la casserole du feu. Ajouter le colorant alimentaire et brasser jusqu'à ce qu'il soit réparti uniformément.

5. Ajouter la moitié des céréales et bien mélanger. Ajouter le reste des céréales et bien mélanger. Déposer la préparation sur la plaque de cuisson et la presser uniformément avec les mains beurrées. Laisser refroidir pendant 10 minutes. À l'aide d'emporte-pièces en forme d'étoile de trois grosseurs différentes, découper la pâte. Pour assembler les sapins, empiler sur une assiette 2 grosses étoiles, 2 étoiles moyennes et 2 petites étoiles (faire alterner les pointes des étoiles d'une rangée à l'autre). Décorer avec des mini-jujubes et mettre sur le dessus un bonbon dur en forme d'étoile. Sur une grande assiette, placer les bonshommes et les sapins. Saupoudrer l'assiette de flocons de noix de coco et de sucre glace.

Petits sablés colorés

DONNE ENVIRON 18 SABLÉS.

- PRÉPARATION : 20 min • CUISSON : 35 min
- RÉFRIGÉRATION : 30 min
- **Par sablé (sans les friandises) :** CALORIES : 106
- PROTÉINES : 1 g • MATIÈRES GRASSES : 7 g (4 g sat.)
- CHOLESTÉROL : 15 mg • GLUCIDES : 11 g • FIBRES : traces
- SODIUM : 40 mg

¾ t	farine	180 ml
¼ t	fécule de maïs	60 ml
½ t	beurre ramolli	125 ml
¼ t	sucre	60 ml
¼ c. à thé	vanille	1 ml
½ t	brisures de chocolat au lait ou mi-sucré	125 ml
¼ c. à thé	huile végétale	1 ml
	mini-friandises de couleur (paillettes, pastilles de chocolat de type M & M, etc.)	

1. Dans un bol, mélanger la farine et la fécule de maïs. Dans un grand bol, à l'aide d'une cuiller de bois, battre le beurre et le sucre jusqu'à ce que le mélange soit gonflé. Incorporer la vanille. Ajouter le mélange de farine, en deux fois, et mélanger jusqu'à ce que la pâte soit lisse.

2. Sur une surface légèrement farinée, rouler la pâte avec les mains de manière à obtenir deux rouleaux de 9 po (23 cm) de longueur. Couper chaque rouleau en 9 tranches, puis façonner les tranches en boules. Mettre les boules sur deux plaques à biscuits tapissées de papier-parchemin ou légèrement beurrées, en les espaçant de 2 po (5 cm).

3. Cuire au centre du four préchauffé à 300°F (150°C) de 30 à 35 minutes ou jusqu'à ce que le dessous des sablés soit doré. Mettre les plaques sur des grilles et laisser refroidir pendant 2 minutes. Déposer les sablés sur les grilles et laisser refroidir complètement.

4. Dans un bol en métal placé sur une casserole d'eau chaude mais non bouillante, mettre les brisures de chocolat et l'huile. Chauffer, en brassant sans arrêt, jusqu'à ce que le chocolat ait complètement fondu. Retirer le bol de la casserole. Tremper les sablés à moitié dans la préparation de chocolat fondu, un à la fois et en laissant égoutter l'excédent, puis les passer dans les mini-friandises pour les enrober. Déposer les sablés sur des plaques à biscuits tapissées de papier-parchemin ou de papier ciré. Réfrigérer pendant 30 minutes ou jusqu'à ce que le chocolat ait pris.

❯ *Guirlande de bonshommes de neige*

Placez une guirlande au-dessus de la porte ou assemblez-en plusieurs pour décorer l'arbre de Noël.

• Reproduire le dessin (grandeur réelle) sur du papier. Découper légèrement à l'extérieur du dessin.

• Dans du papier rigide blanc, découper une bande de 4 po (10 cm) de largeur et de la longueur désirée (multiple de 2 ¾ po/7 cm). Replier la bande en accordéon en faisant les plis à tous les 2 ¾ po (7 cm). Déplier la bande.

• Mettre le patron sur la première section de la bande, les lignes pointillées alignées sur les bords et la flèche vers le haut. Tracer au crayon les lignes du patron, à l'exception des lignes pointillées. Procéder de la même manière pour chacune des sections. Découper le long des traits.

• Découper les accessoires et les vêtements dans du papier coloré. Les coller sur les bonshommes avec de la colle en bâton.

Bouchées colorées au chocolat

DONNE ENVIRON 1 ½ LB (750 G)
OU 32 MORCEAUX.

- PRÉPARATION : 15 min • CUISSON : 5 min
- RÉFRIGÉRATION : 1 h • **Par morceau :** CALORIES : 115
- PROTÉINES : 1 g • MATIÈRES GRASSES : 7 g (4 g sat.)
- CHOLESTÉROL : 11 mg • GLUCIDES : 15 g • FIBRES : 1 g
- SODIUM : 10 mg

1 lb	chocolat mi-sucré ou chocolat au lait, haché	500 g
1 ½ t	pastilles de chocolat (de type Smarties)	375 ml

1. Dans un bol à l'épreuve de la chaleur placé sur une casserole d'eau chaude mais non bouillante, faire fondre le chocolat. Retirer la casserole du feu et incorporer les pastilles de chocolat.

2. Verser la préparation sur une plaque de cuisson munie de rebords et tapissée de papier d'aluminium, en l'étalant en un rectangle d'environ ½ po (1 cm) d'épaisseur. Réfrigérer pendant environ 1 heure ou jusqu'à ce que la préparation ait durci. Briser en morceaux. (Vous pouvez préparer les morceaux de chocolat à l'avance et les mettre dans un contenant hermétique, en séparant les étages avec du papier ciré. Ils se conserveront jusqu'à 1 semaine au réfrigérateur.)

VARIANTE

Bouchées de biscuits au chocolat et à la crème

Remplacer le chocolat mi-sucré par du chocolat blanc. Remplacer les pastilles de chocolat par des biscuits au chocolat garnis de crème; en hacher suffisamment pour obtenir 1 ½ t (375 ml). On peut aussi utiliser des mini-biscuits.

Biscuits croquants au caramel et aux arachides

DONNE ENVIRON 35 BOUCHÉES.

- PRÉPARATION : 25 min • CUISSON : 5 min
- RÉFRIGÉRATION : 20 à 30 min
- **Par bouchée :** CALORIES : 123 • PROTÉINES : 3 g
- MATIÈRES GRASSES : 9 g (4 g sat.) • CHOLESTÉROL : 7 mg
- GLUCIDES : 10 g • FIBRES : traces • SODIUM : 86 mg

1 t	brisures de caramel	250 ml
1 t	brisures au beurre d'arachides	250 ml
½ t	beurre	125 ml
½ t	beurre d'arachides crémeux	125 ml
1 ½ t	céréales de riz soufflé (de type Rice Krispies)	375 ml
	nouilles chinoises sèches (de type chow mein)	750 ml
1 oz	chocolat blanc ou mi-sucré, fondu	30 g

1. Dans un bol à l'épreuve de la chaleur placé sur une casserole d'eau chaude mais non bouillante, faire fondre les brisures de caramel, les brisures au beurre d'arachides, le beurre et le beurre d'arachides en brassant fréquemment. Retirer la casserole du feu. Ajouter les céréales et les nouilles, et mélanger pour les enrober.

2. Laisser tomber la préparation sur une plaque de cuisson tapissée de papier ciré, 1 c. à tab (15 ml) à la fois. Réfrigérer ou laisser reposer à la température ambiante de 20 à 30 minutes ou jusqu'à ce que la préparation soit ferme. À l'aide d'une fourchette, arroser du chocolat fondu. (Vous pouvez préparer les bouchées à l'avance et les mettre dans un contenant hermétique, en séparant les étages avec du papier ciré. Elles se conserveront jusqu'à 1 semaine au réfrigérateur ou jusqu'à 3 mois au congélateur.)

Chapitre huit

CADEAUX GOURMANDS

Épices à tandoori

Offrez de petits contenants de ce mélange à vos amis gourmets en même temps qu'un bocal de chutney à la mangue, un paquet de riz basmati, des papadums, une racine de gingembre, des gousses d'ail et la recette du poulet tandoori qui suit.

DONNE ENVIRON ¾ T (180 ML) D'ÉPICES.

• PRÉPARATION : 10 min • CUISSON : 2 à 3 min

⅓ t	graines de cumin	80 ml
⅓ t	graines de coriandre	80 ml
1	bâton de cannelle brisé en morceaux (3 po/8 cm de longueur)	1
1 c. à tab	clous de girofle entiers	15 ml
1 c. à tab	gingembre moulu	15 ml
1 c. à tab	curcuma moulu	15 ml
1 c. à tab	macis moulu	15 ml
1 c. à tab	sel	15 ml
1 c. à tab	poudre d'ail	15 ml
1 c. à thé	piment de Cayenne	5 ml

1. Dans un petit poêlon à fond épais, faire griller les graines de cumin et de coriandre, la cannelle et les clous de girofle à feu moyen, en brassant, de 2 à 3 minutes ou jusqu'à ce que les épices dégagent leur arôme et soient légèrement grillées. Laisser refroidir.

2. Mettre les épices grillées dans un moulin à épices ou dans un moulin à café propre. Ajouter le gingembre, le curcuma, le macis, le sel, la poudre d'ail et le piment de Cayenne, et moudre en poudre fine. Mettre le mélange d'épices dans un joli contenant hermétique. (Vous pouvez préparer les épices à tandoori à l'avance. Elles se conserveront jusqu'à 1 mois à la température ambiante.)

Poulet tandoori

Si vous enlevez la peau des pilons, vous devrez huiler le papier d'aluminium sur la plaque de cuisson.

DONNE 4 PORTIONS.

• PRÉPARATION : 10 min • TEMPS DE MARINADE : 30 min
• CUISSON : 33 min • **Par portion :** CALORIES : 210
• PROTÉINES : 24 g • MATIÈRES GRASSES : 11 g (2 g sat.)
• CHOLESTÉROL : 84 mg • GLUCIDES : 4 g • FIBRES : traces
• SODIUM : 248 mg

½ t	yogourt nature	125 ml
1 c. à tab	épices à tandoori (voir recette, ci-contre)	15 ml
1 c. à tab	gingembre frais, haché finement	15 ml
2	gousses d'ail hachées finement	2
8	pilons de poulet, la peau enlevée, si désiré	8
1 c. à tab	huile végétale	15 ml

1. Dans un grand bol en verre, mélanger le yogourt, les épices à tandoori, le gingembre et l'ail. Ajouter les pilons de poulet et les retourner pour bien les enrober. Couvrir et laisser mariner au réfrigérateur pendant 30 minutes. (Vous pouvez préparer le poulet jusqu'à cette étape et le couvrir. Il se conservera jusqu'au lendemain au réfrigérateur.) Déposer les pilons de poulet sur une plaque de cuisson tapissée de papier d'aluminium. Arroser de l'huile.

2. Cuire au four préchauffé à 400°F (200°C) pendant environ 30 minutes ou jusqu'à ce que le jus qui s'écoule du poulet quand on le pique à la fourchette soit clair. Poursuivre la cuisson sous le gril préchauffé du four pendant environ 3 minutes ou jusqu'à ce que le poulet soit doré et croustillant.

Sel de mer aux champignons porcini

Les sels de mer aromatisés sont la dernière tendance culinaire. On en parsème les biftecks, les côtelettes et le poisson au moment de servir.

DONNE ENVIRON ½ T (125 ML) DE SEL.

1	paquet de champignons porcini séchés (14 g)	1
¼ t	sel de mer	60 ml
1	pincée de noix de muscade râpée	1

1. Dans un moulin à épices ou un moulin à café propre, moudre les champignons porcini, le sel de mer et la muscade, en deux fois, jusqu'à ce que le mélange soit réduit en poudre fine avec quelques morceaux de champignons. Mettre le mélange d'épices dans un joli contenant hermétique. (Vous pouvez préparer le sel de mer aux champignons à l'avance. Il se conservera jusqu'à 1 mois à la température ambiante.)

Sel au romarin et au citron

Ce sel assaisonné convient au poulet, au poisson et aux légumes.

DONNE ENVIRON ½ T (125 ML) DE SEL.

¼ t	feuilles de romarin, hachées grossièrement	60 ml
¼ t	sel de mer	60 ml
2 c. à tab	zeste de citron râpé	30 ml

1. Dans un moulin à épices ou un moulin à café propre, moudre les feuilles de romarin, le sel de mer et le zeste de citron, en deux fois, jusqu'à ce que le mélange soit homogène. Étendre le mélange de sel sur une plaque de cuisson tapissée de papier-parchemin. Cuire au four préchauffé à 225°F (110°C) pendant environ 10 minutes ou jusqu'à ce que le mélange soit sec. Laisser refroidir.

2. Briser le mélange de sel en morceaux et le mettre dans un joli contenant hermétique. (Vous pouvez préparer le sel au romarin et au citron à l'avance. Il se conservera jusqu'à 1 mois à la température ambiante.)

Mélange de fines herbes

**DONNE ENVIRON 1 T (250 ML)
DE MÉLANGE.**

½ t	ciboulette séchée	125 ml
2 c. à tab	persil séché	30 ml
2 c. à thé	basilic séché	10 ml
2 c. à thé	thym séché	10 ml
2 c. à thé	ail en poudre	10 ml
2 c. à thé	oignon en poudre	10 ml
1 c. à thé	poivre noir du moulin	5 ml

1. Dans un petit bol, mélanger tous les ingrédients. À l'aide d'une cuiller, mettre dans un petit pot de verre hermétique. (Vous pouvez préparer le mélange de fines herbes à l'avance. Il se conservera jusqu'à 1 mois dans un endroit frais et sec.)

Trempette aux fines herbes

**DONNE ENVIRON 1 ¼ T (310 ML)
DE TREMPETTE.**

- PRÉPARATION : 5 min • RÉFRIGÉRATION : 2 h
- CUISSON : aucune
- **Par portion de 1 c. à tab (15ml) :** CALORIES : 37
- PROTÉINES : 1 g • MATIÈRES GRASSES : 3 g (2 g sat.)
- CHOLESTÉROL : 8 mg • GLUCIDES : 1 g • FIBRES : aucune
- SODIUM : 71 mg

½ t	yogourt nature	125 ml
½ t	fromage à la crème ramolli	125 ml
¼ t	mayonnaise légère	60 ml
4 c. à thé	mélange de fines herbes (voir recette, ci-contre)	20 ml
2 c. à tab	ciboulette fraîche, hachée (facultatif)	30 ml

1. Dans un bol, à l'aide d'un fouet, mélanger le yogourt, le fromage à la crème et la mayonnaise. Ajouter le mélange de fines herbes et mélanger. Couvrir et réfrigérer pendant au moins 2 heures. (Vous pouvez préparer la trempette à l'avance et la couvrir. Elle se conservera jusqu'à 3 jours au réfrigérateur.) Au moment de servir, garnir de la ciboulette, si désiré.

Mélange de riz aux champignons

On trouve les champignons séchés de type porcini (une variété de bolets) et le riz à grain rond dans les épiceries italiennes.

DONNE ENVIRON 3 T (750 ML) DE MÉLANGE.

2	sachets de champignons séchés de type porcini 14 g chacun	2
3 t	riz arborio ou autre riz à grain rond	750 ml

1. Dans un bol, mélanger les champignons et le riz. Mettre dans un pot de verre hermétique. (Vous pouvez préparer le mélange de riz à l'avance. Il se conservera jusqu'à 3 mois à la température ambiante.)

Risotto aux champignons

DOINNE 4 PORTIONS.

- PRÉPARATION : 15 min • CUISSON : 30 min
- **Par portion :** CALORIES : 428 • PROTÉINES : 13 g
- MATIÈRES GRASSES : 11 g (6 g sat.) • CHOLESTÉROL : 28 mg
- GLUCIDES : 66 g • FIBRES : 2 g • SODIUM : 688 mg

2 c. à tab	beurre	30 ml
1 t	oignon haché finement	250 ml
2	gousses d'ail hachées	2
1 ½ t	mélange de riz aux champignons (voir recette, ci-contre)	375 ml
2 t	eau	500 ml
2 t	bouillon de poulet	500 ml
½ t	vin blanc	125 ml
½ t	parmesan râpé	125 ml
2 c. à tab	persil frais, haché	30 ml

1. Dans une grande casserole, faire fondre 1 c. à tab (15 ml) du beurre à feu moyen. Ajouter l'oignon et l'ail et cuire, en brassant de temps à autre, pendant environ 5 minutes ou jusqu'à ce qu'ils aient ramolli. Ajouter le mélange de riz et mélanger pour bien l'enrober. Ajouter l'eau, 1 t (250 ml) du bouillon de poulet et le vin blanc. Porter à ébullition. Réduire à feu doux, couvrir et cuire pendant 10 minutes.

2. Mélanger vigoureusement la préparation pendant 15 secondes. Couvrir et poursuivre la cuisson pendant 10 minutes ou jusqu'à ce qu'il reste un peu de liquide et que le riz soit encore légèrement croquant. Ajouter le reste du bouillon de poulet, le parmesan, le persil et le reste du beurre. Poursuivre la cuisson, en brassant, jusqu'à ce que le riz soit crémeux.

Préparation pour brownies aux cerises et au chocolat

DONNE 4 T (1 L) DE PRÉPARATION.

• PRÉPARATION : 15 min • CUISSON : aucune

½ t	cerises ou canneberges séchées	125 ml
2 t	brisures de chocolat mi-sucré	500 ml
¾ t	farine	180 ml
¼ c. à thé	bicarbonate de sodium	1 ml
¼ c. à thé	sel	1 ml
¾ t	sucre	180 ml

1. Dans un bocal hermétique à large ouverture d'une capacité de 4 t (1 L), déposer en couches successives les cerises séchées, puis la moitié des brisures de chocolat. Dans un bol, mélanger la farine, le bicarbonate de sodium et le sel. À l'aide d'une cuiller, déposer le mélange de farine sur les brisures de chocolat.

2. Couper un morceau de papier ciré de taille suffisante pour couvrir les ingrédients secs et remonter légèrement sur la paroi du bocal. À l'aide d'une cuiller, étendre le sucre sur le papier et couvrir du reste des brisures de chocolat. Fermer le bocal. (Vous pouvez préparer la préparation pour brownies à l'avance. Elle se conservera jusqu'à 1 mois à la température ambiante.)

Brownies aux cerises et au chocolat

DONNE 16 CARRÉS.

• PRÉPARATION : 15 min • CUISSON : 30 min
• **Par brownie :** CALORIES : 217 • PROTÉINES : 3 g
• MATIÈRES GRASSES : 11 g (6 g sat.) • CHOLESTÉROL : 37 mg
• GLUCIDES : 31 g • FIBRES : 2 g • SODIUM : 104 mg

	préparation pour brownies aux cerises et au chocolat (voir recette, ci-contre)	
⅓ t	beurre	80 ml
2 c. à tab	eau	30 ml
2	œufs	2
1 c. à thé	vanille	5 ml

1. Dans une casserole, faire fondre la couche de brisures de chocolat et de sucre de la préparation pour brownies avec le beurre et l'eau, en brassant de temps à autre, jusqu'à ce que le sucre soit dissous. Laisser refroidir pendant 5 minutes. À l'aide d'un fouet, incorporer les œufs, un à un, puis la vanille. Ajouter le mélange de farine, le reste des brisures de chocolat et les canneberges séchées de la préparation pour brownies, et mélanger jusqu'à ce que la préparation soit homogène, sans plus. Étendre la pâte dans un moule en métal de 8 po (20 cm) de côté, beurré.

2. Cuire au centre du four préchauffé à 350°F (180°C) pendant environ 30 minutes ou jusqu'à ce qu'un cure-dents inséré au centre du gâteau en ressorte avec quelques miettes humides. Déposer le moule sur une grille et laisser refroidir complètement. À l'aide d'un couteau bien aiguisé, couper en carrés. (Vous pouvez préparer les brownies à l'avance et les mettre dans un contenant hermétique, en séparant les étages avec du papier ciré. Ils se conserveront jusqu'à 5 jours à la température ambiante ou jusqu'à 1 mois au congélateur.)

Préparation pour biscuits à l'avoine

Présenter la préparation en couches superposées dans un bocal en verre et y joindre la recette.

DONNE ENVIRON 5 T (1,25 L) DE PRÉPARATION.

• PRÉPARATION : 10 min • CUISSON : aucune

1 t	brisures de chocolat blanc	250 ml
1 t	canneberges séchées	250 ml
½ t	noix de coco râpée	125 ml
1 ½ t	gros flocons d'avoine	375 ml
1 c. à thé	cannelle moulue	5 ml
1 t	farine	250 ml
½ c. à thé	poudre à pâte	2 ml
½ c. à thé	bicarbonate de sodium	2 ml
¼ c. à thé	sel	1 ml

1. Dans un bocal hermétique à large ouverture d'une capacité de 5 t (1,25 L), déposer en couches successives les brisures de chocolat blanc, les canneberges séchées, la noix de coco, puis les flocons d'avoine, en pressant chaque couche. Saupoudrer la cannelle sur le pourtour.

2. Dans un bol, mélanger la farine, la poudre à pâte, le bicarbonate de sodium et le sel. À l'aide d'une cuiller, déposer le mélange de farine sur la cannelle et les flocons d'avoine. Fermer le bocal.

Biscuits à l'avoine

DONNE ENVIRON 40 BISCUITS.

• PRÉPARATION : 15 min • CUISSON : 12 à 15 min
• **Par biscuit :** CALORIES : 110 • PROTÉINES : 1 g
• MATIÈRES GRASSES : 5 g (3 g sat.) • CHOLESTÉROL : 14 mg
• GLUCIDES : 15 g • FIBRES : 1 g • SODIUM : 74 mg

⅔ t	beurre ramolli	160 ml
1 t	cassonade tassée	250 ml
1	œuf	1
	préparation pour biscuits à l'avoine (voir recette, ci-contre)	

1. Dans un bol, à l'aide d'un batteur électrique, battre le beurre avec la cassonade jusqu'à ce que le mélange soit léger. Ajouter l'œuf en battant. À l'aide d'une cuiller de bois, incorporer le mélange de farine de la couche supérieure de la préparation pour biscuits à l'avoine jusqu'à ce que la pâte soit homogène. Ajouter la cannelle, les flocons d'avoine, la noix de coco, les canneberges et les brisures de chocolat et bien mélanger.

2. Laisser tomber la pâte, environ 1 c. à tab (15 ml) à la fois, sur deux plaques à biscuits tapissées de papier-parchemin ou beurrées, en espaçant les biscuits d'environ 2 po (5 cm). Déposer une plaque à biscuits sur la grille supérieure du four préchauffé à 350°F (180°C) et une autre sur la grille inférieure. Cuire de 12 à 15 minutes ou jusqu'à ce que les biscuits soient dorés et croustillants (intervertir et tourner les plaques à la mi-cuisson). Déposer les plaques sur des grilles et laisser refroidir pendant 5 minutes. Déposer les biscuits sur les grilles et laisser refroidir complètement. (Vous pouvez préparer les biscuits à l'avance et les mettre dans un contenant hermétique, en séparant les étages avec du papier ciré. Ils se conserveront jusqu'à 1 semaine à la température ambiante ou jusqu'à 3 semaines au congélateur.)

Fudge Forêt-Noire

DONNE ENVIRON 32 CARRÉS DE FUDGE.

- PRÉPARATION : 15 min • CUISSON : 2 min
- RÉFRIGÉRATION : 3 h • **Par carré :** CALORIES : 75
- PROTÉINES : 1 g • MATIÈRES GRASSES : 3 g (2 g sat.)
- CHOLESTÉROL : 2 mg • GLUCIDES : 11 g • FIBRES : 1 g
- SODIUM : 10 mg

8 oz	chocolat mi-amer haché	250 g
¾ t	lait concentré sucré (de type Eagle Brand)	180 ml
1 c. à thé	vanille	5 ml
1 t	cerises ou canneberges séchées	250 ml

1. Dans un bol résistant à la chaleur placé sur une casserole d'eau chaude mais non bouillante, chauffer le chocolat avec le lait concentré, en brassant de temps à autre, jusqu'à ce que le chocolat ait fondu. Ajouter la vanille et mélanger. Ajouter les cerises séchées et mélanger.

2. À l'aide d'une spatule, étendre le fudge dans un moule à pain de 8 po x 4 po (20 cm x 10 cm) tapissé d'une pellicule de plastique. Lisser le dessus. Couvrir et réfrigérer pendant au moins 3 heures ou jusqu'à ce que le fudge soit ferme.

3. Démouler le fudge et retirer la pellicule de plastique. À l'aide d'un couteau bien aiguisé, couper le fudge en carrés. (Vous pouvez préparer le fudge à l'avance et l'envelopper d'une pellicule de plastique. Il se conservera jusqu'à 3 jours au réfrigérateur.)

Fragments de chocolat blanc au citron

DONNE ENVIRON 36 MORCEAUX.

- PRÉPARATION : 15 min • CUISSON : 5 min
- RÉFRIGÉRATION : 1 h • **Par morceau :** CALORIES : 87
- PROTÉINES : 1 g • MATIÈRES GRASSES : 4 g (2 g sat.)
- CHOLESTÉROL : aucun • GLUCIDES : 13 g • FIBRES : aucune
- SODIUM : 13 mg

4 t	brisures de chocolat blanc (environ 1 lb/500 g)	1 L
1 t	bonbons durs au citron, broyés finement	250 ml

1. Dans un bol résistant à la chaleur placé sur une casserole d'eau chaude mais non bouillante, faire fondre le chocolat, en brassant de temps à autre, jusqu'à ce qu'il soit lisse. Ajouter les bonbons au citron et mélanger. Étendre la préparation sur une plaque de cuisson tapissée de papier-parchemin en une couche d'environ ½ po (1 cm) d'épaisseur. Réfrigérer pendant au moins 1 heure ou jusqu'à ce que la préparation soit ferme.

2. Démouler la préparation au chocolat blanc. Retirer le papier-parchemin. Briser en morceaux. (Vous pouvez préparer les morceaux de chocolat blanc à l'avance et les mettre dans un contenant hermétique, en séparant les étages avec du papier ciré. Ils se conserveront jusqu'à 1 semaine à la température ambiante.)

Truffes au chocolat noir

Après les avoir trempées dans le chocolat fondu, on peut rouler ces truffes dans le cacao.

DONNE ENVIRON 32 TRUFFES.

- PRÉPARATION : 25 min • CUISSON : 5 min
- RÉFRIGÉRATION : 4 h • CONGÉLATION : 1 h
- **Par truffe :** CALORIES : 93 • PROTÉINES : 1 g
- MATIÈRES GRASSES : 7 g (4 g sat.) • CHOLESTÉROL : 10 mg
- GLUCIDES : 9 g • FIBRES : 1 g • SODIUM : 18 mg

GANACHE AU CHOCOLAT

8 oz	chocolat mi-sucré ou mi-amer, haché finement	250 g
⅔ t	crème à 35 %	160 ml
¼ t	beurre froid, coupé en cubes	60 ml
1 c. à tab	vanille	15 ml

ENROBAGE DE CHOCOLAT

8 oz	chocolat mi-sucré ou mi-amer, haché	250 g

PRÉPARATION DE LA GANACHE

1. Mettre le chocolat dans un bol résistant à la chaleur. Dans une casserole, chauffer la crème avec le beurre jusqu'à ce que le beurre ait fondu et que des bulles se forment sur la paroi. Verser le mélange de crème sur le chocolat dans le bol et mélanger à l'aide d'un fouet jusqu'à ce que le chocolat ait fondu et que la préparation soit lisse (photo page ci-contre). Ajouter la vanille et mélanger à l'aide du fouet. Couvrir le bol d'une pellicule de plastique et réfrigérer pendant environ 2 heures ou jusqu'à ce que la ganache soit ferme.

2. À l'aide d'une petite cuiller parisienne ou de deux petites cuillers, déposer la préparation au chocolat, 1 c. à thé (5 ml) à la fois, sur deux plaques de cuisson tapissées de papier ciré. Avec les mains, rouler délicatement chaque portion de manière à former une boule. Congeler les truffes pendant environ 1 heure ou jusqu'à ce qu'elles aient durci. (Vous pouvez préparer les truffes jusqu'à cette étape et les couvrir. Elles se conserveront jusqu'au lendemain au congélateur.)

PRÉPARATION DE L'ENROBAGE

3. Dans un bol résistant à la chaleur placé sur une casserole d'eau chaude mais non bouillante, faire fondre la moitié du chocolat en brassant. Retirer le bol de la casserole et laisser refroidir légèrement. Retirer une des plaques de cuisson du congélateur et, à l'aide de deux fourchettes, tremper les truffes une à une dans le chocolat fondu (tapoter les fourchettes contre le bord du bol pour enlever l'excédent de chocolat). Remettre les truffes sur la plaque de cuisson tapissée de papier ciré. Réfrigérer pendant environ 2 heures ou jusqu'à ce que l'enrobage ait durci.

4. Répéter ces opérations avec le reste du chocolat et des truffes, en utilisant un bol propre. (Vous pouvez préparer les truffes à l'avance et les mettre dans un contenant hermétique, en séparant les étages avec du papier ciré. Elles se conserveront jusqu'à 1 semaine au réfrigérateur ou jusqu'à 3 mois au congélateur.) Déposer les truffes dans des moules à friandises en papier.

VARIANTES

Truffes au chocolat, aux pistaches et à la cannelle

Ajouter ½ c. à thé (2 ml) de cannelle moulue en même temps que la vanille. Après les avoir trempées dans le chocolat fondu, rouler les truffes dans 1 ½ t (375 ml) de pistaches nature hachées finement, grillées.

Truffes aux noisettes

Réduire la quantité de crème à ½ t (125 ml). Remplacer la vanille par 3 c. à tab (45 ml) de liqueur de noisette (de type Frangelico ou Amaretto). Après les avoir trempées dans le chocolat fondu, rouler les truffes dans 1 ½ t (375 ml) de noisettes hachées finement, grillées.

Truffes au chocolat blanc et à la noix de coco

DONNE ENVIRON 32 TRUFFES.

- **PRÉPARATION**: 25 min • **CUISSON**: 5 min
- **RÉFRIGÉRATION**: 4 h • **CONGÉLATION**: 1 h
- **Par truffe**: CALORIES: 133 • PROTÉINES: 1 g
- **MATIÈRES GRASSES**: 9 g (6 g sat.) • CHOLESTÉROL: 11 mg
- **GLUCIDES**: 12 g • FIBRES: traces • SODIUM: 42 mg

GANACHE À LA NOIX DE COCO

12 oz	chocolat blanc haché finement	375 g
⅓ t	crème à 35 %	80 ml
¼ t	beurre froid, coupé en cubes	60 ml
1 c. à tab	vanille	15 ml
½ c. à thé	essence de noix de coco	2 ml

ENROBAGE DE NOIX DE COCO

1 ½ t	flocons de noix de coco sucrée	375 ml
8 oz	chocolat blanc haché	250 g

PRÉPARATION DE LA GANACHE

1. Dans un grand bol résistant à la chaleur placé sur une casserole d'eau chaude mais non bouillante, faire fondre le chocolat en brassant jusqu'à ce qu'il ait fondu à moitié. Retirer le bol de la casserole.

2. Entre-temps, dans une casserole, chauffer la crème avec le beurre jusqu'à ce que le beurre ait fondu et que des bulles se forment sur la paroi. Verser le mélange de crème sur le chocolat dans le bol et mélanger à l'aide d'un fouet jusqu'à ce que le chocolat ait fondu et que la préparation soit lisse. Ajouter la vanille et l'essence de noix de coco et mélanger à l'aide du fouet. Couvrir le bol d'une pellicule de plastique et réfrigérer pendant environ 2 heures ou jusqu'à ce que la ganache soit ferme.

3. À l'aide d'une petite cuiller parisienne ou de deux petites cuillers, déposer la préparation au chocolat, 1 c. à thé (5 ml) à la fois, sur deux plaques de cuisson tapissées de papier ciré. Avec les mains, rouler délicatement chaque portion de manière à former une boule. Congeler les truffes pendant environ 1 heure ou jusqu'à ce qu'elles aient durci. (Vous pouvez préparer les truffes jusqu'à cette étape et les couvrir. Elles se conserveront jusqu'au lendemain au congélateur.)

PRÉPARATION DE L'ENROBAGE

4. Étendre la noix de coco sur une plaque de cuisson et cuire au four préchauffé à 375°F (190°C) pendant environ 10 minutes ou jusqu'à ce qu'elle soit légèrement dorée (brasser deux fois en cours de cuisson). Laisser refroidir.

5. Dans un bol résistant à la chaleur placé sur une casserole d'eau chaude mais non bouillante, faire fondre la moitié du chocolat en brassant. Retirer le bol de la casserole et laisser refroidir légèrement. Retirer une des plaques de cuisson du congélateur et, à l'aide de deux fourchettes, tremper les truffes une à une dans le chocolat fondu (tapoter les fourchettes contre le bord du bol pour enlever l'excédent de chocolat). Rouler les truffes dans la noix de coco grillée et les mettre sur la plaque de cuisson tapissée de papier ciré. Réfrigérer pendant environ 2 heures ou jusqu'à ce que l'enrobage ait durci.

6. Répéter ces opérations avec le reste du chocolat, des truffes et de la noix de coco, en utilisant un bol propre. (Vous pouvez préparer les truffes à l'avance et les mettre dans un contenant hermétique, en séparant les étages avec du papier ciré. Elles se conserveront jusqu'à 1 semaine au réfrigérateur ou jusqu'à 3 mois au congélateur.) Déposer les truffes dans des moules à friandises en papier.

Limoncello

Conserver cette liqueur de citron au congélateur et la servir bien glacée.

DONNE 6 T (1,5 L) DE LIQUEUR.

- PRÉPARATION : 20 min
- TEMPS DE MACÉRATION : 5 jours • CUISSON : 20 min
- **Par portion de 2 c. à tab (30 ml) :** CALORIES : 66
- PROTÉINES : aucune • MATIÈRES GRASSES : aucune (aucun sat.) • CHOLESTÉROL : aucun • GLUCIDES : 8 g
- FIBRES : aucune • SODIUM : 1 mg

8	citrons	8
1	bouteille de vodka (750 ml)	1
2 ½ t	eau	625 ml
2 t	sucre	500 ml

1. Brosser les citrons à l'eau chaude savonneuse, les rincer et bien les éponger. À l'aide d'un couteau-éplucheur ou d'un zesteur, retirer le zeste des citrons en évitant de prendre la peau blanche. Mettre le zeste dans un bocal hermétique d'une capacité de 4 t (1 L). Ajouter la vodka. Fermer hermétiquement et laisser macérer pendant 5 jours dans un endroit frais et sec, à l'abri de la lumière.

2. Dans une petite casserole, mélanger l'eau et le sucre. Porter à ébullition et laisser bouillir doucement pendant 15 minutes. Retirer la casserole du feu et laisser refroidir le sirop jusqu'à ce qu'il soit à la température ambiante.

3. Dans une grande tasse à mesurer, mélanger la préparation de vodka et le sirop refroidi. Tapisser un entonnoir d'un filtre à café en papier ou d'une étamine (coton à fromage) et le placer sur de jolies bouteilles en verre stérilisées. Filtrer la liqueur au citron (jeter le zeste). Fermer hermétiquement. (Vous pouvez préparer le limoncello à l'avance et le mettre en bouteille. Il se conservera jusqu'à 1 an dans un endroit frais et sec, à l'abri de la lumière.)

Liqueur à la crème irlandaise

Une délicieuse boisson à servir sur des glaçons, ou dans un café ou un chocolat chaud.

DONNE 4 T (1 L) DE LIQUEUR.

- PRÉPARATION : 10 min • **Par portion de 2 c. à tab (30 ml) :** CALORIES : 91 • PROTÉINES : 1 g • MATIÈRES GRASSES : 4 g (3 g sat.) • CHOLESTÉROL : 14 mg • GLUCIDES : 9 g
- FIBRES : aucune • SODIUM : 21 mg

½ c. à thé	café instantané	2 ml
2 c. à thé	vanille	10 ml
1 t	whisky irlandais	250 ml
1 t	crème à 35 %	250 ml
1	boîte de lait concentré sucré (de type Eagle Brand) (300 ml)	1
⅓ t	sirop au chocolat	80 ml

1. Dans un grand bol, dissoudre le café dans la vanille. Ajouter le whisky, la crème, le lait concentré et le sirop au chocolat et mélanger à l'aide d'un fouet. Verser dans de jolies bouteilles. Fermer hermétiquement et réfrigérer. (Vous pouvez préparer la liqueur à l'avance et la mettre en bouteille. Elle se conservera jusqu'à 2 semaines au réfrigérateur.)

Caramel croquant aux arachides

Pour une version encore plus chic, on peut remplacer les arachides par des pignons ou des amandes. On peut laisser le caramel entier ou le casser en morceaux plus petits que l'on mettra dans un sac ou une boîte-cadeau.

DONNE ENVIRON 40 MORCEAUX DE CARAMEL.

- PRÉPARATION : 20 min • CUISSON : 20 min
- Par morceau : CALORIES : 131 • PROTÉINES : 2 g
- MATIÈRES GRASSES : 5 g (1 g sat.) • CHOLESTÉROL : 3 mg
- GLUCIDES : 22 g • FIBRES : 1 g • SODIUM : 69 mg

1 c. à tab	huile végétale	15 ml
4 t	sucre	1 L
½ t	eau	125 ml
⅛ c. à thé	crème de tartre	0,5 ml
2 t	arachides salées rôties à sec	500 ml
3 c. à tab	beurre	45 ml
1 c. à tab	vanille	15 ml

1. Badigeonner de l'huile une grande plaque de cuisson. Réserver. Dans une grande casserole à fond épais, mélanger le sucre, l'eau et la crème de tartre. Porter à ébullition à feu moyen-vif. Laisser bouillir, sans brasser, jusqu'à ce qu'un thermomètre à bonbons indique 310°F (155°C) ou qu'une petite quantité de la préparation jetée dans de l'eau glacée forme des fils cassants (à l'aide d'un pinceau préalablement trempé dans l'eau, badigeonner de temps à autre la paroi de la casserole pour faire tomber les cristaux de sucre). Retirer la casserole du feu.

2. Incorporer les arachides, le beurre et la vanille au caramel chaud et mélanger jusqu'à ce que les arachides soient bien enrobées. Verser aussitôt le caramel sur la plaque de cuisson huilée et laisser refroidir légèrement. Avec les mains beurrées, étaler le caramel en une couche mince et uniforme jusqu'au bord de la plaque. Laisser refroidir jusqu'à ce que le caramel ait durci, puis briser en morceaux. (Vous pouvez préparer le caramel à l'avance et le mettre dans un contenant hermétique, en séparant les étages avec du papier ciré. Il se conservera jusqu'à 1 mois à la température ambiante.)

Cadeaux de dernière minute

➤ Les plateaux de fromages sont des incontournables. Pour en offrir un chic et complet, disposer un assortiment de fromages fins, des figues, des dattes et des abricots séchés sur une planche à fromages et ajouter un couteau. Couvrir d'une pellicule de plastique.

➤ Remplir un petit panier ou un sac-cadeau d'une meule de brie, d'un bocal de chutney ou de sauce aux framboises aux piments chipotle faits maison ou du commerce. Sur la note à joindre au cadeau, écrire ce qui suit : étendre le chutney ou la sauce sur le brie et le déposer dans un plat allant au four tapissé de papier d'aluminium ; cuire au four préchauffé à 350°F (180°C) environ 10 minutes ou jusqu'à ce que le fromage commence à couler ; servir sur une planche à fromages avec des croûtons de pain baguette.

➤ Le saumon fumé est toujours un beau cadeau gourmand. On peut le présenter dans un panier et l'accompagner d'un ou deux citrons, d'un moulin à poivre, de rondelles de pain pumpernickel et d'un bouquet d'aneth. Pour une note d'extravagance, ajouter une bouteille de vodka ou de champagne bien fraîche.

➤ Préparer un assortiment d'antipasti choisis au comptoir de charcuterie du supermarché. Dans un panier, disposer des barquettes d'olives, un pot de tapenade, un bocal d'artichauts marinés et de poivrons grillés. Ajouter des pointes de fromage, et un choix de pains et de viandes fumées.

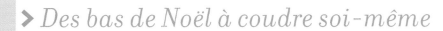

❯ *Des bas de Noël à coudre soi-même*

Ces bas de Noël à la fois élégants et faciles à coudre attireront très certainement le père Noël dans la cheminée. On en propose deux modèles : un sans revers, l'autre avec un revers qui se replie sur l'extérieur, exposant la doublure assortie.

Matériaux (pour un bas)

2 morceaux de tissu assortis d'épaisseur moyenne (toile de Jouy, matelassé, jacquard, brocade ou satin) de 30 po (76 cm) de côté pour le modèle sans revers, ou de 30 po x 36 po (76 cm x 90 cm) pour le modèle avec revers

0,30 m de ruban gros-grain assorti de 1 ½ po (39 mm) de largeur

Fil assorti

Papier kraft

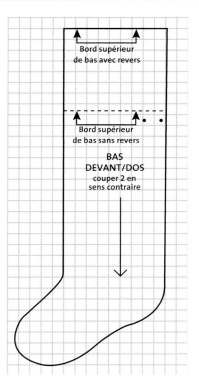

Instructions

Remarque : une fois assemblé, le bas sans revers mesure environ 24 po (60 cm) de long alors que le bas avec revers mesure environ 31 po (78 cm) de long.

1. Agrandir le patron de la façon suivante : sur du papier kraft, dessiner une grille de lignes horizontales et verticales espacées de 1 po (2,5 cm) dans un sens comme dans l'autre. Chaque carré de la grille du patron doit correspondre à un carré de 1 po^2 (2,5 cm^2) sur la grille dessinée sur le papier kraft. Reproduire le dessin de la grille du patron sur celle du papier kraft en se servant des carrés comme guides. Inscrire les marques (la réserve de couture est comprise dans les mesures). Découper le patron grandeur réelle.

2. Couper un devant et un dos dans chacun des deux morceaux de tissu (couper le bord supérieur du bas sans revers en suivant la ligne pointillée).

3. Mettre le devant et le dos coupés dans le même tissu endroit contre endroit et bords réunis, et piquer à ⅜ po (1 cm) des bords à l'exception du haut, qui doit rester ouvert. Dans les parties courbes de la réserve de couture, faire des encoches aux ciseaux et retourner le bas à l'endroit. Faire un ourlet de ⅜ po (1 cm) dans le haut du bas en repliant le tissu sur l'intérieur avec un fer à repasser. Piquer la doublure de la même manière et la retourner à l'envers. Bas sans revers : plier le gros-grain en deux moitiés égales ; faufiler les deux extrémités ensemble pour former une boucle qui servira à suspendre le bas. Épingler les bouts faufilés sur l'envers du dos de la doublure, entre les deux marques de repère.

4. Enfiler la doublure dans l'autre partie du bas en faisant coïncider les coutures. Épingler les hauts ensemble et piquer les bords. Bas avec revers : plier le gros-grain en deux moitiés égales ; piquer les deux bouts au point zigzag pour former une boucle à suspendre. Épingler les bouts sur le dos de la doublure, entre les deux marques de repère. Piquer ensemble toutes les épaisseurs de tissu. Replier le revers sur l'extérieur.

5. Enlever le faufil.

Gingembre confit enrobé de chocolat

DONNE ENVIRON 40 MORCEAUX.

- PRÉPARATION : 15 min • CUISSON : 5 min
- RÉFRIGÉRATION : 30 min • **Par morceau :** CALORIES : 29
- PROTÉINES : traces • MATIÈRES GRASSES : 1 g (traces sat.)
- CHOLESTÉROL : aucun • GLUCIDES : 6 g • FIBRES : traces
- SODIUM : 4 mg

| 2 oz | chocolat mi-amer ou blanc, haché | 60 g |
| 40 | morceaux de gingembre confit | 40 |

1. Dans un bol résistant à la chaleur placé sur une casserole d'eau chaude mais non bouillante, faire fondre le chocolat en brassant. Verser le chocolat dans un petit bol.

2. Tremper les morceaux de gingembre confit à moitié dans le chocolat fondu et les déposer au fur et à mesure sur une plaque de cuisson tapissée de papier ciré. Réfrigérer pendant environ 30 minutes ou jusqu'à ce que le chocolat soit ferme. (Vous pouvez préparer le gingembre confit au chocolat à l'avance et le mettre dans un contenant hermétique, en séparant les étages avec du papier ciré. Il se conservera jusqu'à 2 semaines à la température ambiante.)

Pastilles de chocolat au gingembre

DONNE ENVIRON 40 BOUCHÉES.

- PRÉPARATION : 30 min • CUISSON : 5 min
- RÉFRIGÉRATION : 30 min • **Par bouchée :** CALORIES : 17
- PROTÉINES : traces • MATIÈRES GRASSES : 1 g (1 g sat.)
- CHOLESTÉROL : aucun • GLUCIDES : 2 g • FIBRES : traces
- SODIUM : aucun

| 4 oz | chocolat mi-amer ou blanc, haché | 125 g |
| 120 | petits morceaux de gingembre confit | 120 |

1. Dans un bol résistant à la chaleur placé sur une casserole d'eau chaude mais non bouillante, faire fondre le chocolat en brassant.

2. Sur une plaque de cuisson tapissée de papier ciré, laisser tomber la préparation au chocolat, environ 1 c. à thé (5 ml) à la fois, en laissant un espace de 1 po (2,5 cm) entre les bouchées (tapoter la plaque sur le comptoir afin que le chocolat s'étende uniformément). Garnir chaque bouchée de trois morceaux de gingembre confit. Réfrigérer pendant environ 30 minutes ou jusqu'à ce que les bouchées soient fermes. (Vous pouvez préparer les bouchées à l'avance et les mettre dans un contenant hermétique, en séparant les étages avec du papier ciré. Elles se conserveront jusqu'à 2 semaines au réfrigérateur.)

Gelée de vin rouge au thym

DONNE ENVIRON 4 T (1 L) DE GELÉE.

- PRÉPARATION : 25 min • CUISSON : 7 min
- TEMPS DE REPOS : 20 min • TRAITEMENT : 10 min
- **Par portion de 1 c. à tab (15 ml) :** CALORIES : 47
- PROTÉINES : aucune • MATIÈRES GRASSES : aucune (aucun sat.)
- CHOLESTÉROL : aucun • GLUCIDES : 11 g • FIBRES : aucune
- SODIUM : aucun

1 ¾ t	vin rouge (de type cabernet franc ou merlot)	430 ml
¼ t	vinaigre de vin rouge	60 ml
2	brins de thym frais	2
3 ½ t	sucre	875 ml
1	sachet de pectine liquide (85 ml)	1

1. Dans une grande casserole, mélanger le vin, le vinaigre de vin et le thym. Porter à ébullition à feu vif. Retirer la casserole du feu, couvrir et laisser reposer pendant 20 minutes.

2. Dans une passoire fine tapissée d'étamine (coton à fromage) placée sur une casserole propre, filtrer la préparation au vin rouge. Ajouter le sucre et mélanger. Porter à ébullition à feu vif, en brassant sans arrêt, puis laisser bouillir à gros bouillons, en brassant, pendant 1 minute ou jusqu'à ce que le sucre ait fondu. Retirer la casserole du feu. Ajouter la pectine liquide et brasser pendant 1 minute (au besoin, écumer la surface de la préparation à l'aide d'une cuiller).

3. À l'aide d'une louche et d'un entonnoir, verser la gelée chaude dans des pots en verre stérilisés chauds d'une capacité de ½ t (125 ml) jusqu'à ¼ po (5 mm) du bord. À l'aide d'une spatule en caoutchouc, enlever les bulles d'air en remuant délicatement et essuyer le bord de chaque pot avec un linge humide. Centrer un couvercle stérilisé sur le pot et visser un anneau stérilisé jusqu'au point de résistance, sans trop serrer. Traiter à la chaleur pendant 10 minutes. (Vous pouvez préparer la gelée à l'avance et la mettre en conserve. Elle se conservera jusqu'à 1 an dans un endroit frais et sec, à l'abri de la lumière.)

VARIANTE

Gelée de vin blanc à la lime et au citron

Remplacer le vin rouge par un vin (de type gewurztraminer ou riesling) et le vinaigre de vin rouge par du jus de citron. Remplacer le thym par 1 lanière de zeste de lime, 1 lanière de pelure de pomme verte (de type Granny Smith) et 2 abricots séchés, coupés en deux.

Confiture de pamplemousses rouges

DONNE ENVIRON 8 T (2 L) DE CONFITURE

- PRÉPARATION : 45 min • CUISSON : 2 h 20 min
- TRAITEMENT : 10 min
- **Par portion de 1 c. à tab (15 ml) :** CALORIES : 52
- PROTÉINES : aucune • MATIÈRES GRASSES : aucune (aucun sat.)
- CHOLESTÉROL : aucun • GLUCIDES : 13 g • FIBRES : traces
- SODIUM : 1 mg

2	gros pamplemousses rouges	2
2	citrons	2
10 t	eau	2,5 L
8 t	sucre	2 L

1. Bien brosser les pamplemousses et les citrons. Les couper en deux et les presser de manière à obtenir 2 t (500 ml) de jus. Filtrer le jus dans une passoire fine placée sur une grande casserole. Retirer la peau blanche des moitiés d'écorce des agrumes et la mettre sur une double épaisseur d'étamine (coton à fromage) de 8 po (20 cm) de côté. Ajouter les pépins, attacher l'étamine avec de la ficelle de cuisine de manière à former une pochette et la mettre dans la casserole. Ajouter l'eau.

2. Couper chaque moitié d'écorce de pamplemousse et de citron en trois grandes bandes, puis couper les bandes en fines lanières sur la largeur. Mettre les lanières d'écorce dans la casserole et porter à ébullition. Réduire le feu, couvrir et laisser mijoter pendant environ 2 heures ou jusqu'à ce que les lanières d'écorce soient très tendres (au besoin écumer la surface de la préparation à l'aide d'une cuiller).

3. Retirer la pochette d'étamine et la presser au-dessus de la casserole avec le dos d'une cuiller pour en extraire le maximum de liquide (jeter la pochette). Mesurer le contenu de la casserole (vous devriez obtenir 8 t/2 L de préparation aux fruits) ; ajouter de l'eau, au besoin, ou poursuivre la cuisson jusqu'à ce que la préparation ait réduit à 8 t (2 L). Entre-temps, mettre deux petites soucoupes au congélateur.

4. Verser la moitié de la préparation aux fruits et la moitié du sucre dans la casserole. Porter à ébullition en brassant. Laisser bouillir à gros bouillons, en brassant souvent, pendant environ 10 minutes ou jusqu'à ce que la préparation ait épaissi et ait la consistance d'une confiture, et que ½ c. à thé (2 ml) de la préparation déposée dans une des deux soucoupes froides plisse quand on y passe une fourchette. Laisser refroidir pendant 5 minutes (écumer la surface de la préparation, au besoin, et brasser pour bien répartir les fruits).

5. À l'aide d'une louche et d'un entonnoir, verser la confiture chaude dans des pots en verre stérilisés chauds d'une capacité de 1 t (250 ml) jusqu'à ¼ po (5 mm) du bord. À l'aide d'une spatule en caoutchouc, enlever les bulles d'air en remuant délicatement et essuyer le bord de chaque pot avec un linge humide. Centrer un couvercle stérilisé sur le pot et visser un anneau stérilisé jusqu'au point de résistance, sans trop serrer. Répéter ces opérations avec le reste de la préparation aux fruits et le reste du sucre. Traiter à la chaleur pendant 10 minutes. (Vous pouvez préparer la confiture à l'avance et la mettre en conserve. Elle se conservera jusqu'à 1 an dans un endroit frais et sec, à l'abri de la lumière.)

Chutney aux canneberges et aux fruits

Ce chutney est parfait avec le dindon, le jambon, l'oie et le canard. Il se sert aussi avec les côtelettes et les rôtis de porc.

DONNE ENVIRON 9 T (2,25 L) DE CHUTNEY.

- PRÉPARATION : 30 min • TEMPS DE REPOS : 8 h
- CUISSON : 25 min • TRAITEMENT : 10 min
- **Par portion de 1 c. à tab (15 ml) :** CALORIES : 28
- PROTÉINES : traces • MATIÈRES GRASSES : aucune (aucun sat.)
- CHOLESTÉROL : aucun • GLUCIDES : 7 g • FIBRES : 1 g
- SODIUM : 7 mg

2 t	abricots séchés tassés légèrement, coupés en lanières de ¼ po (5 mm) de largeur	500 ml
2 ½ t	jus d'orange	625 ml
1 t	dattes hachées	250 ml
½ t	raisins secs dorés	125 ml
½ t	gingembre confit, haché	125 ml
2	paquets de canneberges (12 oz/340 g chacun)	2
1 ½ t	sucre	375 ml
1 ¼ t	oignons hachés finement	310 ml
¾ t	sirop de maïs	180 ml
¾ t	vinaigre de cidre	180 ml
1 ½ c. à thé	graines de moutarde	7 ml
¼ c. à thé	sel	1 ml

1. Dans une grande casserole en acier inoxydable à fond épais, mélanger les abricots, le jus d'orange, les dattes, les raisins secs et le gingembre. Couvrir et laisser reposer pendant 8 heures à la température ambiante. (Vous pouvez préparer le chutney jusqu'à cette étape. Il se conservera jusqu'au lendemain à la température ambiante.)

2. Dans la casserole, ajouter le reste des ingrédients. Porter à ébullition lente à feu moyen, en brassant souvent. Réduire à feu doux et poursuivre la cuisson, en brassant presque sans arrêt, pendant environ 20 minutes ou jusqu'à ce que la préparation

ait suffisamment épaissi pour former un petit monticule dans une cuiller et que les canneberges aient éclaté.

3. À l'aide d'une louche et d'un entonnoir, verser le chutney chaud dans des pots en verre stérilisés chauds d'une capacité de 1 t (250 ml) jusqu'à ¼ po (5 mm) du bord. À l'aide d'une spatule en caoutchouc, enlever les bulles d'air en remuant délicatement et essuyer le bord de chaque pot avec un linge humide. Centrer un couvercle stérilisé sur le pot et visser un anneau stérilisé jusqu'au point de résistance, sans trop serrer. Traiter à la chaleur pendant 10 minutes. (Vous pouvez préparer le chutney à l'avance et le mettre en conserve. Il se conservera jusqu'à 1 an dans un endroit frais et sec, à l'abri de la lumière.)

Tartinade aux abricots et au vin blanc

Utiliser cette tartinade pour garnir une petite meule de brie qu'on passe au four jusqu'à ce que le fromage soit fondant. Ou encore, la servir avec des craquelins et du fromage à la crème.

DONNE ENVIRON 1 T (250 ML) DE TARTINADE.

- PRÉPARATION : 15 min • CUISSON : 25 min
- TEMPS DE REPOS : 1 h
- **Par portion de 1 c. à tab (15 ml) :** CALORIES : 49
- PROTÉINES : traces • MATIÈRES GRASSES : aucune (aucun sat.)
- CHOLESTÉROL : aucun • GLUCIDES : 12 g • FIBRES : 1 g
- SODIUM : 2 mg

1 t	vin blanc sec	250 ml
1 t	abricots séchés hachés	250 ml
½ t	sucre	125 ml
½ t	eau	125 ml
1	piment chili frais (de type jalapeño), épépiné et haché finement	1
½ c. à thé	jus de citron	2 ml

1. Verser le vin blanc dans une grande tasse à mesurer allant au micro-ondes. Chauffer au micro-ondes à intensité maximum pendant 1 minute ou jusqu'à ce que le vin soit chaud. Ajouter les abricots et laisser reposer pendant 1 heure à la température ambiante. Dans une passoire fine placée sur une casserole, filtrer la préparation d'abricots en pressant avec le dos d'une cuiller pour en extraire le maximum de liquide. Réserver les abricots.

2. Dans la casserole, ajouter le sucre et l'eau. Porter à ébullition à feu moyen-vif, en brassant, jusqu'à ce que le sucre soit dissous. Laisser bouillir pendant environ 10 minutes ou jusqu'à ce que la préparation ait la consistance d'un sirop. Ajouter les abricots réservés et le piment chili. Réduire à feu doux et laisser mijoter pendant environ 10 minutes ou jusqu'à ce que la préparation ait épaissi. Ajouter le jus de citron et mélanger. Laisser refroidir.

3. Mettre la tartinade dans un joli bocal en verre et fermer hermétiquement. (Vous pouvez préparer la tartinade à l'avance. Elle se conservera jusqu'à 1 mois au réfrigérateur.)

Sauce aux clémentines et aux canneberges

DONNE ENVIRON 8 T (2 L) DE SAUCE.

> • PRÉPARATION : 20 min • CUISSON : 40 min
> • TRAITEMENT : 10 min
> • **Par portion de ¼ t (60 ml) : CALORIES : 68**
> • PROTÉINES : traces • MATIÈRES GRASSES : traces (traces sat.)
> • CHOLESTÉROL : aucun • GLUCIDES : 17 g • FIBRES : 1 g
> • SODIUM : 1 mg

6	clémentines ou mandarines	6
2 t	eau (environ)	500 ml
2	sacs de canneberges fraîches ou surgelées (12 oz/375 g chacun)	2
2 t	sucre	500 ml
¼ t	liqueur d'orange (de type Grand Marnier) (facultatif)	60 ml

1. Brosser les clémentines à l'eau chaude savonneuse, les rincer et bien les éponger. À l'aide d'un petit couteau bien aiguisé, couper une tranche sur le dessus des clémentines (côté tige). Couper les clémentines en deux et les presser pour en extraire le jus (retirer les pépins, au besoin). Réserver le jus. Couper l'écorce des clémentines en très fines lanières.

2. Mettre les lanières d'écorce et l'eau dans une grande casserole à fond épais. Porter à ébullition à feu moyen. Réduire à feu doux, couvrir et laisser mijoter pendant environ 30 minutes ou jusqu'à ce que les lanières d'écorce soient tendres et se défassent facilement quand on les presse entre les doigts (au besoin, ajouter un peu d'eau pour éviter qu'elles ne brûlent).

3. Dans la casserole, ajouter le jus de clémentine réservé et mélanger. Porter à ébullition à feu moyen. Ajouter les canneberges et le sucre, et mélanger. Porter de nouveau à ébullition et laisser bouillir à gros bouillons pendant environ 5 minutes ou jusqu'à ce que la sauce ait épaissi et que les canneberges aient éclaté. Ajouter la liqueur d'orange, si désiré, et mélanger.

4. À l'aide d'une louche et d'un entonnoir, verser la sauce chaude dans huit pots en verre stérilisés chauds d'une capacité de 1 t (250 ml) jusqu'à ½ po (1 cm) du bord. À l'aide d'une spatule en caoutchouc, enlever les bulles d'air en remuant délicatement et essuyer le bord de chaque pot avec un linge humide. Centrer un couvercle stérilisé sur le pot et visser un anneau stérilisé jusqu'au point de résistance, sans trop serrer. Traiter à la chaleur pendant 10 minutes. (Vous pouvez préparer la sauce à l'avance et la mettre en conserve. Elle se conservera jusqu'à 2 mois dans un endroit frais et sec, à l'abri de la lumière.)

Vinaigre à l'estragon et au poivre rose

Présenter le vinaigre dans de jolies bouteilles en verre. Pour personnaliser le cadeau, on note la recette d'une vinaigrette composée d'une mesure du vinaigre et de quatre mesures d'huile d'olive sur du joli papier.

DONNE ENVIRON 6 T (1,5 L) DE VINAIGRE.

> • PRÉPARATION : 20 min • CUISSON : 5 min
> • TEMPS DE MACÉRATION : 10 jours
> • **Par portion de 1 c. à tab (15 ml) : CALORIES : 2**
> • PROTÉINES : aucune • MATIÈRES GRASSES : aucune (aucun sat.) • CHOLESTÉROL : aucun • GLUCIDES : 1 g
> • FIBRES : aucune • SODIUM : aucun

1 ½ t	brins d'estragon frais, tassés	375 ml
2 c. à tab	grains de poivre rose	30 ml
6 t	vinaigre de vin blanc	1,5 L
	grains de poivre rose et brins d'estragon frais pour garnir	

1. Mettre l'estragon et les grains de poivre dans un pot en verre hermétique à large ouverture stérilisé et bien asséché d'une capacité de 6 t (1,5 L).

2. Verser le vinaigre dans une casserole en acier inoxydable ou en fonte émaillée (autre qu'aluminium) et porter à ébullition. Verser le vinaigre sur l'estragon dans le pot et laisser

refroidir jusqu'à ce qu'il soit à la température ambiante. Fermer hermétiquement le pot et laisser macérer pendant 10 jours à la température ambiante dans un endroit ensoleillé (secouer le pot de temps à autre). Dans une passoire fine tapissée d'étamine (coton à fromage) placée sur un bol, filtrer la préparation.

3. Mettre quelques grains de poivre et un brin d'estragon dans des bouteilles en verre stérilisées et bien asséchées. À l'aide d'un entonnoir, verser le vinaigre dans les bouteilles. Fermer hermétiquement. (Vous pouvez préparer le vinaigre à l'avance. Il se conservera jusqu'à 6 mois dans un endroit frais et sec, à l'abri de la lumière.)

TRUC

Il est préférable d'embouteiller le vinaigre juste avant de l'offrir, car l'estragon pâlit avec le temps.

Mélange de chai himalayen

La cardamome, le clou de girofle, la cannelle et les grains de poivre noir sont les épices les plus utilisées dans la préparation du chai, le thé consommé en Inde. Il est habituellement servi avec du sucre, avec ou sans lait.

DONNE ENVIRON 16 PORTIONS.

• PRÉPARATION : 5 min • SÉCHAGE : 24 h

1	morceau de gingembre frais d'environ 2 po (5 cm) de longueur	1
8	feuilles de laurier émiettées	8
3	bâtons de cannelle, brisés en morceaux de 1 po (2,5 cm)	3
1 t	feuilles de thé noir (de type Darjeeling)	250 ml
2 c. à tab	graines de fenouil ou d'anis	30 ml
24	clous de girofle entiers	24
12	gousses de cardamome vertes, broyées	12
1 c. à thé	grains de poivre noir	5 ml

1. À l'aide d'un couteau bien aiguisé, couper le gingembre sur la diagonale en tranches de ⅛ po (3 mm) d'épaisseur. Mettre les tranches de gingembre sur une grille et laisser sécher à la température ambiante pendant environ 24 heures ou jusqu'à ce qu'elles soient cassantes.

2. Dans un bol, mélanger le gingembre, les feuilles de laurier, la cannelle, les feuilles de thé, les graines de fenouil, les clous de girofle, la cardamome et les grains de poivre. Mettre le mélange de chai dans un joli sachet ou un bocal hermétique.

Chai himalayen

Il y a deux façons d'infuser une tasse de chai :

1. Pour mettre le thé en évidence : utiliser des feuilles de thé Darjeeling. Dans une casserole, porter ¾ t (180 ml) d'eau à ébullition. Retirer la casserole du feu. Ajouter 1 c. à tab (15 ml) de mélange de chai dans la casserole ou une théière, couvrir et laisser infuser pendant 5 minutes. Filtrer le chai dans une tasse. Ajouter du lait et du sucre, au goût.

2. Pour mettre l'accent sur les épices : dans une casserole, mélanger ½ t (125 ml) de lait et ½ t (125 ml) d'eau. Porter à ébullition. Réduire à feu doux, ajouter 1 c. à tab (15 ml) de mélange de chai et laisser mijoter, en brassant, pendant 5 minutes. Filtrer le chai dans une tasse. Ajouter du sucre, au goût.

INDEX

BISCUITS, BARRES ET CARRÉS

BOISSONS ET COCKTAILS

CONSERVES

DESSERTS

Confiseries

CRÉDITS

PHOTOGRAPHES

Michael Alberstat
  page 219

François Brunelle
  page 5

Christopher Campbell
  pages 29, 71, 103, 120, 121 et 210

Paul Chmielowiec
  page 14

Christopher Dew
  pages 64 et 65

Yvonne Duivenvoorden
  pages 10, 18, 21*, 27, 28, 40, 56,
  59, 60, 68, 80, 89*, 90, 98, 107, 114,
  117, 122, 125*, 127, 128, 133, 134,
  143, 144, 149, 152, 157, 159, 173,
  179, 186, 190, 199, 204, 208, 212*,
  216, 224*, 235, 237 et 238

Geoff George
  page 31

Michael Graydon
  pages 36 et 37

Donna Griffith
  pages 94 et 95

Daniel Harrison
  pages 17, 48, 56*, 64, 65, 72,
  73, 85*, 104, 136, 194*, 206* et 256

Michael Kohn
  pages 27 et 85*

Edward Pond
  page 242

Alan Richardson
  couverture (dindon)

Ted Yarwood
  pages 17, 78 et 119

ILLUSTRATRICE

Katy Dockrill
  page 173

STYLISTES CULINAIRES

Julie Aldis
  pages 10, 40, 122, 157, 159, 179 et 186

Donna Bartolini
  pages 28, 149, 206*, 208 et 216

Lucie Richard
  pages 18, 125*, 128, 212*, 224*,
  235 et 238

Claire Stancer
  pages 59, 60, 80, 89*, 90, 98, 107,
  114, 117, 134, 143, 152, 190, 219 et 242

Claire Stubbs
  pages 21*, 69, 133, 199 et 205

ACCESSOIRISTES

Marc-Philippe Gagné
  pages 125*, 212* et 216

Karen Kwinter
  pages 48, 56*, 104 et 136

Oksana Slavutych
  pages 10, 18, 21*, 28, 40, 56*, 59, 60,
  68, 80, 88, 89*, 90, 98, 107, 114, 117, 122,
  128, 133, 134, 143, 149, 152, 157,
  159, 179, 186, 190, 199, 205, 208, 219,
  224*, 235, 237, 238 et 242

Ces photos se trouvent également en couverture.